01

这个历史挺靠谱

袁腾飞讲中国史 上

袁腾飞 著

武汉出版社
WUHAN PUBLISHING HOUSE

（鄂）新登字08号

图书在版编目（CIP）数据

这个历史挺靠谱. 1 / 袁腾飞著. — 武汉：武汉出版社，
2012.6
ISBN 978-7-5430-6875-9

Ⅰ. ①这… Ⅱ. ①袁… Ⅲ. ①中国历史–青年读物
②中国历史–少年读物 Ⅳ. ①K209
中国版本图书馆CIP数据核字(2012)第071584号

上架建议：社科/通俗历史

这个历史挺靠谱.1

作　　者：袁腾飞
责任编辑：雷方家
监　　制：一　草
策划编辑：李吉军
特约策划：徐　杭
装帧设计：熊琼设计
出　　版：武汉出版社
地　　址：武汉市江汉区新华下路103号
邮　　编：430015
电　　话：（027）85606403　85600625
　　　　　http://www.whcbs.com　E–mail：zbs@whcbs.com
印　　刷：北京盛兰兄弟印刷装订有限公司
经　　销：新华书店
开　　本：715mm×1010mm 1/16
印　　张：21.5
字　　数：300千字
版　　次：2012年6月第1版　2012年6月第1次印刷
书　　号：ISBN 978-7-5430-6875-9
定　　价：38.00元

目录
Contents

第二章 文治武功大一统（秦汉）

第六章　大浪淘沙，沧桑巨变（明清）

自序

各位读者朋友，呈现在你们面前的这套书，是由我在精华学校的网络课程授课视频整理而成。以前曾被命名为《历史是个什么玩意儿》，由别的出版公司出版过。由于这套书是由讲稿辑录，因此应该把口语书面语化，以使之符合大众的阅读习惯。当时出版公司的编辑和我讲，我只需改正书中的史实错误，口语变书面语的工作，则由他们完成。我当然多一事不如少一事，乐得省事。而且，书中的小标题，包括书名，都是编辑代劳的。

《历史是个什么玩意儿1》面世后，我顿时誉谤满身。有很多读者对书的内容提出了质疑。有些史实错误，确实是由本人才疏学浅，讲课时记忆不清，加之审稿时只求速度、忽视质量造成的。但也有很多地方是出版方没和我沟通，擅自改动的结果。比如把宋真宗时的殿帅高琼写成宋徽宗时的高俅；把方孝孺写成是明成祖的谋士；为了方便编标题，竟想当然地把渤海国叫成北诏国……而这些，虽不是我的失误，但确有失察之过。另外，出版方力图保留我"原汁原味"的讲课风格，并没把口语变成书面语。以至于在不明白当时语境的情况下，很多句子让读者不知所云。

在修订《历史是个什么玩意儿2》时，我吸取了《历史是个什么玩意儿1》的教训，认真修订，谬误之处减少了许多。很快，我跟出版方发生了纠纷，他们没经过我的同意，自行出版了《历史是个什么玩意儿3》和《历史是个什么玩意儿4》。这两本书都没经过我审定，编辑又不具备自己勘订的能力。比如我讲课时提到袁世凯说"民主就是无主，共和就是不和"，结果这句话竟然被编辑断成"民主就是无主共和，就是不和"，实在是匪夷所思！

这样，对于《历史是个什么玩意儿》系列的四本书，除了《历史是个什么玩意儿2》我认真审阅过之外，其他三本都让我感到惭愧（《历史是个什么玩意儿3》和《历史是个什么玩意儿4》毕竟也是以我的名义出版的），很想有一个澄清的机会。在此特别感谢精华学校的廖中扬、李峰学两位老总，他们不以拙作鄙陋，为我联系到了新的出版机构，让其重见天日；非常感谢新出版方的项目策划人一草、李吉军为拙作所做的大量工作；非常感谢精华学校的杨海伦老师和拙作的特约策划徐杭先生；还要感谢许多为拙作出版提供了帮助的朋友们。

　　这套书其实是我依据《中学历史教学大纲》的知识点给学生们授课的讲稿。当然，我不是照本宣科，我还补充了大量的课外知识。在这次出版过程中，我认真修订。尤其是"中国古代史"和"世界史"部分，去芜取精、去伪存真，答谢各位朋友的厚爱。

　　本来我想把这套书命名为《课本中的中国史》和《课本中的世界史》，但编辑觉得书中的内容，已远远超出了课本的范畴，最后定名为《这个历史很靠谱》。当然，靠不靠谱，我们说了不算，但愿读者朋友们也觉得靠谱。

2012-5-11

这个历史
挺靠谱

第一章

从远古走来的牛人们

（先秦）

01. 禅让制终，夏朝立

禅让制，靠的就是自觉性

咱们中国人一说到古圣先王，就是尧、舜、禹、汤、文、武这六位。其实尧舜禹也谈不上什么国王，就是部落联盟酋长，只不过特别文明，不穿孔不吃人肉，统治者之间也和平共处，大公无私，采用禅让的方式交接权力。在形式上，禅让是在位领导自愿进行的，通过综合考评，谁有能力就选择谁带领全国人民奔小康，现任者和继任者之间往往没有血缘关系，尧跟舜之间就是这样。

尧看中的是舜在处理家庭矛盾方面的本事——舜暴戾的父亲（顽父）、酷虐的后妈（嚚母）和用心歹毒的弟弟（象傲）①联合起来，想通过纵火焚屋、掘井填埋这些方式害死他，而舜屡屡逃脱了这些陷害，这证明了舜智商突出；舜既往不咎，仿佛事情没发生过一样，孝悌两全，这证明了他情商超卓。再加上他政务功绩斐然，名声很好，尧觉得他是块好料，就提拔了他。于是，唐尧和虞舜便成了禅让制的第一实践者。

其后的虞舜跟夏禹也是这样，当舜年老的时候，就将一把手的位置让给了治水有功、众望所归的禹。

夏启：我的王位我做主

不过，这种友好的制度并没有维持多久，因为当时禹正处在由部落联盟首长向国君过渡这么一个阶段。

禹本想继续禅让，把位子传给皋陶的儿子伯益，但伯益是个有自知之明的

---

① 源自成语"顽父嚚母"，"顽父嚚母"出自《尚书·尧典》，原文是"父顽，母嚚，象傲"，该成语常用来形容愚顽暴虐的家长。

人——没有金刚钻，别揽瓷器活。于是他主动放弃了，建议由禹的儿子启来继承。再加上启也是个强势的人，特别想当老大，禹就借坡下驴，顺水推舟把王位传给了启。

约公元前2070年，启在老爸的基业上建立了夏朝，这是中国历史上第一朝，部落联盟首领也正式升级成了君王。启上位之后，当领导当上瘾了，爱岗敬业，以家为天下，以天下为家。等到该他禅让王位的时候，他一想，我这王位是我爸爸传给我的，我凭什么传给外人？于是就不传了，禅让制到了他这一代就没有继续下去，从此演变成了王位世袭制。

后来的列祖列宗们思想觉悟和启差不多，所以这个制度在中国就一直延续了四千多年。直到1912年2月12日，宣统皇帝下诏退位，王位世袭制才算终结，可见"肥水不流外人田"的觉悟是有悠久历史的。

这个王位世袭制的特点，简单说来就是家天下，具体来说就是王位更替采用父死子继或兄终弟及的方式，前者比如朝鲜，后者比如古巴，这两个国家都很明显地体现出了王位世袭制的特点。

夏朝建立之后，传说中都城在阳城，离今天河南登封少林寺不远。它的疆域就是晋南豫西——山西南部、河南西部，其实还是部落，巴掌大的一块地方。

为什么叫传说中呢？因为夏朝还没进入信史时代①，只有以前留下的史籍上有记载，没有出土文物能够证实。我们了解历史有两个途径：一种是通过文字了解，比如历史典籍；一种是通过文物，也就是考古发现来印证。相比之下，考古发现更有说服力，因为口说无凭。

怎么能证明夏朝存在呢？有没有出土文物来证明？像商朝，我们挖出了甲骨文，周朝也有不少文物可以鉴定，唯独夏朝在考古学上至今没有找到确凿证

---

① 信史时代是指有文字或出土文物记载的时代，与之相反的是传疑时代。

夏启争王位

据。所以中国香港、台湾的历史书，一般写中国历史都从商朝开始写，不写夏朝，因为夏朝还没有最后被确定真正存在，在严谨的学术领域只能是个传说，和大西洲亚特兰蒂斯差不多。

02. 殷商毁于纣王手

商汤的名字挺奇怪

据记载，夏朝最后一个王叫桀，是传说中的著名暴君，荒淫无度，暴虐无道，估计比萨达姆、卡扎菲有过之而无不及，老百姓们被折腾得死去活来。于是约公元前1600年，商汤起兵，把桀给了结了，传说中历时五百年的夏王朝宣告灭亡。

商朝随后建立，开国君主叫汤，商汤。不知道他这名字是怎么起的，因为商朝国君的名字，一般都跟天干有关，甲乙丙丁戊己庚辛壬癸，都用这个起名，比如戊丁、中丁之类。所以商朝的这个开国君主，名字起得比较奇怪。周朝作谥法，其中有一条"除残去虐曰汤"，看商汤的作为，倒是符合，不知是不是谥号？

这个朝代爱迁都

商朝取代夏朝成为新的中原王朝，它以河南北部、河北南部、山东西部为统治中心，起初以亳①为都城。商朝中期的时候盘庚把都城迁到了殷，就是今天的河南安阳，因此商朝又叫殷朝。好端端的干吗要迁都呢？有一种说法是躲避

---

① 《墨子》《孟子》和《尚书序》等历史文献均说汤居亳，但古地名亳者有好几处。晋人皇甫谧认为有三地：蒙为北亳，谷熟为南亳，偃师为西亳。据《括地志》，南亳在宋州谷熟县西南35里（今河南商丘东南），为汤都；景亳（即北亳）在宋州北50里大蒙城（今商丘北），为汤所盟地；西亳在河南偃师（今河南洛阳偃师西），为帝喾及汤所都。因此，学者多主张汤先居南亳，后迁西亳，但也有专主北亳说的。

水患。当时黄河经常泛滥，黄河不是咱们的母亲河嘛，但咱们的母亲脾气不太好，老放水淹孩儿们。当时咱们驾驭母亲河的能力又很低，所以她老发大小姐脾气，都城老得避让迁徙。这种说法现在看来比较牵强。如果母亲河老泛滥的话，你为什么迁到那里它就不泛滥了？两百年都没发过大水？显然这种从客观上找原因、避重就轻的说法，不是特别可靠。

比较靠谱的一种说法，迁都的真正原因是因为商朝的王位争夺比较厉害。商朝也是采取王位世袭制来交接权力，但父死子继和兄终弟及，哪种形式更好呢？明显父死子继矛盾少，兄终弟及矛盾多。比如说我挂了，传给我弟弟，我弟弟挂了传给他儿子还是我儿子？他肯定想传给他儿子，那我儿子就不干了，凭什么？我爸给你的椅子你应该还给我，然后我坐完了再给你儿子坐，你儿子再给我孙子，应该是这么轮。

谁占着王位不想往下传了，另一方肯定不肯罢手，管它是椅子还是沙发，就开始明争暗抢。因此，王室的内斗就很厉害，造成迁都频繁，因为这个王把那个王杀了，都城就得换个地方。刚换了地方，他又被别的王做掉了，都城还得再换个地方，所以频繁迁都，养成了一个为了抢家具而搬家的好习惯。

据说汤建立商朝之前以部落的形式就迁徙过八次，都城则至少迁了五次，那时候也没有专业搬家公司，自然是每次都大动干戈，估计也累得够呛，所以最后迁到殷就不再迁了。

纣王很有干坏事的天赋

殷商历经几代发展之后也走向衰落，和夏朝一样，商朝的最后一任君王纣王也是出了名的暴君。这个纣王比起夏朝的桀王更有干坏事的天赋，所以历朝历代但凡提及古圣先王，大家就自然想到尧、舜、禹、汤，一说到暴君昏王，就会想到桀纣。实际上，比桀纣坏的帝王有的是，只不过桀纣干坏事起家起得早，历史一悠久就成了坏蛋的代名词，一块儿稳坐头号坏蛋的金交椅。通常评价帝王时，如果这个帝王无道的话，就可以说他犹如桀纣；要是贤明的话，就说他可比尧舜。如果出填空题，尧舜跟桀纣是可以当反义词用的。

公元前1046年，周武王伐纣，牧野激战之后，武王民心所向、一路披靡地打到商朝都城朝歌。纣王一看没戏唱了，连戏台子一起烧了吧，于是在鹿台一把火，自封为中国历史上第一个自焚的人。他这个不环保的举动宣告，经过将近600年发展的商朝彻底灭亡。

纣王的名字叫帝辛，"纣"是周朝给他上的谥号。当时周公造谥法，国君死后，后人用一个字或两个字来概括他一生的功过是非，这个东西就叫谥号。除了秦始皇觉得子议父、臣议君这种做法不能取，从而废弃谥法之外，从周朝开始一直到清朝，都在用这个制度，所以几乎哪个朝代都有文帝、武帝。文，经天纬地曰文；武，克定祸乱曰武、刚强直理曰武。

谥号一共就五十几个字，帝王的评价不能出了这个圈，就得在这五十几个字里找，纣是周朝给他上的谥号：残义损善曰纣。

谥号一般分成三类：表扬型、批评型、同情型。多半都是表扬型，文、武、德、景，这都是表扬型。批评型就像纣、炀，如隋炀帝。同情型的谥号一般就是给那种两岁继位、三岁退位，或三岁继位、四岁被杀的皇帝，这种情况一般叫殇：短折不成曰殇。或像晋怀帝那种：慈仁短折曰怀。刚一继位，还没有什么作为，结果他爸爸一缺德，把外族给引进来了，小皇帝身死国灭，这种情况就比较令人同情，但为数不多。

03. 晃晃悠悠的周王朝

东方的大国，西方的城邦

周武王伐纣之后，建立周朝，定都镐京，历史上叫做"西周"。

其实周武王之前还有个周文王，文王在位的时候，为周日后的强大奠定了基础。但是文王没有赶上好时光就死了，他儿子武王推翻商朝这么容易，除了商纣自己不讨好的内因外，也受益于文王对武王的悉心栽培。

周朝地域广袤，150万平方公里，人口据说上千万。当时最厉害的欧洲国家雅典能有多大？能有北京大？肯定没有。那时的欧洲国家叫城邦，一个城就是一个邦，人口没多少。斯巴达据说有九千户。大家都知道斯巴达三百勇士，等于是他们国王领着300个人打仗。这事放在咱们周朝相当于连长干的事儿，咱们周朝，王宫里太监也不止300个。

不过当时欧洲国王能领300个人打仗，那就不少了，虽然有可能这是国王卫队，主力军没出动。但甭管怎么说，反正他那九千户，按十口之家算，也才九万人。相比之下，周朝就是西方人无法想象的超级大国，他们想象不出150万平方公里、上千万人口是什么概念，就像吃惯了肉丝炒饼的人不知道满汉全席的概念一样，而当时的周朝就已经是个满汉全席了。

"城里人"赶走了周厉王

公元前9世纪，周厉王的时候发生了国人暴动。厉王，很明显属于批评型谥号，杀戮无辜曰厉。内城叫城，外城叫郭。文天祥《过金陵驿》中有"山河风景原无异，城郭人民半已非"一句，说明城和郭是一回事。在郭里面有一个最大的就是首都。古时候首都叫做中国，除了首都就都不是中国了，后来中国才泛指中原地区、中华文明。古文里面讲中国，跟我们今天"中国"的概念绝对不一样。中国作为中华民族的代指，那是民国以后的事儿。所以住在城里的人就是国人，国人暴动就是镐京城里的人暴动了，是首都市民暴动，不是全国人民都暴动。

厉王的世界观有毛病，觉得天下的东西都是他的，这倒算了，关键是他不让百姓摘采捕猎，说山里的浣熊、河里的鱼虾你们都不能动，都是"孤"的。更荒唐的是，谁敢私下议论他、说他坏话，一旦被举报就处死，导致城里人有怨声而不敢载道，只能道路以目。最后城里人就暴动把国王赶走了，导致周厉王死在了"外国"。没国王之后，周公、召公两位大臣联合执政，周召共和，公元前841年就是当时的共和元年。两个大臣执政了若干年，周厉王的太子继位，是为宣王，他是条好汉。

西周被灭，谁之错

周宣王在位的时候，国家一度富强，这就是周朝历史上有名的宣王中兴。可惜宣王一死，他的儿子幽王继位，幽王，你听这名就郁闷，动祭乱常曰幽，幽王一继位西周就灭亡。这个幽王是个"颇喜欢看戏"的人，宠幸美女褒姒。褒姒有心理障碍不会乐，幽王为了取悦她，就说一起看戏吧，来个烽火戏诸侯，给国家造点儿难。

宠幸褒姒也就算了，关键是他想立褒姒生的那个孩子为王，也不怕心理障碍的遗传问题，把原太子给废了。太子姥爷一急，便说好吧，你初一我十五，就把犬戎①给领来了。中原民族叫华夏，名字特别好听，华是美丽的意思，夏就是大的意思，是个又大又美丽的民族。第一个又大又美丽的国家就叫夏朝，周围是蛮夷戎狄。蛮夷戎狄已经是不怎么样的词儿，已经让你说得够惨的了，还不够惨？戎前面还要加个犬！

结果就这帮很惨很惨的犬戎把周朝给灭了，这是第一个被少数民族灭掉的华夏政权。后面当然还有，北宋、南宋都是，但第一个起表率作用的就是西周，谁也不能和它抢。公元前771年，犬戎攻破西周的都城镐京，周幽王身死国灭，西周灭亡。平王迁都洛邑，史称东周。这也就是说，西周的起止时间，从公元前1046年到公元前771年，前后历经275年，终告结束。

普天之下，莫非王土

周朝时流行两句话，叫"普天之下，莫非王土；率土之滨，莫非王

---

① 古族名，中国古代一个民族，即猃狁，也称西戎，活动于今陕、甘一带，猃、岐之间，在甘肃静宁县威戎（今静宁威戎镇）立都。

烽火戏诸侯

臣"。流行的程度跟今天我们一些房地产口号类似。这两句易学好记的流行语，毫无疑问是自上而下流落民间，因为它强调国家的土地归属问题，普天之下，土地都是周天子的，个人无权拥有，有钱想买也没有（这个是真没有）。除非是天子分封给你，获得分封之后，世代享用（这个可以有），但是不能转让买卖。

另外这个分封得来的土地，咱们拿的还是小产权，只有使用权，没有所有权。而且还不能白拿，得有一帮人给你种地，缴纳供赋，这种制度叫做井田制。

跟井田制相适应的是分封制。周王把土地和人民授予王族、功臣和先代贵族。据荀子讲，周武王分封了71个诸侯国，其中姬姓诸侯53国，也有人考证是40国。姬姓就是与天子同姓，天子的兄弟、叔伯、子侄被分封，封完亲戚再封功臣，这个顺序是不能乱的。

建立周朝功劳最大者当推姜子牙，所以姜子牙的后代被封为齐国。再往后是先代贵族，比如说商纣王的叔叔微子。这个哥们儿很识时务，归顺了周朝，所以微子被封为宋国的国君。而且微子的地位非常高，微子是公爵，姜子牙不过是侯爵。先代的贵族包括尧舜禹的后代，也不知道是真的假的都被封为国君。

当然，土地分给你之后你要服从命令，贡献财物，随从作战。周朝搞分封，归根到底是要跟它的生产力水平相适应。那时候如果从镐京（西安）走到现在的北京，估计得走上一年，因为它生产力水平低，交通不发达，距离远又没有路。从镐京驾着马车，走一百里，遇到一片沼泽，得抽干了沼泽再过去；要是遇到原始森林，得砍光了树再往前去。一没有路了就得砍树，结果树砍完了，车也散了。所以当时欧洲都是小城邦，也是为了适应生产力水平低的事实。

周朝普天之下150万平方公里，这么辽阔的面积都是王土，但是王管不过来这些个王土，要是不靠分封制管理，单枪匹马一个人去干俩月就得累死。结果王决定只管"中国"，就是首都周围的那些地方，其他土地就分封给诸侯。你们要自扫门前雪，管好自己的土地。

主流武器大棒子

不过，你还得记住土地所有权是王的，不是你的，所以你要听命令，要贡献财物，天子打仗你要派兵跟着打，这是义务。最关键的义务当然是服从命令，需要经常到镐京来给天子请安，朝觐。该你来，你不来，这个事儿就大了：一不朝，削其爵，公侯伯子男五等爵位次第往下降，公爵降侯爵，侯爵降伯爵；二不朝，夺其地，又该你来，你还不来，一般人也没这么干的，胆儿大的，方圆600里封地给你砍300里；三不朝，六师移之。第三次还不来，你就别混了，天子直接派兵来打你了。

周朝的制度是：天子的部队有14个师，宗周8师，成周6师。宗周就是镐京，一个师2500人，总共是20000人。洛邑6个师，一个师2500人，总数是15000人。天子一共有35000名士兵。然后大国三师，中国两师，下国一师。大国可以养三个师的部队，7500人，才养这么点儿兵。那会儿能养得起这么多兵的国家太少了。估计这7500人平时也不能脱离生产，主要任务还是种田，然后打起仗来临时凑，跟民兵差不多，挥着木头棒子就上去了。

我们中国古代的五种兵器，排第一位的叫"殳"，名字很好听，其实就是木头棒子，比棒球棍做工还差点儿。还有另一些美词形容它：梃。什么叫梃？木头棒子。还有杵，武王伐纣，血流漂杵，还是血河里漂木头棒子，金属就漂不起来了。一直到春秋时，军队的主要装备依然是木头棒子，一开战就是一帮老百姓拿着大木头棒子冲上去了。那个时候一说起武装力量，夸耀自己的时候，总拿兵车千乘来说事。兵车千乘就是一辆车上3个人，每辆车后面跟着72个拿木头棒子的人，外加25个后勤人员，这100人算一乘。千乘就是3000名甲士，外加97000名拿棒子的和后勤的哥们儿，当时就是这么计算的。

其实打仗的时候没这么多人，这个10万是算上全国人口，能打的、不能打的全算，没钱的拿普通棒子，有钱的在棒子上钉个钉子，更有钱的镀个金，不论贵贱都来凑数，才能到10万。不能按照今天的人口来算，所以周天子3万多人的部队在当时已经很不得了，况且估计都是镀金棒子。

分封制、井田制的存在，使得每个诸侯国所拥有的人数、武装力量和木头棒子跟它的生产力水平相适应，这在相当程度上巩固了周王朝的统治。

洋人不懂中国玉

在夏商周时，咱们中国人种地就懂得用水利技术，耕地使用的农具以木、石、骨、蚌为主。青铜器是不能做农具的，因为它太珍贵，主要是用来做礼器和武器，祭祀和打仗的时候用。青铜是由铜、锡、铅三种金属按比例炼成的合金，这种合金浇铸的工艺水平要求相当高，因为这三种东西的熔点不一样。锡很容易就化了，铅、铜熔点也都不一样。这一点很不好把握，而且出土的青铜器，没有任何两件是一模一样的。因为它是做一件用一个模子，完全手工制造，不可能机器生产。不像今天外面卖的假货，全是批量制造的复制品。青铜器的颜色真正做出来的时候是非常漂亮的，应该是那种黄金般的颜色，埋在土里一生锈才变成绿色。所以在严谨的电视剧里面，那个青铜器、铜瓦，都是金黄色的。粗制滥造的电视剧里，青铜器都是绿色的或生了锈的，把生了锈的东西给国王用，国王很生气，后果很严重。

除了青铜之外，中国人还很喜欢陶瓷，而喜欢陶瓷的原因是因为崇拜玉。中国是世界上最崇拜玉的国家。英国马戛尔尼勋爵访华，乾隆皇帝赏赐给他玉如意。但马戛尔尼不识货，以为是几块破石头。他在日记里写道，中国皇上真吝啬，我们给皇上的礼物价值1.6万英镑，结果皇帝给我一堆破石头，就把我给打发了。由此可见，洋人不懂玉，不知道玉的价值。咱们中国人讲究君子玉不下身，小人连佩戴的资格都没有。

但是玉不是任何人都玩得起的，化土为玉，这就是瓷。所以最早的瓷器是青瓷、白瓷。好的瓷器肯定得具备这么几个品质：光如镜、薄如纸、温如玉、声如磬。光如镜就是说平滑得跟镜子似的，可以用来化妆。薄如纸就是薄得跟纸似的，跟今天的手机一个道理，越薄越贵。温如玉，玉的温度得是恒温，无论什么情况下，不管是搁雪里刨出来，还是搁冰箱里拿出来都是温的，声如磬，就是说真正像玉的瓷，你用手敲击它，能听到类似金属的声音，当当响的瓷，不是扑扑响的塑料。因为对玉的崇拜，导致国人对瓷的偏爱。

中国也是世界上用漆历史最悠久的国家，史前时代[1]就出土过用漆制造的碗。商周漆器已达到较高的水平。周朝漆工艺大量用于车的制造，车身、车篷都用漆来装饰，这个还是很厉害的。

04. 春秋五霸和战国七雄

齐桓公打造超级强国

周王室东迁之后，势力一落千丈，诸侯不再听从天子的命令，不再朝觐和纳贡。到了周平王的孙子周桓王继位的时候，郑国的郑庄公不服，不去朝觐，于是周桓王带领周军及陈国、蔡国、虢国、卫国四国部队讨伐郑国。结果郑国部队力挫联军，周桓王战败，最惨的是他还被郑国大将一箭射中肩膀。小弟造

---

[1] 史前时代（约170万~4000年前），按照历史年代，中国远古文化包括史前文化时期、夏、商、西周大部分时期人类的社会生活。史前文化是指没有文字记录之前，人类社会所产生的文化。考古学上的中国史前社会从发现古人类开始，下限为发现甲骨文的殷墟年代，也就是商代盘庚迁殷之前的历史时期；历史学所指的中国史前社会是有了文献记载之前的历史时期，即西周有了共和纪年之前的阶段。

反不能惩治，反而被修理了一顿，老大的威信自然一落千丈。从此周天子只是名义上的天下共主，各诸侯不再把他当回事了。稍后，各路诸侯纷纷崛起，为了夺得更多的土地和人口，拉开了春秋争霸的序幕。

第一个起来称霸的是齐桓公。公元前7世纪前期，齐桓公任用管仲为相，进行改革。管仲又名夷吾，这个家伙从小品德不太好，打仗的时候人家都是往前冲，只有他往后跑，他总是以家有老母自己又是独生子为借口，对自己的逃兵行为进行解释。就连跟朋友一起做买卖，他也老算计人家。这是一个特别务实的人，为了达到自己的目的，没有什么思想包袱可以限制他。

管仲尤其反感漫无边际的高谈阔论，他在相齐的时候，有一个特别精彩的论断："仓廪实而知礼节，衣食足而知荣辱。"这段话对于今天的中国很有现实意义。用我们的话讲，你得先抓物质文明，然后再抓精神文明。穷山恶水，泼妇刁民，必然是相辅相成的。相反，生活越富裕的地方，精神文明程度也越高。齐国秉承了管仲的务实精神，加上地理位置良好，背靠大海，尽享渔盐之利，齐国很快就做大，成为诸侯各国中实力最强的国家。

齐桓公甚至建立起一支多达30000人的常备军，按照以前的规定，诸侯国的军队规模不能超过7500人，而周天子自己的部队规模也不过才35000人。所以可想而知，其他国家哪里是齐国的对手，但齐国要想对外扩张，也不能师出无名，所以就提出了一个口号：尊王攘夷。当时中原各国处在混战之中，觊觎中原已久的少数民族政权蛮、夷、狄、戎勾结起来，对华夏文明构成了严重威胁。史书记载当时是"南夷与北狄交，中国不绝若线"，华夏文明，命悬一线！当时的华夏文明应该说是比较先进的，汉族的定居方式已经确立下来，农耕文明达到一定水平，同时我们还有自己的文字语言，这些都是蛮、夷、狄、戎所不具备的，如果这个时候华夏文明遭到灭绝，那么对于整个人类文明来说都是不可估量的损失。所以这个时候谁能够站出来保卫华夏文明，谁就是保卫了先进生产力的发展要求，保卫了先进文化的前进方向，保卫了当时中原最广大人民的根本利益。

头可断，发型不能乱

管仲高举"尊王攘夷"的大旗，使得齐国一下子占据了道义制高点。齐桓公出动大军先是打退了山戎对邢、卫两国的侵扰，救邢存卫，在诸侯中威望大增。其后，面对楚国南蛮的北向扩张，齐国再度出兵会合中原国家的军队共同伐楚，解除了少数民族政权对中原地区的威胁。公元前651年，齐桓公葵丘会盟，周天子都派人来参加这个会盟，承认他的地位。他成为春秋时期诸侯各国公认的第一个霸主，齐国也正式成为第一个称霸的国家。

后来孔圣人充满深情地讲："管子相齐，九合诸侯，一匡天下，民至于今受其赐。微管仲，吾其被发左衽矣。"意思是我们老百姓到今天都受到管仲的恩赐，如果没有管仲的话，我们就要被少数民族、游牧民族同化了。"被发左衽"是少数民族的服饰发式特点，"被发"就是散着头发，重环垂耳；"左衽"就是他们穿的衣服是左边压右边。中原汉族人穿衣服是右边压左边。其实哪边压哪边都无所谓，但在中国古代，这个服装、发型要一变，就意味着礼制的崩坏，意味着国家要灭亡，道统要灭绝。这就是头可断，发型不能乱的原因。

比如，明末满人入关之后，发了一道剃发令，让汉族人改学满族人发型，一律削发留辫子，很多人不愿意，于是就遭到清兵的镇压。留头不留发，留发不留头，鱼和熊掌不能兼得。即使这样，江阴城为了抵制剃发令，为了留发，也抵抗了八十多天，全城被清军杀得尸横遍野。有对联为证："八十日带发效忠，表太祖十七朝人物；十万人同心死义，留大明三百里江山。"今天看来这件事有点儿过于荒诞，十万人同心死义，就为了这个发型。

以前的中国人一向把这个事儿看得特别重要，身体发肤，受之父母，轻易不能动。年纪小的时候还可以剃头，冠礼成年之后头发就不能剃了，要蓄发蓄须，直到临终。所以崇祯皇帝在煤山殉国的时候，无颜见列祖列宗于九泉之下，以发覆面，头发散开长得能拖到腰部。

如果没有管仲"尊王攘夷"、力保中原的话，当时的中原就被少数民族同化了，发型一换，就轮不到后面这些事了。

昭王中了楚国的计

继齐桓公称霸之后，晋文公和楚庄王陆续崛起。齐桓、晋文称公，因为齐国和晋国都是侯爵国，这个公不是它的封爵，而是尊称。楚庄称王是因为楚国乃子爵国，是南蛮少数民族政权，西周中期才被天子册封的。楚国国君嫌地位低，所以干脆自称为王，跟天子平起平坐。当时的天子周昭王不高兴了，亲自去楚国讨个说法。楚国人听说天子要来，准备了一艘船迎接他，周昭王特别高兴，以为楚国人害怕了，知道自己做错了。谁想到是因为楚国蛮人嫌周人扰民，设计用胶水粘的船身，昭王一上船才开了没多久就散架了，周天子一行人全部落水葬身鱼腹。可见这个楚国的南蛮是一个比较有个性的民族。

周天子的南征失败导致整个周朝的神话破灭，王朝由盛转衰。到了春秋晚期的时候，吴王阖闾和越王勾践竞相称霸。吴越两国在长江流域，吴国的都城就是今天的苏州，越国的都城就在今天的绍兴。那个时候，江南就已经开始得到了初步的开发。陆续称霸的齐桓公、晋文公、楚庄王、吴王阖闾和越王勾践在历史上被统称为春秋五霸，个个是牛人。

三家分晋与田氏代齐

据《资治通鉴》记载，公元前403年，即周威烈王二十三年发生了一件大事，周威烈王册封晋国大夫韩虔、赵籍、魏斯为韩侯、赵侯、魏侯，俗称三家分晋[1]。无独有偶，齐国的大夫田氏，与此同时也废掉了姜氏，取而代之成为诸

---

[1] 史学界以三家分晋作为东周时期春秋与战国的分界点。

侯，三家分晋和田氏代齐^①，使得中原地区逐渐形成了战国七雄争霸的格局。

从这一变局中可以看出，其中分封制起到了很大作用。周王朝实施分封制的方法是：天子把土地分封给诸侯，诸侯分封给大夫，大夫分封给卿，卿分封给士，它的每一层都是往下分封的。所以天子后来能够被诸侯架空，诸侯就能够被自己国内的大夫给架空。因为这是由它的生产力水平决定的，基本上，上一级只管都城周围，底下全给分封出去，随着地方势力的逐渐庞大，就等于中央集权走向衰落。所以以晋国为例，晋国当时有六家大夫具有相当的权力，除了韩、赵、魏三家外，还有智氏、中行氏和范氏，中行氏和范氏很快就覆灭了，韩、赵、魏联合起来又把智氏给灭了，并且最后这三家索性把晋国的国君给废了，自己做了诸侯。周天子一看，好家伙，太无法无天了，不过我也没办法，被迫承认册封这三家为诸侯吧，晋国于是一分为三，韩国、赵国、魏国横空出世。

小时候拿板儿砖砸缸的司马光说，天子之职莫大于礼，礼莫大于分，分莫大于名。周封三晋这个窝囊事儿让天子之职彻底崩坏，礼制是国家赖以存续的纲纪，三晋居然威胁周天子封他们为诸侯，周天子还不得不承认，这纲纪大乱，就标示着周朝末日已经临近。

七个爷们儿欲争霸

齐国原来的国君应该姓姜，例如齐桓公，名字叫姜小白，那会儿起名还不太讲究。结果大夫田氏强大起来把姜氏废掉之后，自己当了诸侯，齐国改姓田了。所以三家分晋，加上田氏代齐，形成了战国七雄的局面。

这个战国七雄一开始还不只是七个国家，当时一共20多个国家都觊觎霸主

---

① 田氏代齐，指战国初年齐国田氏取代姜姓成为齐侯之事。公元前386年，周安王正式册封田和为齐侯。公元前379年齐康公死，姜姓绝祀，姜姓齐国完全被田氏齐国取代。田氏仍以"齐"作为国号，史称"田齐"。

地位，历经战火洗礼，这前20强大浪淘沙般一番海选PK之后，基本上就剩下燕、齐、楚、秦、赵、魏、韩，七位选手继续死磕。从春秋五霸升级衍化到战国七雄，可以看出春秋的时候，中原的主要矛盾是南北矛盾，体现在晋楚两国的争霸当中，晋在北边，楚在南边，一直是南北对峙。到了战国的时候，主要矛盾就是东西矛盾了，具体表现就是秦国跟关东六国的矛盾。因为关东六国位居崤山函谷关以东，对秦国形成一定威胁。尤其到了战国末期，秦想统一六国，进一步激化了它们之间的矛盾。

05. 学习、同化两不误

皇帝开始追时髦

春秋战国时期，神州大地除了华夏民族之外，四方还有匈奴、戎、越等剽悍的少数民族政权。有道是不打不相识，打架也算是一种主动的交流方式，总比谁都不理谁强，夫妻天天吵架没准还越吵越恩爱呢。于是，通过频繁的战争和经济、文化交流，中国历史上迎来了第一次民族融合的高潮。

先秦时代的中国人是这么认为的："诸侯用夷礼则夷之，夷狄进于中国则中国之"。你是天子册封的诸侯，你用夷礼，学习少数民族，大家就把你看成是蛮夷，比如赵武灵王胡服骑射，当时就被看成蛮夷之人。但从客观上来说，以前汉人的服装是最笨拙的，宽袍大袖，那个大袖子能钻进一个人去，穿上那衣服一上街，勤劳的清洁工都得下岗。上衣下裳，成年男女也是穿开裆裤的。裤，胫衣也，护腿的，相当于长筒袜。这种服装设计既不便于生产，也不便于战斗。人家少数民族窄衣小袖，死裆裤，生产能力和战斗力都是中原人所不能及的。

最后汉族人还是把自己的传统服装给放弃了，从唐朝开始，皇帝的服饰已不再是汉代皇帝冕服的样式，皇帝上朝已经不再头戴沉重的冕冠，而是改戴乌纱，领子也变成了圆领，腰部系一条腰带，袖口也由宽变窄，相当时尚。

顽强的民族

除了穿着之外，饮食方面，中原人的口味也一直在向少数民族方向调整，就像大盘鸡、拉条子这些新疆维吾尔族美食，如今已成为某些人的最爱一样。在行为方式方面，以前中原地区的人们进门以后，习惯席地而坐。后来中原人采用了西北少数民族那种高桌大椅。由此可见，中原人民其实一直在向少数民族学习，但当时的汉族人认为，中原文明才是正统，谁要是学习少数民族，就把谁当做蛮夷对待，而少数民族学习中原文明，就把它当成中国的一部分来对待。

这也就是说，当时的中原人看待这种民族融合现象，主要看重的是文化认同，而不是血缘关系。在中国古代，朝鲜、日本和越南，从来不被当成外国看待，因为那时候它们跟中国完全一样，用汉字，遵汉礼。但欧洲国家对待民族融合现象的看法，就和我们不一样。他们看重血缘，而不是看重文化认同，比如一个中国人在德国住一辈子，德语说得比德国人还流利，你都休想加入德国国籍，除非在1750年时，你的祖先是德国人，这样的话，你一句德语不会说，都可以入籍德国。

中国历史上汉族政权不止一次被少数民族政权侵扰甚至终结。但每一次都是少数民族政权最后被我们同化，所以我们这个民族非常顽强，五千年没有灭绝。快马弯刀打仗容易，但征服人心十分困难。

06. 改革缘于形势变

大家一起干私活

春秋战国时期，铁器牛耕得到推广，生产力水平进一步发展，荒地开垦的数量前所未有地增多，这与井田制产生了一定程度的冲突。井田制规定土地是国有土地，耕种的土地是分封来的。而且由于生产力水平低下，分封的土地尚且耕种不过来，更无暇顾及其他荒地。但随着铁器牛耕的普及，人们的生产效率大幅度提高，干完分内的这块土地之外，看着其他富饶的荒地，便萌生了一个大胆的想法：不种白不种，种了不白种。这些荒地可不是天子分封的，不归国家所有，我自己种了就是我自己的地，还不用缴税。于是乎，大伙儿挥起锄头，多快好省地干起私活来。

这样一来，私田开垦越来越多，国家分封的土地就逐渐荒芜了，结果大家都这么干就影响到了国家的收入。所谓道高一尺，魔高一丈，国家一想既然大家都这么干，索性无论公田、私田，一概按照规定缴税。这等于变相地承认了土地的私有状态。

土地所有制就这样由国有制向私有制进行了转变。同时为了适应这种转变，各国纷纷变法，如春秋时期，齐国管仲的"相地而衰征"，鲁国的"初税亩"。然后到了战国时期，李悝在魏国，吴起在楚国，商鞅在秦国，三家相继变法，新的制度确立。但是，李悝在魏国的变法和吴起在楚国的变法均告失败，尤其吴起在楚国的变法失败得最惨。支持吴起变法的楚悼王一死，当时的守旧派贵族们就要干掉吴起。最后逼得吴起趴在楚悼王的尸体上，以尸体做掩护，威胁贵族们，谁要是刺杀他的话，就必然会犯下冒犯王尸的大忌。但这帮贵族太恨吴起了，以至于视威胁为无物，不由分说就把吴起给射死了，楚悼王的尸体也被射成了刺猬。这对于楚国而言，失去了一次走向强大的机会。

秦国在变法中崛起

三个改革家里唯一成功的是商鞅，正是他的改革措施，最终促使秦国走向了强盛。有个成语叫徙木立信，说的就是商鞅变法成功的原因之一。当时商鞅为了让百姓信服并听从自己的新法，在城南门立了一根木头，贴告示说谁把木头扛到北门就赏五十金。还真有人出来扛了，轻轻松松就拿到了五十金。商鞅并不是拿五十金来教导人们天上可以掉馅饼，而是为了建立自己在百姓心中的信誉。于是在秦孝公时，商鞅的变法顺利实施，具体措施如下：

第一，令民为什伍，实行连坐法。把老百姓给组织了起来。十家一什，五家一伍，一家犯罪，五家十家都受到牵连，这就叫做连坐。比如隔壁家的小三吸毒，你知情不报，被发现后一样办了你，可见当时对老百姓控制得有多严厉。

第二，重农抑商，奖励耕织。中国古代人分四等，士农工商，商居四民之末。当时重农抑商、奖励耕织的关键原因还是生产力水平太低了。有道是"一夫不耕，或受之饥；一女不织，或受之寒"、"农者，天下之大本也，黄金珠玉，饥不可食，寒不可衣"，不像今天，中国多少夫不耕，多少女不织，也不会有人受饥受寒，当时可没有袁隆平这些人，如果老百姓弃农经商的话，国家就完了。所以一开始搞重农抑商，跟当时的生产力水平是相适应的，政策上必须得重农。另一个原因就是当时的商品主要是奢侈品，与百姓的生活无关，要来也没用，搜罗一打翡翠玛瑙都不一定能换几串麻辣烫。直到中唐以后，民生用品才逐渐多了起来。但再往后，比如到了清朝，随着国家经济水平的提高，仍采取重农抑商政策，那就阻碍了经济的发展。

第三，奖励军功，按功受爵。高官授爵在此之前是世袭世禄制，生下来就有俸禄。从商鞅变法开始改变了这种情况，奖励军功，按功受爵。秦国把爵分了二十等，其中最高的彻侯是第二十级。从第一级到第八级是民爵，这一级别的晋升就靠战场上立功。砍敌人脑袋一个，爵位上升一级，所以敌人的脑袋叫首级。秦国的这种激励制度，使得秦军在战场上非常骁勇，割头不倦，被人称做虎狼之师就是这个原因。

第四，燔诗书而明法令。这就是后来的焚书坑儒，可见商鞅是典型的法家代表，强调法制，要求大家服从命令听指挥。

第五，统一度量衡。度是长度，量是容积，衡是重量。度量衡不一样的话，会给各地的交流带来很多麻烦。比如美国人开车去加拿大绝对会超速的，因为美国是用英制单位，汽车里程表上显示的是英里，1英里约等于1.6公里。如果加拿大的交通指示牌上显示限速80公里/小时，美国人一踩油门，准超速！再比如，咱大陆1斤等于500克，台湾是600克。如果台湾游客来大陆买水果，就会觉得短斤少两。

第六，废分封，行县制。以前的分封制留下太多隐患，严重削弱了中央集权的力量，造成天子与诸侯的脱节。商鞅为了解决这个问题，在全国设31县，由国君委任县令。后来县上又设郡，郡守和县令都由国家来任命，这从根本上加强了中央集权。

第七，为田开阡陌封疆，废井田。商鞅以法律形式确立了土地私有，改变了之前大家心照不宣、国家变相默认的土地私有状态。

商鞅的一系列措施，促进了秦国政治、经济、军事的发展，使秦国成为战国七雄中实力最强的国家，为统一六国创造了条件。

07. 百家争鸣，科技发展

无为才能无不为

春秋战国，是中国历史上第一个文化高峰期，正在经历社会大变革的各诸侯国、各阶层，都对社会变革提出自己的看法和主张，一时间形成了百家争鸣的文化现象。

春秋时期，两位著名的代表人物是老子和孔子。老子，道家创始人，道家跟道教不一样，道教是中国古代神仙方术、原始巫术的集合体，吸收了道家思想之后，形成了道教。道教形成之后，神话老子，把他捧为太上老君，就是在炉子里炼孙悟空的那个白胡子老头。不过历史上确有其人，但生平事迹不详。只知道他是道家的创始人，有人说他叫老聃，也有人说叫李耳。

他的学说有两个特点：第一，朴素辩证法；第二，无为。政治上主张无为，无为好不好？老子为什么主张无为？有为什么样？谁有为？齐桓公、宋襄公、晋文公、秦穆公、楚庄王，春秋五霸这些人有为，战国七雄、商鞅变法这帮人有为，有为的结果是生灵涂炭，烽火连年。老子看到这种情况，提出咱们应该无为。小国寡民，鸡犬之声相闻，民至老死不相往来。这样的状态最佳，人与人之间没有了战争。老子希望退回到原始社会，他认识不到未来有共产主义社会，他只能认识到我们怎样才能避免这种悲剧战争，所以就提倡无为，同时他认为人一定要顺应自然，自然就是天道。老子的《道德经》，上来第一句话就是"道可道，非常道"。我说不清到底是什么东西，我只能强名之曰道，按我们的道理讲，道就是自然。道生一，一生二，二生三，三生万物，强调的就是天人合一。他认为国家有四大：道大、天大、地大、王亦大，而道最大。道才有天，天才有王，王是万人之主，还远不如道，那么普通百姓就更加要顺应自然规律。

顺其自然的衍生状态叫以柔克刚，最简单的道理是水滴石穿。天下之至柔，驰骋天下之至坚。比如你嘴里最硬的是牙，最软的是舌头，你老了，掉牙不掉舌头；大树比小草高大强硬吧，七级风一来，大树连根拔，没见过小草满天飞的。杯满则溢，只有空杯才能倒进水，所以无可以生有，有就不能再生了。中国现代哲学家冯友兰先生，把人分成四种境界：天地境界、道德境界、功利境界和自然境界。咱们一般人是在功利境界，杀人犯、强奸犯这都是自然境界。道德境界就是圣人们，他认为中国古代达到天地境界的只有一人，就是老子，孔子都只在道德境界。

一般我们在功利境界的人，是贵有不贵无，我们有什么比什么，比有钱，比有房子，比有车，比我爸爸比你爸爸官大。而老子是贵无，看破放下，四大皆空，六根清净，你才能有成就，无为才能无不为就是这个意思。

既要仁爱，又要有礼

处在道德境界的孔子，跟老子的见解就出现了分歧。孔圣人提倡有为，所以孔子这一生很辛苦。

孔子是儒家学派创始人，思想家、教育家。他在中国古代，尤其元朝以后，被称为大成至圣先师，集万般礼法道统学术之大成的万世师表，老师的祖师爷，所以台湾把9月28日孔圣人的诞辰，定为他们的教师节。大陆的政协委员曾经建议把我们的教师节也从9月10日改到9月28日去。

"君为臣纲"、"父为子纲"、"夫为妻纲"的三纲，和"仁、义、礼、智、信"的五常，这些观念一开始都是源自孔子的思想，其后才被董仲舒等人整理出来。

孔子的中心思想是个仁，仁者爱人，己所不欲，勿施于人。《大学》的第一句话："大学之道，在明明德，在亲民，在止于至善。"就让我们要亲民，也就是孔子仁者爱人的意思。人指的是别人，爱跟你不相干的人，统治者爱被统治者，被统治者要爱统治者，让世界充满爱，这不就是和谐社会吗？这种仁爱比耶稣的观点早了五百多年，所以中国的圣诞节应该和教师节同一天，也改成9月28日。

孔子还强调礼，强调贵贱有序，尊卑有位，恪守本分。他认为春秋战国时下面人不把周王室放在眼里，属于礼崩乐坏，对此很不满。他认为让世界充满爱的最好办法，就是每个人都遵守自己的本分，心里别存非分之想，是哪个阶层的人就要对自己的生活知足。诸侯老老实实做诸侯，大夫老老实实做大夫，别大夫想做诸侯，诸侯想做天子，那就乱套了。为了国家稳定社会和谐，势必要克己复礼。

但孔夫子这个主张是非常天真的，中国古代礼制森严，所有的东西都能体现出等级来。天子头戴的皇冠，看着好像脑袋顶一搓板，垂着算盘珠子。这珠子都有讲究，天子要垂12串珠子，诸侯垂9串。韩国的历史剧里面，韩王一出来戴的那个就是9串，我特意数过，韩国在这点上真没吹牛，还比较真实，他们戴9串是对的，因为韩王不是天子，中国皇帝才可以戴12串。再比如故宫的大门上，九九八十一颗铜钉，屋脊上九个走兽。你说我们家屋脊上也弄九个，找死呢！我们家盖房子也用黄瓦，找死呢！这全都有等级的，皇宫九九八十一，亲王府八八六十四，郡王府七七四十九，你不能随便来。皇宫的大门可以开几间，王府开几间，也是有规定的。孔子就特别强调要维护这个礼。

大家知道孔子有一句特有名的话，叫"是可忍，孰不可忍"。什么事儿把老爷子给气成这样了？鲁国大夫季氏开宴会跳舞，天子跳舞可以动用64人的文工团，诸侯48人，大夫32人，结果季氏居然动用了64人。孔子气坏了，你大夫怎么能摆出天子的架势来呢？这如果都可以忍受的话，还有啥不能忍的？我们今天有些人可能会觉得孔夫子有病，人家有钱，愿意用128个人你管得着吗？但那个时候礼制森严，不但管得着，而且必须管。所以他的核心思想，一个仁，一个礼。

素质教育的鼻祖

除了思想外，孔子在教育上也功绩斐然，打破了学在官府的情况，使平民有受教育的机会。咱们现在讲素质教育，没有教不会的学生，只有不会教的老师，你不能用一种方法教学，不能千篇一律。最早孔圣人就是这种主张，孔子一生3000弟子，72贤人，它这3000弟子里面，年龄最大的跟他差个五六岁，最小的比他孙子都小。他从爷爷教到孙子，不能用一种方法，所以当然是因材施教。那会儿没有应试，孔圣人绝对是搞素质教育的。好多教育思想对今天都很有借鉴意义，咱们现在一写教育论文，动辄苏霍姆林斯基说，或者杜威说，还不如先研究一下孔圣人怎么说的。

为了素质教育的推广，孔子编订整理了《诗》、《书》、《礼》、《易》、《春秋》，这就是后来儒家的五经，本来还有一个《乐》，隋朝的时候还是六经，后来这部经失传了。孔子的标准像就是两手胸前一搭，佩剑。一般情况下，画像上边有一个题款，写的是大成至圣先师，或万世师表，两边是一副对联："德配天地道冠古今，删述六经垂宪万世。"这个对联说明了孔子述而不作，《论语》虽是他说的，但不是他写的，是他弟子整理的。看来大人物都是这样，释迦牟尼只讲，也不会自己写，穆罕默德也这样。

老子和孔子是春秋时期的两位著名思想家。尤其孔子的儒家思想，成为后来历朝历代的指导思想。

百家争鸣

战国时儒墨道法百家争鸣。

首先看墨家，墨子提倡兼爱、非攻、尚贤。兼爱就是爱一切人，这个有点儿跟仁者爱人相似。非攻就是不要战争，不要打仗，保家卫国还可以。尚贤，任用贤人，进行选举，最好国君都选举产生。这个不太现实，那是选美国总统的方法，万一选出的国君是个犬戎，肯定不让上。所以墨家思想在中国古代是最不受重视的，就因为统治者不接受。

这个时候儒家代表是孟子，主张仁政、民贵君轻，政在得民。给农民土地，不侵犯劳动时间，宽刑薄税。国之根本是百姓，孟子的思想就是民本，是最闪耀人文主义光辉的。他在儒家当中被尊为亚圣，仅次于孔子。

儒家的另一位代表是荀子，主张制天命而用之。古代畏天，因为当时自然科学知识有限。人们把山崩、海啸、地震、日食、月食都看做是上天的惩罚，所以荀子提出利用自然来改造自然。后来有人把这种思想发展到极致，叫人定胜天。这个是不可能的，你胜不了天，该地震就得地震，地震完了这个地方就废了，得迁走。你说你能战胜自然，还在那儿建个城市，继续震，服了吧？千万别说人定胜天，要不然霸王也不会别姬，但可以利用自然规律来为人民服务。

今天更不应该强调人定胜天的思想，因为这是非常可怕的，如果过度开发，就会遭到自然的惩罚。举一个最简单的例子，长城是中国农牧业的天然分界线，我们老祖宗很明智，长城以北的地是不能耕种的，只能放牧，风吹草低见牛羊。现在呢？风不吹都能看见黄鼠狼。哪儿还有草原？就因为长期耕种造成了破坏，我就不信邪我偏种，种的结果是粮食不长，草也不生，变成荒漠了。北京干吗老刮沙尘暴？因为长城那边变成荒漠了。孟子说过，不以规矩，不能成方圆。人都要有规矩，何况自然？

战国时期庄子继承了老子的道家学说。他有一句非常有名的话："巧者劳，智者忧，无能者，无所求。蔬食者遨游，泛若不系之舟。"能者多劳，智者多忧，蔬食者就是平头百姓，当官的是肉食者。古诗说："铁甲将军夜渡关，朝臣待漏五更寒。山寺日高僧未起，算来名利不如闲。"大概跟庄子的话是一个意思吧。

法家、儒家区别大

战国时期，法家的集大成者是韩非子。法家咱们讲过，商鞅就是法家，法家跟儒家的区别有三点：

第一，法家认为历史向前发展，当代胜过古代，要进行改革，不能以先王之道，治当今之世，就是说别拿前年的内存条来跑今年的新游戏。从统治思想上看，儒家强调的是法先王，干什么事儿得学古代。中国古代最牛的帝王是尧、舜、禹、汤、文、武。没有一个皇帝，敢说我比这爷儿六个还牛。唐太宗也好，康熙大帝也好，绝对不敢说我比尧、舜、禹、汤、文、武牛，敢这么说的那是疯了。当然现在无所谓了，"唐宗宋祖，稍逊风骚……数风流人物，还看今朝"。法家则是法后王的典型，他们认为以后比现在要强，所以咱要经常不断地进行改革。可中国古代改革总困难重重，凡进行改革的人最后一般都迹近"奸臣"，就是因为主张改革的人，多少带点法家味道，跟主流儒家思想违背了。儒家强调尊重祖宗，尊重祖宗的法度。天坛斋宫，皇帝宝座后面有块大匾，上书四个大字——敬天法祖。我们前面还提过一个提倡改革的人，管仲。管仲也是法家，法家一般不是很看重道德的作用，所以管仲说的话特别好："仓廪实而知礼节，衣食足而知荣辱。"别在那儿唱高调，吃饱了什么都明白，以此看来法家的源起，可以追溯到管仲那个时候。

第二，主张以法为本。人类近代资产阶级提倡法制，这个"制"是制度的"制"，强调制度的完善和不可触犯。法家强调的法治则是以法治国，治"国内的老百姓"，国君不受治。那法律本来就是皇帝制定的，比如说明太祖颁布圣旨："朕有天下，仿古为治，明礼以导民，定律以绳顽。"我拥有天下之后，让老百姓都遵守礼法，光有礼法不行，你不听话就定律以绳顽。冥顽不灵的，绳之以法。皇帝冥顽不灵没关系，因为皇帝不会不听自己的话。贵族呢，贵族有免死金牌，凭什么有金牌呢（奥运会上你又没拿第一）？因为我祖先有功啊！像清朝的法律里面，贵族犯罪有八议，跟八议沾边的，就可以往下减刑。比如说议功，我们家祖先有功，所以应该死刑改无期了，议功、议贵、议亲……八议议完，走好吧您，无罪释放。这个在今天看来很荒唐，法律面前人人平等，你爸爸有功关你什么事儿？比如我爸爸是志愿军烈士，我犯死罪了，该枪毙照样枪毙，不能因为我爸爸是烈士，我杀人就白杀。所以法律面前人人平等，跟韩非子的法治还不一样，那时候的法治，就是用来治老百姓的。法家和儒家最大的区别就体现出来了，法家强调法治；儒家强调德治，为政以德，强调仁政。法家强调轻罪重刑，不杀不刑无以树威，吓唬老百姓，让平民不敢闹事。

第三，法家还有一个观点是要加强中央集权。韩非子主张建立君主专制的中央集权的封建国家。他说"事在四方，要在中央；圣人执要，四方来效"。法家思想能够被秦王嬴政接受，能成为指导思想，就因为这几点：法后王，主张变革，不拘泥于古代；主张法治；主张建立中央集权。统治者当然喜欢它了，这个东西好，对统治者有用。

科技在发展

还有几件事需要说一下。第一，《春秋》记载，鲁文公十四年（公元前613年）"秋七月，有星孛（彗星）入于北斗"。这是世界上首次关于哈雷彗星的确切记录，比西方早670多年，这是一个世界之最。但咱最早记载了哈雷彗星，它为啥还叫哈雷彗星，不叫鲁国彗星？显然是记载之后，没有研究。

第二，十九年七闰，这又是一个世界之最。世界各国的历法分为三种，阴历、阳历和阴阳历，中国传统农历属于阴阳历，不是阴历。阿拉伯历法是阴历，即回历。回历以公元622年穆罕默德率麦加穆斯林迁徙麦地那为元年，这么算来回历的今年应该是13××年才对，但他都到15××年了……，过得这么快是因为回历一年354天，它以月亮绕地球一圈为一个月，大月30天，小月29天，这叫做阴历。阳历就是地球绕太阳一圈为一年，然后一年12个月，每个月理论上应该是31天或30天，但是没谱。比如七月大，八月应该小，结果奥古斯都皇帝（屋大维）过生日，加一天，八月就大了。那这一天从二月拿吧，因为那个月杀人，快点过去，所以二月就少了一天，很随意的。中国古代为了指导农业生产，就尽量都照顾到，按照月亮绕一圈是一个月，地球绕一圈是一年，这样的话，我们一年也是354天，但我们又要照顾到地球公转的周期，19年里增加七个闰年，闰年有13个月，所谓的闰二月，就是这一闰年里有两个二月；闰七月，就有两个七月。因为咱们现在都用公历，你不会在乎这个，要用农历的话，就经常会提到闰月。咱中国历法属于阴阳历，不是纯粹的阴历，这个原则的确立是很早的。另外，就是出现世界上最早的天文著作《甘石星经》，甘德、石申这两个人写的，五大行星都有记载。如果从那时候坚持研究，说不定今天已经可以入住火星了。

第三，物理学方面，《墨经》里讲光学八条。墨子是劳动人民出身，所以他比较注意自然科学、生产经验这些东西。从这时到牛顿发现光谱，已经过去了两千多年，如果从那时候坚持研究，说不定时光机都已经出来了。

古代医学首推扁鹊。名医扁鹊，脉学之宗；望闻问切，建立了中医传统诊病法。现在对中医争论得挺激烈的，民国时就有人主张废除中医。有人讲其实"中医"这个词儿不准确，应该叫传统医学，以与西医现代医学相区分。中国古代没有西医，老百姓看病找中医，传统医学能一直延续到现在，自然有它合理的生存空间。

这个历史挺靠谱

第二章

文治武功大一统

（秦汉）

01. 对付敌人，靠的就是谋略

轻轻松松灭六国

秦的统一，源于四个条件。第一个条件，生产力提高，联系加强；第二个条件，人民渴望；第三个条件，秦国实力强，国富兵强；第四个条件，秦王嬴政具有高超的战略策略。秦始皇本人雄才大略，远交近攻。离他近的先灭掉，远的交好。

灭六国是这么一个顺序：韩、赵、魏、楚、燕、齐。先灭掉韩国，韩国国小力弱，一下子就灭掉了，跟拿杯水泼蜡烛似的。然后是赵国，再是魏国。楚国虽然庞大，但事先已经被打过一回，首都被攻克，屈原都投河了，很虚弱的，因此也被拿下。燕太远，多活了几年，不过也是很轻易地就被消灭掉。最后灭齐，因为齐最远，实力又很强。所以秦王跟齐王田建说，我灭那几国你别管，你看着，等灭完了之后，咱俩平分天下，我是西帝，你是东帝。田建很高兴，后果很凄惨。各国求援他都不救，就等着做东帝，结果那五国一完，他就成了最后一块多米诺骨牌。没什么东帝，关山洞扫地去！最后饿死了。山东六国十年的工夫就被挨个儿灭了，秦国的国力确实超强，人口500万，军队100万，赶上匈奴了，打一次仗动用60万大军，很有倾国而出的感觉。

修道长城防着你

公元前221年秦灭掉了六国，然后统一越族地区，击退匈奴，取得河套。河套就是黄河大拐弯的地方，那里有水草丰美的鄂尔多斯草原。所谓黄河九曲，唯富一套，说的就是这个地方。河南叫内套，河北叫外套。秦夺之，修长城。

为什么修长城[①]？不是把匈奴打败了吗？干脆一口气把它灭了得了。可是灭得了吗？人家是骑兵，一下子跑没影了。汉族跟少数民族打仗，花钱太多，一场仗下来，粮食供应都跟不上，国力基本上就耗尽了。少数民族没有这个负担，所以汉族跟他们打仗打不起。于是就修一个长城把你拦住，我不过去，你也别来，况且我也没理由过去，那边的地不能种，要搁那儿建一个城，从内地运粮食，运物资，费用太大了，因此修道长城就完了。唐朝人崔湜说："但使将军能百战，不须天子筑长城。"可是将军百战也没用，因为"将军百战死"，所以还得靠长城。

统一越族地区，击退匈奴，取得河套，修筑长城。这些都做完之后，秦朝的疆域已经北起长城（今天的内蒙古、辽宁），东至大海，南达南海，西到陇西（今天的甘肃），据说达到400万平方公里，人口2100万，相当于400年后极盛时期的罗马帝国，人口比罗马帝国还多100万。

秦统一六国的意义：

第一，结束了春秋战国以来诸侯割据称雄的局面，成为一个统一的多民族国家。办公室乱了很久，终于打扫好了。

第二，社会经济得到恢复与发展，结束了长期战乱，人民生活安定，经济向前发展。房间整理好了，终于可以工作了。

---

① 春秋战国时期，各国诸侯为了防御别国入侵，纷纷修筑烽火台，并用城墙连接起来，形成了最早的长城。以后历代君王几乎都加固增修长城。据记载，秦始皇使用了近百万劳动力修筑长城，占全国总人口的二十分之一。当时没有任何机械，全部劳动都由人力完成，工作环境又是崇山峻岭、峭壁深壑，十分艰难。我们今天所指的万里长城多指明代修建的长城。

嬴政破六国

02. 你们得按我的规矩来

皇帝，就从我赢政开始吧

公元前221年，秦王赢政，也就是后来的秦始皇，以咸阳为都城，建立起中国历史上第一个统一的专制主义中央集权的国家。他采取了一系列类似"360安全卫士"的措施来巩固自己的国家系统。

政治方面第一个表现，他建立了皇帝制度。皇权至高无上。夏商周三代统治者，天子称什么？称王，文王、武王。王是最古老的一个汉字，甲骨文里就这么写，三横一竖，称用来沟通天地人的天子。等秦王赢政完成统一之后，他说三代统治者都称王，我要还称王，无以称成功传后世，所以你们给我琢磨琢磨，我应该叫什么。大臣们一想，你德兼三皇，功过五帝，就从"三皇五帝"里取两个字吧。三五显然很二，更像是闹钟或香烟的品牌，所以就叫皇帝，三皇五帝都沾边。

从此，秦朝开始有了大权独揽、拥有至高无上权力的皇帝，自称曰"朕"，诏旨称制，或者称诏。值得一提的是，在秦朝统一以前，谁都可以称朕，屈原就老称朕。秦统一后，你要朕，那就把你给震了，只能皇帝可以"朕"。其实这个制度实在不怎么样，因为皇帝大权独揽的结果，就是你这个国家的治乱兴衰完全看皇上一人了。如果是明君圣主，国家就能够强盛，但明君圣主是比较少的，中国历史上明君比较集中的朝代是清朝，而明朝则一个赛着一个混账。开国的皇帝都不错，到二世没准儿还能凑合点儿，守成还行，到三世，生于深宫之内，长于妇人之手，整天与阉竖为伍，你想想他除了"下面没有了"的笑话还能了解什么东西？一代不如一代，王朝总逃不脱兴衰的怪圈，所以大权独揽的皇帝制度是有缺陷的。

秦始皇一开始还是很勤政的，他每天早起洗脸刷牙之后看600斤奏章。别怕，当时奏章是写在竹简上，要是看纸的，600斤能看死他。他让在寝宫里搁一杆秤，每天称约600斤，不看完不休息，累得手都翻不动竹简了，就拿绸布条挂到脖子上吊着翻，太累了！这种体力活远大于脑力活的工作，他后来终于腻味了，于是开始追求长生不老，转向炼丹了。

官制设置，那叫一个森严

政治方面第二个表现，秦始皇建立了一整套从中央到地方的官制。这套制度就是三公诸卿郡县制度。皇帝至高无上，其下设立三公，太尉主管军事，但是在秦朝太尉一般不设，是个虚衔儿。丞相，相当于国务院，主管行政，总领百官。史籍上说丞相是"掌丞天子，助理万机"，国家大事基本上都归丞相处理。然后是御史大夫，相当于副丞相，同时负责监察百官，还要掌管百官的奏章，相当于今天的副总理兼反贪局兼检察院兼人民来访办公室主任。这三位称为三公。三公之下是诸卿，相当于各部部长。诸卿在史书上叫九卿，但一般可能不止九个。其中一些常见的比如郎中令，相当于宫廷警卫；典客，相当于外交部礼宾司；宗正，掌管皇族内部事务；少府，处理山河湖海税收和手工业制造；廷尉，是管司法的。

诸卿之下，地方设立郡，再往下是县，再往下是乡，乡下面是里。乡、里的领头人，不是朝廷任命的，而是当地人自己选出来的，就是村民自治委员会，跟居委会的性质差不多。这种制度就叫中央集权。从皇帝往下，一直到县，一竿子插到底。这个让后来的班主任、班长、课代表、小组长都受益，从学生会到包工队一直在效仿。

秦汉时期还没有品级，要区别一个官的大小主要看他的工资。太尉和丞相是万石，一年的工资是一万石粮食（好像是小米），1石是150斤，一年给150万斤粮食，你爱干吗干吗去，什么东西都可以拿粮食换。那个时候货币不是很发达，所以万石粮食很多是拿来当钱用。所以网上说，你MP3买来多少米就是花了多少钱的意思，比Money首字母的说法更有依据。

此外，区别官员大小的方法是看官服上佩戴的绶带，就是系在腰间一直垂到下面的那条大绶带。还有就看你佩戴的官印，那会儿官印都很小，是可以佩戴在身上的。万石的丞相和太尉是金印紫绶，印是金的，绶带是紫的；五千石的御史大夫是银印青绶（以至于到后来的很多时候，官员加衔叫什么金紫光禄大夫、银青光禄大夫，出处就在这里，不过那时候已经有品级了，官印个儿太大，除了想锻炼身体的谁也不会系在身上，更不会戴绶带）；再往下，两千石的诸卿和郡守是铜印黄绶；千石的万户县令（不到万户的是县长）是木印黑绶。下面就没有了，等级制度森严，层层管理，比以前分封制的封邦建国有更大的积极意义。

政治方面的第三个表现是出台了秦律，秦律的特点就是轻罪重刑。你随地吐痰，吊起来打。

两大功绩传万世

再来看经济，经济主要体现在四个方面：

第一，承认土地私有。

第二，统一度量衡。

第三，统一货币（一律是那种圆形方孔钱，孔方兄）。

第四，统一车轨，修驰道。车轨是车轮之间的距离，轮间距。驰道就相当于今天的国道。为什么要统一这个呢？比如说现在修的驰道是并行几辆车，你这个轮间距得一致啊！要不然宽窄远近各不同，你得买保险。

而文化方面则是书同文[①]。一律采用小篆和隶书。这个书同文和前面的车同

---

① 在秦国统一中原之前，各国的文字很不统一；就是一样的文字，也有好几种写法。秦国统一后，秦始皇采用了比较方便的书法，规定了统一的文字，这样各地的文化交流方便多了，这叫做"书同文"。

轨是被后世史家津津乐道的秦始皇的两大功绩，还用文轨、车书代表国家的统一，古文献、古诗词当中就经常看到这两个词。北魏孝文帝，迁都洛阳，颁布圣旨："国家兴自北土，徙居平城，虽富有四海，文轨未一。"唐朝诗人温庭筠《送渤海王子归国》中写道："疆理虽重海，车书本一家。"金朝海陵王完颜亮伐宋，作诗云："万里车书一混同，江南岂有别疆封。"车书一家、文轨未一、万里车书一混同，都是这个意思，象征国家的统一。

03. 来也匆匆，去也匆匆

不搞分封搞郡县

除了政治、经济方面的动作，秦始皇接下来干的事儿就有点儿缺德：焚书坑儒。

秦始皇在统一了国家之后，让大家伙商量商量，议一议，我大秦采取什么统治方式？丞相王绾就站出来了，诸侯初破，燕齐荆地远，荆就是楚，那地方太远，"不为置王，毋以填之，请立诸子，唯上幸许"。王绾主张搞分封，分封秦始皇的诸子。你把你的儿子分到那些地方做王，因为那地儿太远，所以封你儿子去治。

"始皇下其议于群臣，群臣皆以为便。"大臣们都认为高啊！结果李斯这老哥不干了，他怒了。李斯当时是廷尉，是司法部长，还不是丞相。李斯曰："周文武所封子弟同姓甚众，然后属疏远，相攻击如仇雠，诸侯更相诛伐，周天子弗能禁止。"就是说，你分封同姓？文王、武王当时海内71国，姬姓诸侯53国，全是同姓啊！结果怎么样？照打啊！你跟你叔叔的孩子很亲，等到了你的孩子跟他的孩子都长大的时候，关系就疏远了，再下一代就更远了，再下一代就根本不认识了。

李斯接着曰："今海内赖陛下神灵一统，皆为郡县（拍皇上马屁），诸子功臣以公赋税重赏赐之，甚足易制，天下无异议，则安宁之术也，置诸侯不便。"就是说您的儿子和您的功臣们，用公家的赋税赏他就完了，别让他掌权，别封什么同姓诸侯。所以自秦以来相当长一段时间内是封而不建，皇上封你为齐王，但你不可能在齐国建立自己的统治。你可以享受齐地的赋税，但行政、民政、军事这些东西不归你管，你的工作就是多挣点儿米。总之，李斯曰了半天，意思是明确反对分封，主张搞郡县。

秦始皇就接茬儿，曰："天下共苦战斗不休（打了半天架了），以有侯王（就是因为有这些侯王）。赖宗庙（靠祖宗保佑），天下初定，又复立国，是树兵也，而求其宁息，岂不难哉，廷尉议是。"就是说，我好不容易把六国都灭了，一统天下，马上又去封疆立国，不是吃饱了撑的？自己培养敌人嘛，所以秦始皇同意李斯的观点，咱不搞分封，搞郡县制。

焚书坑儒为哪般?

后来公元前213年的一次宫廷派对上，博士淳于越（这个博士跟今天的博士不一样，是一种官职，当时负责教授五经）可能喝高了，他跟秦始皇讲，你不搞分封，搞郡县是什么意思呢？是使陛下有海内，而子弟为匹夫（你拥有天下，你的儿子亲戚都是平头百姓）。"卒有田常、六卿之臣，无辅拂，何以相救哉？"万一有那种三家分晋、田氏代齐的臣子怎么办？你的子弟没有兵，他怎么救你，他怎么帮你打田常、六卿，他怎么帮你干这个？

淳于越说这话，当然是为了皇上，本来是好事，属于学术争论。但他多说了一句话："事不师古而能长久者，非所闻也"。就是说'办事儿不学古代'你能干好？没听说过。淳于越是典型法先王的儒家，一句话把法家的李斯惹火了。李斯说，你什么意思？我干的事儿就是古代没有。郡县制古代哪儿有，你恶毒攻击郡县制度，你不跟中央保持一致，你不是反革命吗？所以李斯建议，这些儒生，谈论诗书，以古非今，罪大恶极，干脆把他们的书都给烧了，除了秦国的历史书和自然科学的书不烧，剩下的全烧。据说，当时孔子的后代把经书藏在孔府的夹壁墙里才保存了下来，要不然就也烧了。这个叫火劫。

读书人视书为生命，把书一烧，他们就在背后议论秦始皇，秦始皇听说后就挖个坑把他们都埋了。说我闲话的460多人，全活埋。这个叫土劫，差水木金就能凑个五行劫。

这是中国历史上的第一次文化浩劫。秦朝这件事儿办得不怎么样，属于文化专制。

秦朝为何如此短命

以法为教，以吏为师，严禁私学，愚民政策，这是中国古代统治者的一个策略。所谓上智下愚，就是智慧掌握在统治者手里，下面的老百姓最好傻傻乎乎木呆呆，方便统治，因为愚昧是产生专制的唯一土壤。这种以法家思想治国、严刑峻法、轻罪重刑的干法，最后把老百姓逼急了，就造反，引发了秦末农民起义。

究其原因首先是徭役繁重，一年得征700万人的徭役。秦朝总人口上文提过，2100万，刨去一半女的，就1000万男的，700万徭役就是除了老头和小孩都干这个了。除了徭役，还有兵役，用来打匈奴、南越。当时的秦朝老百姓，丁男被甲，丁女转输，男的披挂打仗，或者劳役，女的送东西、运输。也就是说，基本上这个国家的青壮年全都去干这买卖了，田地里剩下的就是坐公交车被让座的老弱病残孕。

这不算完，还有沉重的赋税等着你呢。你说我服劳役去了，我们家该交的税交不交？不交，你试试，一文不能少！否则大刑伺候你，割耳朵、挖眼睛、削鼻子、剁脚，全是肉刑。肉刑太讨厌了，随便挑一项都能被整成残疾人。刑罚严重到这种程度，完全是破坏劳动力。另外还有土地兼并，农民又没有吃的，又没有地种，有地的也没力气种，这还不造反难道造飞机？

公元前209年，陈胜、吴广在安徽大泽乡发动农民起义，然后以"伐无道，诛暴秦"为口号，建立张楚政权。他们失败之后，刘邦、项羽继续起义。公元前207年，刘邦至咸阳，秦亡。

"秦王扫六合，虎视何雄哉！挥剑决浮云，诸侯尽西来。"秦朝这么强大，结果十五年时间，二世而亡。贾谊《过秦论》里总结说："一夫作难而七庙隳，身死人手，为天下笑者，何也？""仁义不施而攻守之势异也。"所以汉朝一建立，就吸取这个教训，怎么才能够长治久安，得重视老百姓的力量，开始减轻老百姓的负担。

04. 风水轮流转，轮到老刘家

刘邦的玩儿法

秦之后的王朝就是汉朝，两汉在制度上承袭秦制，有所损益。基本上跟秦朝一样。但也有增减之处，具体表现在两个方面：

第一个是刺史制度，汉武帝时划天下为十三州，设立刺史，由皇帝选派亲信担任，到地方监察郡守和王国。刺史是六百石的品秩，而郡守和王国丞相秩两千石。这就是皇帝高明的地方，小官管大官，内朝官管外朝官，让他们互相牵制。郡守和王国丞相比刺史品秩高，但刺史是皇上钦差，口含天宪，出纳王命。他们互相都能拿住对方，我掐住你脖子你拉住我腰带，谁也不敢造次。如果刺史的品秩高于郡守和王国丞相，那就成了他们的上级，地方就没法牵制了。

这种办法，历代帝王经常使用，玩得炉火纯青。到了东汉，朝廷没有认真领会老祖宗的苦心孤诣，给刺史增加了行政权和军权，刺史正式成为州的长官。地方行政区划由郡、县两级变成州、郡、县三级，刺史变成了郡守的上级，这就为东汉末年的军阀割据埋下了伏笔。郡有好几十个，郡守不具备割据的能力，州就十三个，地盘太大了，具备了同中央叫板的实力。

第二个是郡县制与封国制并存，儒家法家一起来。汉实行郡县制又兼有封国制，封国分王国、侯国。王国与割据无异，侯国受所在郡监督。刘邦建立了汉朝，总结秦亡教训时，想起淳于越的话来了。他认为亡秦的一个重要原因就是没搞分封。就像淳于越说的："无辅拂，何以相救哉？"所以我得搞分封，万一打起来了有人挺我。

他搞分封是分封同姓王，皇上的兄弟子侄叔伯，这些人可以封王。妹夫不行，舅舅不行，姨父也不行，因为是外姓。一笔写不出两个刘字来，所以刘肥封到山东做齐王，刘长封为淮南王。王国相当于一个郡那么大，实际上跟割据没有区别。王国的军队是自己招募，官吏自己委任，甚至可以铸钱。那会儿的钱是铜钱，没有防伪标志，只要开出矿来就能做。你们王国有矿山，你就做吧，结果可能比中央还有钱。刘邦临死的时候，让大臣们斩白马盟誓（马是很珍贵的，何况白马）："非刘氏而王者，天下共击之。"刘邦说，姓刘的才能有邦，不姓刘的敢封王建邦，大伙儿群殴他！

异姓不王的传统从汉朝就确立了，基本上在中国古代，异姓封王的例子是很少的，很多都是追封。像岳飞封鄂王，死了60多年才封，已经没有实际意义了，没有造反夺权的可能性。有个别的朝代，像唐、宋，异姓有封郡王的，但没封亲王的，王分亲、郡，为了有个名义上的限制。功臣可以封侯，侯有三等：县侯、乡侯、亭侯。县侯享受一个县的衣食租税，但是你不能治民，也不能管军，你只有赋税。乡侯就低了，诸葛亮是武乡侯；亭侯就更低，像关羽是汉寿亭侯，刘备早年是宜城亭侯。

一般就是分封王侯两级，但还是对中央集权构成了很大的威胁。因为天子姓刘，我姓张，我要取代天子做皇帝，这算造反。天下人都不同意，我心里就要打鼓。现在天子姓刘，我也姓刘，论辈分我还是叔，我哥死了轮着我了，凭什么你小崽子干？天下人也无所谓，刘家打仗关我屁事儿，谁当皇上我还不都是在家干活儿，管这干吗？所以，这些同姓王实际上对后来的中央集权构成的威胁更大。

刘邦活着的时候这事不显，死了就麻烦了。吴王刘濞论辈分就是汉景帝的叔叔，爆发了吴楚七国之乱。当然汉景帝仨月就平定了，看着齐国军队挺多，但多是拿木头棒子的乌合之众，不如朝廷的正规军，一下就给它灭了。但靠武力手段镇压并不能从根本上解决问题，到汉景帝的儿子汉武帝时，才彻底解决了这事儿。

把危机扼杀在摇篮里

在汉武帝时代，汉武帝颁布了推恩令①。

主父偃给汉武帝建议：众建诸侯而少其力。众建，多建的意思，多封几个诸侯，诸侯的力量就被平均掉了。具体操作原理，我来解释一下。

中国古代的宗法制度是嫡长子继承制。嫡长子就是正妻生的长子，可以立为太子，将来继皇帝位。生个傻子怎么办？也一样。立国立嫡，不立贤。只立大的，不立能干的。除了皇后生的长子立为太子之外，其他的孩子和庶子可以分封为王。港台的电视剧里面有什么大太子、二太子、三太子，扯吧！太子只能有一个，有那么多太子还不相互掐？太子有一三五，皇帝就能有二四六。太子不是尊称，并非皇上的儿子都是太子，否则在大学教书的都是教授。同理，

---

① 西汉自文、景两代起，如何限制和削弱日益膨胀的诸侯王势力，一直是朝廷面临的严重问题。文帝时，贾谊鉴于淮南王、济北王的谋逆，曾提出"众建诸侯而少其力"的建议。文帝在一定程度上接受了这一建议，但没有完全解决问题。汉景帝即位后，采纳晁错的建议削藩，结果吴楚七国以武装叛乱相对抗。景帝迅速平定了叛乱，并采取一系列相应的措施，使诸侯王的势力受到了很大削弱。但至武帝初年，一些大国仍然连城数十，地方千里，骄奢淫逸，阻众抗命，威胁着中央集权的巩固。因此，元朔二年（公元前127年），主父偃上书武帝，建议推行推恩令。

武帝推恩令

诸王的正妻生的长子叫世子，将来继承王位。其他的孩子可以封为侯，侯之后就变成老百姓了。你看刘备是中山靖王之后，大汉皇叔，但在街上编草鞋，皇叔怎么惨到卖草鞋的份上了？就因为他的直系祖先不是嫡长子，没继承中山靖王的王位，被封为侯，侯完了就没戏了，卖草鞋。

汉武帝的意思就是，你嫡长子继承了你爸爸的王位了，让你弟弟卖鞋去，这多不合适。所以把你的王国分给你的这些弟弟，建立侯国，你做你的王，然后有几个弟分几块地，让你弟弟做侯。别忘了，侯国归所在郡管辖，只能享衣食租税，无治民权，更无统兵权，因此王国越分越小，权力也被平均，这样就没能力对抗中央了。弟弟做了侯，对皇上感恩戴德，皇上给的侯，没皇上我卖鞋去了，我怎么会造反呢？汉武帝的推恩令让诸侯王有苦说不出，王国突然分成了若干个小侯国，这就是"众建诸侯而少其力"的操作原理。

推恩令颁布后，皇上开始下刀子了，又出了酎金律。祭祀祖先时交来的黄金成色不足，就要酎金夺爵。祭祀祖先应该交24K的黄金，你们交18K的，对祖宗不敬还配当王侯？一百多个王侯的爵位就被撤了，已经分得那么小了，本就无力反抗，这一撤一百多，剩下的都是乖宝宝。

然后颁布附益之法，不许诸侯王结交宾客，限制诸侯王活动，只能享衣食租税，不得参与政事。楚王封在那儿，可以享受那儿的衣食租税，可以是那儿最大的财主，整个郡的财富都给你，但你不能干预朝政。

还有私出界罪。规定诸侯国王不经中央同意不得擅自离开封地，违者降为侯爵。甚至发展到明朝的时候，诸侯王不奉圣旨不许进京，随便进京就是大逆不道。妈死了，回去奔丧，你哥不待见你，不让你去，你就没辙！清朝更神，王爷不奉圣旨不许出京，都在北京圈着。皇上不给你派差，你一辈子离不开北京城，想上云南旅游去，门儿都没有，你到那儿造反怎么办？身为亲王，看着是尊贵无比，也只能当宅男，胆战心惊地跟坐牢没什么区别。

北京有个大葆台汉墓，连墓志铭都没有，不知道埋的谁，据说埋的是燕刺王刘旦。据史籍记载，刘旦这哥们儿是这么死的：他出游时使用了天子的仪仗，这就是作死嘛！天子出门金瓜钺斧朝天镫，十二对。刘旦觉得天高皇帝远，北京离长安远呢，没人看得见，他也摆出十二对！王国丞相履行监视之职，一封快电寄往京师，说燕刺王违制。于是京师圣旨，特快专递，一杯毒酒，燕刺王自杀。和珅之所以被处死，说穿了也是俩字——违制。你们家居然敢拿楠木盖房？皇宫才行。这厮贪污了一辈子，结果治罪的时候没说他贪污，说他违制。不过违制还不算最糟的，燕刺王自杀之后，儿子还可以袭爵，燕国还不至于被除国。

汉武帝的另一个法令——非正与乱妻妾位之律，就让很多诸侯国被除国，变成了郡县。

汉律规定只有正妻的长子能立为世子，如果正妻不能生育，就要除国为郡。小老婆生的庶子再多，生个足球队也不能继承。谁敢以庶继位，就是"非正"，贬为庶民。以庶充嫡，就叫"乱妻妾位"。这个法令和推恩令结合得很好，一边给正妻有子的诸侯小孩推恩，一边把正妻无子的诸侯小孩除名。有权的给你找个牵制，无权的一贬到底，导致所有的王国后来都被郡县给包围，想造反也没辙。

这样一来，汉武帝就把王国对中央的威胁扼杀在摇篮里了。

人才"选秀"花样多

前面讲过先秦时代官吏是世卿世禄，龙生龙凤生凤，老鼠儿子掏地洞。从秦开始则奖励军功，按军功授爵。中国古代有爵位的人，一般都是立下战功的，文官也一样，比如曾国藩和李鸿章，立战功了才封爵。清朝唯一一个文人没立战功封爵的是张廷玉，编了本《康熙字典》，封成伯爵，十年就给撤了。所以没有文人封爵的，你可以做到大学士，做到军机大臣，但没有爵位，爵位必须得立战功才有。秦朝的时候老打仗，立战功很容易；到了汉朝，国家承平日久，战功难立。而且老立战功，就导致军人当政，这可不行。

汉朝有一套非常好的制度，叫做察举制。察举即选举，由下而上，推举人才为官。察举的全称叫征辟察举制，有征、辟和察举三种途径。征是皇帝听说你很贤，把你征到京城；辟就是丞相、郡守这些人听说你很贤，把你辟为僚属，但这种人毕竟少。

有一个成语叫覆水难收，一般形容男女之间的感情。西汉有个读书人叫朱买臣，哥们儿穷，家里穷得连裤子都穿不上。媳妇老嘀咕他：整天在那儿看书有什么用，你干点儿有用的事儿行不行？去做买卖，炒股去。朱买臣说我不会。不会到超市搬矿泉水去，这总行吧？这我也不会。他媳妇一生气，离婚了，拜拜。汉朝时风气还挺开放的，女的可以提出离婚，朱买臣他媳妇改嫁了。因为朱买臣太贤了，皇上听说后征为两千石郡守，衣锦还乡。朱买臣骑着高头大马，带着随从就回来了，两千石闹着玩儿呢？他媳妇来找他，说上次跟你逗着玩儿呢！我早看出你行，我不过激励你一下，咱俩复婚吧！朱买臣说小样儿，你甭跟我来这套。于是马前泼水，一盆水泼在马前面，你若收回来，复婚；收不回来，玩去！覆水难收就这么来的。但像朱买臣这种能交狗屎运的人太少了，皇上都能听说，你得贤到什么程度？所以征辟不是主要途径，主要靠什么？察举，自下而上举荐人才。

东汉选拔人才，注重举孝廉。孝和廉不是才，是德。德的衡量就是大家都说你孝，你就孝；大家都说你廉，你就廉。这制度特别好，你想想，领导干部都孝敬老人、不贪污、不取不义之财，推而广之，这社会风气当然好。但反过来，我不当官当然廉，我上哪儿贪去？我孝？你上我们家来考察，我当然孝。四十好几岁了，跪在地上给我爹洗脚，孝不孝？你掀起我爹的裤腿看看，昨天晚上我踢的黑印还有呢。爸爸死了，在坟墓边儿上结庐，守孝三年，结果一年生一个孩子，这叫什么事儿，能叫守孝吗？所以孝廉实在没法衡量。孝不孝，廉不廉，依靠人才在地方上的声望，称为乡举里选。

所谓声望，就是钱不重要，商人有钱，但是商人唯利是图，能孝廉吗？官宦人家才有声望，于是门第望族成为选举的主要依据，到后来，当官就看你们家是不是官宦出身。欧洲人曾说过，三代时间培养一个贵族，贵族气质是需要培养的，暴发户可不是贵族。平民永远不孝不廉，官宦人家出身则老能被推举上，这样就造成了累世公卿。比如说曹操统一北方之前的袁绍，四世三公。四世三公不是世袭，并非袁绍的爷爷传给他爸爸，他爸爸传给他，而是他们家四代人声望累积，都当了三公这样的大官，门生故吏遍布天下，可见他势力有多大。就这样，一个人占有幽、冀、青、并四州之力，天下一共十三州，他占了四个州。势力大但是实力不大，是靠声望混饭吃的，要不他是窝囊废呢，这么厉害的人竟然被曹操灭了！

如此一来，这种选举制度显然有违当年的初衷，不能给国家选举出有用的人才。

汉朝的户口簿

两汉对百姓的管理实行编户，被编入户籍的百姓，称为编户齐民，具有独立身份，依据财产承担国家的赋税、徭役和兵役。国家为什么要把老百姓编入户籍？好管理！另外就是，要征收赋税、徭役和兵役。所以你看，不管从前还是现在，咱中国都是最不适合搞恐怖袭击的国家，因为中国对户籍的管理很严格。你在小区里一转悠，一帮老太太追上了，同志，你找谁啊？你这家伙鬼头鬼脑的，看样子就不像好人！你想安炸药，能让你安吗？所以想恐怖袭击中国不太可能。

为什么好袭击美国？美国连身份证都没有，你说你是谁，你就是谁，编一个名字进入美国了，再造一个假驾照什么的。在中国身份证都是防伪的，搞什么搞！中国这么多人不管不行，所以中国自古以来对户籍的管理就非常严格。

当然那时主要是为了征税，田租、人口税和更赋①都是老百姓要交的最基本的税种。汉朝的田租比秦朝轻多了，秦朝是三分之二，汉朝是三十税一，就是三十分之一，相当于秦朝的二十分之一。但是田租不为主，人口税和更赋为主。凡是朝廷宣布这个税我不怎么收了，想必这个税不挣钱，不为主。

05. 打打闹闹不消停

真悲摧，就是打不过

两汉时期边疆各族状况是，北方有匈奴、乌桓和鲜卑，东北有夫余。今天的朝鲜半岛也有夫余的后代。南方则是越族和西南夷，另外就是西域各族。除了中原王朝之外，还有这么多民族在跟中原王朝有交往。

在中国古代，对中原王朝构成最大威胁的民族来自于北方蒙古高原。北方的民族是两大系统，匈奴是一个系统，东胡是一个系统。匈奴和以后的突厥都属于匈奴系统；契丹、女真和蒙古应该属于东胡系统。

匈奴的经济生活以畜牧业为主。中原的史书非常得意地评价说，我们中原王朝先进，匈奴落后。为什么落后？他们"逐水草，习射猎，忘君臣，略婚

---

① 中国古代官府对人民所课时力役，始于秦代，汉初仍袭用此法，规定22岁到56岁的男子，都要服更赋。更赋包括"更卒"、"正卒"、"戍卒"三种力役或兵役。农民每年要为地方服一个月的劳役，称更卒。农民亲自服役，叫"践更"。如果不愿意亲自去服役，可交钱由官府雇人代为服役，此种出钱雇人服役的办法，叫"过更"。有时地方用不了多少更卒，也要农民照样出钱，成为一种赋役负担，就称为"更赋"。正卒为正式服兵役。汉景帝时规定，男子年龄在20~56岁，必须为国家服兵役一年，服役完后便可回家。但遇有战事，还要临时被征调。戍卒是指每个男子一生中要到边境为国家屯戍一年，或到京城做卫士。如果不愿亲自去，也可每月出钱雇人代替，一般农民无法承受，只得亲自服役。以后历代都有类似强拉民役的办法，只是名称不一。而由更卒之役产生的代役钱就转化成了一种赋税。

宦，驰突无垣"。逐水草，习射猎，这都能明白。忘君臣，他们没有中原这么严格的君臣关系，也没有像中原王朝这么严格的嫡长子继承制度，单于一死，大家就抢，谁抢到是谁的。略婚宦，侄子娶姑妈，舅舅娶外甥女，这种事非常多，爹一死，除了亲妈，所有的妈都能娶。弟弟娶嫂子这种收继婚制太原始了。驰突无垣，垣就是城，骑着马随便跑，太落后了。哪儿像我们中原有田土可耕，城郭可守。你别看这个民族原始，但打仗很厉害。秦汉之际，冒顿单于统一北方草原占领河套，内套、外套都给占了。

当年冒顿单于他爸爸头曼单于不待见他，想把他干掉，他爸爸的办法是送他到月氏国做人质，刚把他送到月氏国，他爸就出兵攻打月氏，等于逼着月氏王杀掉冒顿。月氏王比较厚道，没有杀他，放冒顿回去了。他爸爸就给冒顿一块不怎么样的封地，因为他宠幸小儿子，想让小儿子继位。

冒顿心里有谱，开始训练自己手下的一帮死士，跟他们一块儿射箭。他特制的箭头是空的，射出来会响，叫鸣镝。他说我的鸣镝射到哪儿，你们的箭就射到哪儿，于是这帮人跟他射飞禽射走兽。然后冒顿拿鸣镝射自己的爱马，对匈奴人来说，马就是老婆，这帮人有几个不敢射了，凡是不射的一律杀死。剩下的人就知道了，大哥射哪儿我们射哪儿。接着他射自己的爱妾，又有不敢射的，又杀死。此后再也没有不敢射的了。最后他射自己的老爹，那帮人毫不犹豫都跟着射，鸣镝弑父，把老爹杀了。

你看这人多狠，为了权力，马、老婆、爹全干掉。所以他是草原上第一位圣主、雄主，统一北方占领河套。冒顿单于赶的日子也好，因为当时正好是秦末农民战争，然后四年楚汉之争，中原王朝忙于内战，没顾上，所以他占了地盘。

中原王朝跟少数民族打仗，为什么总打不过人家？第一个原因就是少数民族是全民皆兵，他的生产跟战斗是一回事儿。三岁能开弓，五岁能上马，打仗不就是开弓和上马这两件事吗？小孩儿都能弯弓射大雕。天上的雕一箭就下来，地下的人能射不中？四条腿的鹿一箭就放倒，两条腿的人就不算个事了！匈奴人口最多的时候150万，兵力最少的时候，"控弦之士三十万"，能拉弓的人有30万，算吧，5个人里1个兵。汉朝最多的时候六千万人口，军队最多的是60万，100个人里1个兵。中原王朝老百姓的手是拿锄头的，木头棒子上装个铁片而已。要把种地的训练成拿刀枪的，这需要时间。少数民族本来就是拿弓箭的，所以他们全民皆兵，你打不过他。就像现在的人写书法写不过古人，因为古人一写字拿的就是毛笔，你一半时间是在敲键盘。

第二个原因是骑兵打步兵，那不就跟德国队踢中国队似的，我想进几个球就进几个球。我比球跑得快，你比裁判都跑得慢，你能跟我踢吗？少数民族骑兵来去如风，快如闪电，你攻不上去也跑不了。

第三个原因是匈奴这些北方民族打仗不需要后勤，每个战士三匹马，一匹战马，一匹走马，一匹驮马。平时行军的时候骑走马，驮马是驮物资的，战马只有冲锋的时候才能骑，平时舍不得骑。这些马大多是母马，渴了可以接奶喝，饿了天上飞过去什么，地下跑过去什么，一箭放倒就吃，完全不需要后勤。人家一出兵20万，是20万骑士，咱们一出兵20万需要5万押粮的，粮草一断就没法打了。

打仗要轻装上阵，蒙古铁骑在俄罗斯平原上一天80公里，跟二战装甲部队的速度一样快，机动性多强，声东击西。你修个长城有什么用，你的长城万里长，万里布兵，他几十万军队集中到一块儿，随便找一个口子就冲进来了。

再者从气候原因上讲，他从北往南打，越打越暖和，那怕什么，爽，光着膀子打；咱从南往北打，越打越冷，冻得弓都拉不开，枪都握不住了。

另外，中原王朝对不能耕种的土地不感兴趣，你占他的地干吗？游牧民族跟中原打仗准有收获，银子、绸子、瓶子，总能鼓捣回家点儿；中原王朝跟他们打仗只花钱，没有任何收获，缴获了牛肉干咬不动，没人家那么好的牙口，捡着一壶酸奶还不是草莓味儿的。所以从动机上说也没必要打，他跑西伯利亚去了，咱守着，不招他。但他得招你，不招你怎么活，他的生产比较落后，所以老招你。

"外甥"挑衅"舅舅"

西汉初期国力有限，所以被迫跟匈奴和亲，原因是这样的：

公元前200年冒顿单于率40万骑兵南下，高祖刘邦率32万步兵迎战，这不是作吗？人家40万铁骑，你32万步兵，结果被匈奴困在了平城的白登山，就是今天的山西大同。汉军也没带帐篷，天降大雪，人马冻死者甚众。将士握不住枪也拉不开弓，被围在白登山上。高祖刘邦以前是秦朝的亭长，用今天的话说就是街道居委会治保主任，有点儿二杆子精神，最后流氓本性发作，把帽子往地上一扔，老子跟他们拼了。如果拼的话，这个朝代三年就完了，皇帝就一个，倒也好记。

拼之前要焚毁珍宝，把随身带来的珍宝焚毁。谋士陈平赶紧说别呀，您别给焚毁了，你给我，我救你。陈平带着这些去见匈奴的阏氏，就是王后，把财宝献上，说我们皇上知道错了，把这些财宝献给大单于，请单于退兵。你们如果不退兵的话，抖开一幅画卷，上面画了一个绝色美女，说我们皇上准备把这个美人献给单于。阏氏一看说，我肯定让单于退兵，这美人你别送了。于是单于退兵了，单于不知道送美人的事，要知道这事儿绝对不退兵，那美人我估计也是PS的，哪儿找这么漂亮的人去？

匈奴退兵，刘邦喘了一口气，等于是走夫人路线这才退了兵。这帮人太厉害了，不能惹，怎么办？和亲吧。宗室女，甚至是宫女冒充公主嫁到匈奴，两国结为甥舅之国。光嫁公主过去是不行的，得陪送东西：粮食、物品、丝帛金银。我女儿嫁给你，你就是我的女婿，然后你的孩子就是我的外孙子，我死之后，我儿继位，你的孩子就是我儿的外甥，所以匈奴跟汉是甥舅之国，那你还能打我吗？你忘了人家忘君臣、略婚宦，所以东西收了，公主娶了，打的就是舅舅，谁让舅舅贱呢。看来和亲解决不了问题，暴力是他们唯一听得懂的语言。

"舅舅"狂殴"外甥"

汉武帝时国力强盛了，"太仓之粟陈陈相因，充溢露积于外，至腐败不可食"，粮食多得从粮仓漏出来，都烂了。打开国库一看，穿铜钱的绳都烂了，铜钱撒了满地没法数，太有钱了。关键是马，汉武帝的时候军马60万匹。高祖刘邦的时候才3000匹，"自天子不能具醇驷①，而将相或乘牛车"。皇帝的马应该是醇驷，四匹白马拉着多漂亮，结果当初皇上的那个马白的、黑的、花的都有，将相没有马，坐牛车上朝，32万步兵就是这么来的。

相比之下汉武帝的资源富庶得多，能对匈奴展开反攻。汉武帝任用自己的舅子大将军卫青和卫青的外甥霍去病攻打匈奴。霍去病17岁率800名勇士横越大漠，深入大漠一千余里，斩杀匈奴两千多人，把匈奴单于的叔爷爷都杀了。现在把体育比赛第一名给翻译成冠军，出处就是霍去病17岁封冠军侯。

于是他20多岁就成了骠骑将军，和舅舅兵分两路进攻匈奴，又是深入大漠两千余里，在外蒙古击败了匈奴。匈奴被迫远徙漠北，对汉朝的威胁就减轻了。霍去病起的名比较妨他，他叫去病，结果24岁就病死了，要叫个霍感冒可能没事。他主要是经营河西走廊，常年驻军在外。皇帝赐以美酒，霍去病不敢独饮，把酒倒在泉水中，让将士们拿头盔舀着喝，此地得名酒泉。今天的卫星发射中心，就是霍去病当年驻守之地。他死后陪葬汉武帝的茂陵，跟皇上埋在一起是无上光荣，他的坟墓修建成了祁连山的形状。

河西走廊在祁连山下，水草丰美，这地儿被夺回来之后，汉朝才有可能通西域。匈奴失去河西走廊，只好远徙漠北，导致后来内部混战。到汉元帝时，呼韩邪单于归汉，才有昭君出塞之事。

---

① 醇驷，四匹马毛色一样。

一个王昭君，息战五十年

王昭君14岁入宫做宫女，据说她天生丽质，结果因为不肯行贿画师，画师就用印象派手法把她画成丑女，害得她在宫里一直待到25岁。汉朝人平均寿命也就25岁，唐朝人是29岁，所以当时25岁就算老太太了，还没见着皇帝。正好皇上贴出一个告示征募志愿者去匈奴和亲，王昭君想到那儿当第一夫人也一样，于是她就志愿去了。送行宴上，皇上一看王昭君眼珠子都掉地下了，惊为天人，宫里怎么有这样的人？气得皇上把画师毛延寿宰了，跟呼韩邪说，咱换一个成吗？你以为呼韩邪傻呀，不退不换，就是她。

王昭君出塞才25岁，呼韩邪奔70岁的人可以当她爷爷。王昭君过去没几年，呼韩邪就死了。匈奴是收继婚，呼韩邪一死，他儿子就要娶王昭君。王昭君就上书朝廷，表示任务已经完成，申请回国。皇上说，你以两国友好大局为重，再干一任吧，王昭君就又干了一任。等呼韩邪的儿子死了，论辈分她就是太皇太后了。她跟第二个单于的儿子是匈奴的右贤王，将来能继承单于位的，她的女婿是右大将，相当于匈奴的总司令，她也就不想回国了。

王昭君在匈奴一直待了40多年，朝廷封她为宁胡阏氏。她是汉朝宫女远嫁匈奴，执行的政策自然对两族的友好非常有利。特别到第三代单于的时候，她等于是奶奶辈的人了。我当初跟你爷爷、跟你爸的事都这么定的，你小崽子还想怎样？特别是我儿子有权，我女婿有兵，你还来什么劲呢？所以昭君出塞的作用是，密切汉匈关系，互市兴旺，文化往来增多，双方和睦相处。匈奴跟汉朝打仗不就为了抢东西嘛，不用抢，你要铁器、丝绸，我要马匹、毛皮，咱们换不就完了嘛，这个对双方都有好处。史学家翦伯赞先生称赞王昭君说："汉武雄图载史篇，长城万里遍烽烟。何如一曲琵琶好，鸣镝无声五十年。"古代打仗打不起，农业经济基础薄弱，一打就没了。汉武帝打了这么多年仗，到晚年一看，高祖、惠帝、文帝、景帝70多年的积累都让他打光了，导致汉朝由盛转衰。烽烟四起，还不如昭君出塞一曲琵琶好，五十年不打仗。当然，王昭君琵琶管用也是有前提的，以前没少给人送宫女，就是不管用，偏偏这时候管用，因为匈奴已经被打服了，是在战胜的基础上送过去的，这是关键。

西迁匈奴太彪悍

中国古代王朝的疆域跟今天版图的概念大不一样，疆域按今天的话讲就是势力范围。盛唐时期1600万平方公里，没错，也就三年。汉朝极盛的时候1400万平方公里，没错，也就汉武帝时期是1400万。新皇帝一继位就少了，他觉得我爸我爷爷要那么大地盘干什么，往回撤，不要了。他有他的理由，先皇好大喜功连年战争，军队一下深入新疆那么老远，建一城堡，表示这个地归我，但归我的地种不了粮食，粮食还得中原年年往那儿运，还没运到就被路上的运粮人吃得差不多了。这事不划算，这地就不要了，撤回来。

当时基本是这种格局，疆域有大有小，实际上就是势力范围的消长。不像今天我在这儿立界碑，这地永远是我的。匈奴是游牧民族，就更谈不上有什么领土了。

昭君当国，汉匈40多年和睦相处。直到东汉，匈奴分为南北二部。南匈奴与汉人杂居，咱们不定谁就是匈奴人的后代，完全有可能。北京是辽金元明清五朝故都，除了明朝，辽金元清全是少数民族，所以北京这个地方自古胡汉杂居，胡人统治的时间可能比汉人还要长。你说我是最正宗的华夏民族，不可能。孔子说的都可能是闽南话，因为北京话是满语、蒙语跟北方方言的混合种，是胡音。1928年国民政府定国语的时候，北京话以一票的优势战胜广州话，广州话差点儿成了国语，据说那才是古汉语。

南匈奴跟汉人融合后，北匈奴退居漠北，威胁中原。东汉初，窦固、窦宪伯侄俩大败北匈奴，北匈奴政权瓦解。他们在中国史籍上的最后一次露面见于记载是公元119年，此后便踪迹不见。两个世纪以后在欧洲出现，其间两百年他们在哪儿待着，不知道。他们出土文物很少，因为匈奴没有文字，所以出土了

王昭君出塞

也不知道是不是他们的货。他们自己没有文字记载，周边的民族也没有记载，所以历史学家只能推测。

匈奴人在西徙的时候，打败了哥特人，哥特人打败了日耳曼人，日耳曼人消灭了罗马帝国。所以罗马帝国要跟汉帝比，是我们手下败将的手下败将的手下败将的手下败将，实力跟我们差N等。当时北匈奴是很厉害的，五世纪的时候，在欧洲的匈奴人产生了一个著名的国王，叫阿提拉大王，今天在欧洲，阿提拉都是魔鬼的化身。欧洲一说阿提拉或成吉思汗，都是魔鬼的化身、上帝之鞭，意思是上帝派他们来进行末日审判，来拷打基督徒的。当时阿提拉横扫欧洲，欧洲各国的君主联合起来跟他作战都失败了，最后给他进贡了一个日耳曼绝色美女，新婚之夜才将他暗杀了。阿提拉一死，几个儿子争王位，匈奴帝国迅速瓦解。

接着，匈奴人就分成几支在欧洲定居下来，最主要的一支被称为马扎尔人，他们在欧洲定居，建立了一个国家叫匈牙利，一直到今天。匈牙利英文Hungary的头三个字母是Hun，在英语里就是匈奴的意思。因为上千年的混血，今天去匈牙利已经看不出匈牙利人有黄种人的模样了，看到的是白人。但中心广场上古代国王的雕像明显是蒙古利亚人种，而且根据欧洲史籍对阿提拉的记载，不像欧洲人一样五官很分明、很夸张，而是扁平脸，小眼睛，细细的眉，塌鼻梁，明显是黄种人。另外，只有中国、朝鲜半岛、日本、越南、蒙古、匈牙利这六个地方的人是姓在前、名在后，叫李小二，其他全是小二·李。匈牙利人叫李小二，也算是先辈属于黄种人的例证。据说，芬兰人，还有爱沙尼亚人，可能也有点儿匈奴人的血统。

张骞确实很点儿背

汉武帝为反击匈奴，派张骞出使西域，到过大月氏^①等国，司马迁将此行称

---

① 公元前2世纪以前居住在中国西北部、后迁徙到中亚地区的游牧部族。

为凿空①。西域在地图上是指玉门关、阳关以西，葱岭（就是帕米尔高原）以东。其实主要是今天的新疆地区，人种以高加索人种为主，语言是印欧语系，吐火罗语。当时玉门关、阳关就是国境线，天涯海角，"劝君更尽一杯酒，西出阳关无故人"、"春风不度玉门关"说的正是这个。

大月氏本在祁连山，被匈奴打败后，匈奴单于拿大月氏王的脑袋做酒器，两国应该不共戴天。所以汉武帝就想联络大月氏夹攻匈奴，后听说大月氏迁到了西域，就派张骞带了100多人出使，这就是通西域的目的。张骞也点儿背，刚一出玉门关就被匈奴俘虏了，因为当时玉门关被匈奴控制着。匈奴让他在那儿娶妻生子，断绝他回中原的念想。不过张骞不负皇命，不忘故国，十年后有一天看准机会跑了。他还接着找大月氏，最后在今阿富汗阿姆河流域真的找到了大月氏王。月氏王说都哪辈子的事了，我们在这儿很好，不想报仇。

张骞没辙，只好回去复命，路上又被匈奴人逮着，扣了一年多。那个时候通信不发达，匈奴人不知道这是之前跑的张骞，要不上网一查就麻烦了。总结起来，张骞这一趟出使13年，被扣11年，没有完成任务，却了解了西域各国的风土人情、山川地理。西域30国最大的乌孙国人口62万，最小的楼兰1.4万人，这些小国都想跟汉朝往来。于是张骞第二次出使西域，与各国建立了友好的关系。

公元前60年，西汉设置西域都护，标志着西域正式归属中央政权。那时是汉武帝的孙子汉宣帝神爵二年。史实说明，新疆自古以来就是中国的领土，是中国不可分割的一部分，从公元前60年，到现在两千多年了，怎么能说是东土耳其斯坦呢？西汉末年王莽篡汉，接着农民起义，东汉建立，国家乱套。中原

---

① 古代称对未知领域的探险为凿空。《史记·大宛列传》记载："然张骞凿空，其后使往者皆称博望侯。"

王朝对西域地区鞭长莫及，西域才又被北匈奴控制，但和东土耳其斯坦八辈子不搭界。

老子博学儿好汉

东汉明帝时班超经营西域，西域与内地的联系又开始加强。班超一家子都非常牛，他哥哥班固是史学家，写《汉书》的；他妹妹班昭是皇帝嫔妃的老师，后来写《女四书》之一《女诫》，很了不起；他爸爸班彪也是史学家。他自己一开始给官府抄抄写写，用的也是笔，后来想大丈夫建功立业当在疆场，于是投笔从戎，带了36个人通西域去。

第一站到了鄯善国，国王对他特别好，大汉来使，五星级宾馆，美女服务员。过了几天，五星级宾馆改招待所，美女改老妈子了。班超一琢磨，这是匈奴来人了，就揪住服务员问匈奴人住哪儿。服务员不禁吓，以为汉使什么都知道了呢，就全吐露了。匈奴人有300多名，住在何处，全盘托出。班超一听，那不行，得把匈奴人干掉。所谓不入虎穴，焉得虎子，不是你死就是我亡。于是趁着月黑风高，一部分人在匈奴驻地放火，另一部分人手持弓箭，等着没烧死的跑出来，然后射死，36个汉人杀了300多匈奴人。鄯善王吓坏了，这哥们儿真厉害，不听他的话我也得完，我的军队你拿去用吧。如此，班超用西域各国的军队巩固在西域的统治，拿鄯善的军队一国一国打下去，把各国都打服了。

班超做西域都护期间几次上表"乞骸骨"，即希望有生之年能生入玉门关，皇上也几次批准，但是西域各国人民极力挽留他。疏勒国军队总司令为了拦他的马头拔刀自杀，死在他跟前。班超一看出人命了，没法走，所以他一待就是30多年。可为国尽忠了这么多年，也得尽孝，得死在家乡、埋回祖坟，最后皇上把他召回，他死的时候70多岁。班超死后，儿子班勇接过爸爸手中的枪，父子两代做西域都护50多年。

东汉有两位名将，一个是班超，另一个就是平定交趾的伏波将军马援①。马援是西破羌人，南征交趾。这两位名将为中国领土的完整作出了相当大的贡献。交趾就是今天的越南，它自古以来都是中国的领土，到五代十国的时候才独立的，在明朝一度又被并入了中国版图，叫安南布政司，后来30多年又独立了。

班超和马援由此成为中国最早的民族英雄代表，唐人李益有诗："伏波惟愿裹尸还，定远何须生入关"，"马革裹尸"就是伏波将军提出来的。定远侯是班超的封爵。蔡锷将军病逝时，孙中山先生给他写的挽联就是"平生慷慨班都护，万里间关马伏波"，用班超和马援来比喻蔡锷。这两个人可说是民族英雄，而且是成功的民族英雄。中国人好像同情弱者，崇拜的英雄大多是失败的英雄，比如岳飞、文天祥，这些英雄宁死不屈，但没几个能真的救国。其实应该多崇拜成功的英雄，这种人宣传得太少，像班超平定西域等。

有人说，中国的第一艘航母应该命名为岳飞号，岳飞号、文天祥号意义不好，都是失败的英雄，不如命名为班超号。

汉字文化圈

两汉时期对外关系的一个突出特点是以中国为中心的东亚文化圈日益扩展，影响远及欧洲和非洲。东亚文化圈基本上以汉字为代表，所以又叫汉字文化圈。

先说与朝鲜的关系。

秦汉之际，"燕齐赵人往避地者数万人"，意即数十万中国人迁入朝鲜半岛躲避战乱。朝鲜历史上的第一个王朝就是商纣王的叔叔箕子建立的。商纣王

---

① 马援，东汉开国功臣之一，扶风茂陵人，因功累官伏波将军，封新息侯。新莽末年，天下大乱，马援初为陇右军阀隗嚣的属下，甚得隗嚣信任。归顺光武帝后，为刘秀的统一战争立下了赫赫战功。天下统一之后，马援虽已年迈，但仍请缨东征西讨，西破羌人，南征交趾，其"老当益壮"、"马革裹尸"的气概甚得后人崇敬。

有三个有名的叔叔，比干因为劝谏被挖掉七窍玲珑心，后来成了文财神；微子投降了周朝，成为宋国的开国国君；箕子带领族人出奔朝鲜，想保存殷商一脉。箕子朝鲜被周朝封为侯爵，成了朝鲜历史上最早的国家，长达一千多年，传了二十多代王。朝鲜民族至今还有箕子的遗风，商人尚白，今天朝鲜半岛传统的衣服还是白色的。商朝国王穿白，夏朝是红，周人尚黑，秦汉也穿黑，皇帝穿黄是从唐朝开始的，此前都是黑红两色，比较酷。

战国末期，燕国人卫满领着族人到了朝鲜，干掉箕子朝鲜的末代王，建立了朝鲜历史上第二个王朝。卫氏朝鲜存在了近百年，又被汉武帝消灭。汉武帝灭了卫氏朝鲜之后，在朝鲜北部设立了四个郡，其中有一个郡的治所叫平壤，沿用至今。汉城改名为首尔了，就是为了找点儿心理平衡，但是平壤没有改，用的还是中国名。

北部朝鲜本都是中国人，后来兴起了高句丽人，也是中国境内的少数民族。高句丽立国700年，前400年都城在吉林，后300年迁到了平壤。韩国现在整天跟我们争高句丽，说是他们的民族。中国把高句丽在吉林省集安的王城、王陵及贵族墓葬申报了联合国世界文化遗产，把韩国气得够戗，说咱是文化帝国主义。可这东西都在咱们中国境内，就是我们的地方政权。今天的韩国人就是半岛南部的土著，和北边中国的后代不断混血才形成了韩国民族。

半岛南部的三韩：马韩、辰韩、弁韩，其中辰韩衣冠文物有类中华，因此被称为秦韩。韩本身是大的意思，大族大部落，三韩就是三个大部落，每个大部落里面也分N多个小部落。他们没有文字，用中文来表音就挑中了“韩”字，战国七雄的韩国跟它没有关系。2006年夏天，我在北京工会大楼参加首届中日韩和平教材交流会。一到韩国代表发言，我就把同声传译摘下来，听韩语。后来我发现了，韩语凡是高雅的词，比如说民族主义、爱国主义、谈判，全是汉语的发音；厕所、猪、狗是自己的语言。所以，韩国在1970年废除了汉字，现在要恢复，最起码它的路牌上都是英、韩、汉三种文字了。要不恢复汉字的话，不说别的，韩国人同名同姓的就多了去，姓金的就占了一半。如果用汉字不会重，用汉语搞成拼音就不行了。我从小到大认识八个叫张颖的，但那个字可能有的不一样，比如影或莹，可拼音念起来全一样。韩语是拼音文字，势必要恢复使用汉字。在古代朝鲜不懂汉字就只能种地，没法做官。

再说与越南的关系，越南当时也是中国的领土。

东汉初年，越南的一对姐妹征侧、征贰起兵叛乱。伏波将军马援率军平定，擒杀二人。后来越南独立之后，就把二征视为民族英雄，给她们建庙。越南人说历史上我们侵略过他们，这其实就没有历史常识了。独立是后来的事儿，当时越南是中国的一部分，属于中国领土，那会儿不叫侵略，叫平叛。

接着说与日本的关系。

这个国家按它自己的皇国史观有2600多年的历史了，它的第一个天皇——神武天皇是天照大神，也就是太阳女神的孙子，太阳女神派自己的孙子统治神国日本，也不知道她孙子犯了什么错给扔这儿了，多火山、多地震。孙子继位于公元前660年，大概与齐桓公同时，公元前7世纪。可据考古发现，公元前3世纪，日本还处在石器时代。从神武天皇开始算，传到今天平成天皇是第125代，这个明显有点扯儿。而且算出来日本前多少代天皇，都是活150岁在位100多年，成仙了，这个太搞笑。见过造假的，没见过这么造假的，别人编都不敢编。

日本在公元前3世纪，相当于秦始皇统一六国前后过渡到了铁器时代。中国的过渡用了上千年，世界主要民族从石器时代过渡到铁器时代都是成千上万年，日本不到100年就过渡完了。唯一合理的解释就是学的中国人和朝鲜人。在日本九州岛的北部，也就是今天的福冈县境内有两个小国，一个叫倭奴国，一个叫狗奴国，这两国打仗。其中倭奴国王（其实那也不叫国王）遣使朝贺，这是东汉光武帝时。光武帝一高兴，赏他一颗金印，印文：汉委奴国王。今天到福冈，满大街都卖金印复制品。真品是日本一号国宝，江户幕府的时候挖掘出土的，刨出金印的农民得20两银子的赏金。古代日本的20两银子相当于现在好几亿日元。

这个蛇纽金印是赐封诸侯王的，对这么一个小部落，给他一个印玩儿去吧，说明你是我的臣子。汉朝也不会去那么老远，他们过来也不容易。他们给皇上进贡了十根竹棍子、十卷麻袋片、十名生口[1]。光武帝龙心大悦，居然有身高不到一米五的成年男子，好玩儿。

中国的铁器、铜器、丝帛传入日本时，日本没有玉玺。天皇的国玺是明治维新以后才有的，天皇就凭三件神器即位：一把剑、一面镜子、一块勾玉，可能也是复制品。草薙剑（供奉在热田神宫），八尺琼曲玉和八咫镜。他为什么把剑、镜、玉作为天皇的象征，可见这些东西刚刚传入日本的时候非常珍贵。现在每个新天皇即位还要接受传国神器三件，实际上据说已经不全了，早在宋朝时候，他们打仗就丢了一个。有良心的日本人，都说中国是日本2600年文化的母亲。

最后说一下丝绸之路。

从长安出发，经河西走廊、玉门关、阳关、敦煌，往南可以到达身毒、大秦；最北的那条路线可以到达里海，即今天俄罗斯、伊朗和哈萨克斯坦交界的地方。通过丝绸之路，中国的铁器丝绸、养蚕缫丝技术、铸铁术、井渠法、造纸术先后西传，佛教也通过丝绸之路传入中国。与此同时，还有一条汉武帝时开辟的海上丝绸之路，从广东沿海港口出发，然后向西，经印支半岛、马来半岛，出马六甲海峡，到达孟加拉湾沿岸，最远到达印度半岛南端。

---

[1] 指奴隶。

06. 秦汉时的文化人

个个有前途

秦汉时期的文化第一个特点，是统一与多样化有机结合。秦朝建立统一国家，汉朝独尊儒术建立统一思想文化，同时秦汉又是多民族国家，所以统一与多样化相结合。

第二，中外文化交流空前频繁。

第三，水平居于世界先进行列，属于第一世界的发达国家。

第四，气势恢弘。中国文明，博大精深，在广度和深度上，都是令人可喜的，特别是气势。你看韩国、英国和德国也有长城，但是他们的长城叫做Long Dist Wall（很长的墙），只有中国的长城才能叫做The Great Wall。英国的长城叫哈德良长墙，哈德良皇帝防止北方蛮族修的，德国是罗马人防日耳曼人，韩国是防契丹人修的长城，那才几百公里，上千公里了不起了。中国的万里长城，气势恢弘，闹着玩呢！韩国人说韩国文化不追求宏大，追求的是精巧，你倒想追求宏大，别说你横着修，竖着修也修不来啊。朝鲜号称三千里江山是竖着量的，只能修十分之三，要不然就往海里修。

秦汉时期虽然没有什么哈勃望远镜，但科学技术也很发达了。

首先是天文，汉武帝时颁布太初历，正月为岁首。从前夏朝以正月为岁首，每年一月一日过新年，到了商朝改到了十二月一日，周朝改成十一月一日，秦朝改为十月一日。所以秦朝九月末是除夕，春节是十月一日，应该过国庆，它过元旦。陈胜吴广起义九月爆发，来年的十一月失败，其实就俩月！因为九月是最后一个月，十一月是来年的第二个月。要不懂秦朝的历法，会说农民叔叔陈胜吴广真了不起，坚持了十好几个月。扯，那会儿农民起义哪有那么长时间？两个月就完蛋了。

到了汉武帝的时候又改回去了，还是以正月一日为岁首，一元复始，大家比较习惯。以后朝代不管怎么更迭，这个一月一日过新年，没人再琢磨去改它了，再说改它也不合适了。

西汉有世界公认的关于太阳黑子的最早记录，东汉张衡又对月食作了最早的科学解释，那不是天狗吃月亮。张衡还发明了地动仪，遥测地震方向。今天这玩意儿没用了，地震一发生，第一时间就知道了。但它是遥测地震方向的，不是预报地震的，这种仪器美国也没有。

东汉的华佗发明麻沸散，这是一项世界之最，世界上最早的麻药。中医好像不太主张给人开刀。但是比如说阑尾炎肠穿孔了，扎针没有用，采草药更没用，那就得开刀。欧洲那时候开刀是灌酒，灌一升，酒量小的一口气就灌死了，酒量大灌到肚子要爆还没醉，还很清醒，干脆四肢固定，给一棒子，于是盲肠割下来了，生命也被上帝召唤走了。那时候，中国人开刀死亡率就比较低，因为有麻沸散，非常可惜的是后来失传了。

另有一个撰写《伤寒杂病论》的医圣张仲景，不过他好像没有华佗名气大，好多药品商标是华佗牌，张仲景牌的少。张仲景像是医药大学的教授，华佗像是临床的主刀，侧重点不太一样。

我国还是世界上最早发明纸的国家，西汉前期就已经有了。纸发明以前，祖先把文字写在龟甲、兽骨上，叫甲骨文，后来写在竹木简和帛上。比如说书分上下册，这个"册"字证明我们祖先曾经把字写在竹木简上，一本书多少卷，说明祖先曾经把文字写在帛上。如今这种装订方式的书是从宋朝开始的，唐朝的时候，纸本书也是一卷一卷的，拉起来十几米长，所以读书的时候有一个小案子，就像一个卷书器，一点点弄出来看。孔子五十读《易经》，韦编三绝，竹简书形式是拿皮条给它编起来的。孔子读书把穿书的皮条翻断了三回，它太沉了，也不环保，要不怎么中国的森林太少了呢。大文豪东方朔给武帝上了一道奏章，洋洋洒洒170斤，两个人抬进宫去的。这老哥写了多少字不知道，只知道170斤。当时帛很贵重，一般舍不得拿它写字，于是西汉就造纸了，虽然不太好使。

到了东汉，蔡伦改进了造纸术。蔡伦是个宦官，宦官一般没什么好人，只有两个不错的，青史留名：蔡伦和郑和。蔡伦造纸有功，封龙亭侯，侯爵的最低一级。造纸术在4世纪传到了朝鲜、越南、日本，8世纪传到中亚、阿拉伯、非洲、欧洲。中国的造纸术传入以前，印度人是把文字写在树叶上，佛经写在树叶上，叫贝叶经①，谁要有那玩意儿珍贵极了。唐三藏从印度取回来的经就是这种经，这个地儿潮就烂了，这个地儿干就碎了，不利于保存。所以印度人对自己300年前的事不了解，并不是不注重修写历史，而是叶子都没了，历史最终由传说构成。欧洲人当时是写在羊皮纸上，其实就是羊皮，您写一本书，举国吃十年羊，全国没羊了。所以，中国造纸术的传播对世界文化发展的贡献是相当大的。

此"儒"非彼"儒"

西汉的董仲舒和王充反映了两汉时期两种截然不同的哲学观点。

董仲舒认为天和人息息相关，要用儒家思想统治天下。儒学的核心是天人感应，君权神授。儒墨道法四家，最开始得宠的是法家，结果造成了秦朝速亡，"仁义不施而攻守之势异也"。最起码不能全用法家。墨家是肯定不能用，这个选举天子制度，哪朝也不赞成。那就剩道家和儒家，所以汉初70余年实行黄老之术，推崇道家思想，清净无为，任其自然发展。结果国家强大，经济恢复，老百姓安居乐业，诸侯王势力坐大，匈奴威胁。朝廷什么都不干，地方豪强什么都干。这么看来，道家也不行。

---

① 贝叶经源于古印度，有2500多年的历史，是用"斋杂"和"瓦都"两种文字写的，有的是用针刺的。它是研究古代西藏文化、语言文字、佛教、宗教艺术等方面的重要原始资料。

于是就只剩儒家可以选择了。儒家可以煽惑百姓，仁政，民贵君轻，但是它太强调百姓，强调民，忽视了君，所以董仲舒应运而生。他把儒家思想改造了，就是天人感应。其实"子不语怪力乱神"，孔子不说神神鬼鬼的东西。你要问孔子人死了之后怎样，孔子会很不高兴。未知生，焉知死，儒家思想只讲究活着的时候怎么做一个君子、圣人，活得好就不错了，死后的事我们不讨论。其实也代表了孔子"知之为知之，不知为不知"的实事求是的态度，死后的事确实不知道，你对鬼神只要"敬而远之"就行了，要有崇敬之心，祭祖上坟什么的要去，然后离他远点儿，别老念在心头挂在口头。

董仲舒一不老实，把孔子的意思改造成天人感应，"道之大原出于天，天不变，道亦不变"。皇帝是代表天道，任何人都要服从，皇上一看这个思想太好了，用！而法家的思想不是这么说的，它是说：老师现在告诉你们，你们每个人都要认真听课，谁不听谁滚，因为我是老师。儒家则说，老师告诉你们，一定要听，因为我讲的高考特有用，你们准能考上一流大学。一个说的是法家思想：我是老师，所以你得听我的，不听滚；第二个是儒家思想：你要听我的，因为我为你们好。

对百姓也是这样。法家是，要尊重天子听皇帝的话，不听把你脚剁了。人跑越南去了，你怎么剁啊。儒家说，你要尊重他，他是天子，他代天行生生之道，要是不听他的，必遭天谴，一个雷给你劈了，跑南极也劈。这样一来，你得服从天子吧，皇上如果失德，苍天就会示警：干旱、山崩、地震。苍天示警了，皇上就知道自己做坏事了，于是斋戒沐浴，下罪己诏，把自己臭骂一顿。老百姓觉得这个皇上不怎么样，你就祷告吧，老天爷，你儿子太坏了，你赶紧把你儿子收走吧。50年后皇上驾崩，当然你能熬上50年的话，你的祷告就算应验了。

所以"罢黜百家、独尊儒术"很牛，跟焚书坑儒有一拼。但这个时候的儒跟孔子的儒已经不一样了，实际上变成了外儒内法。汉宣帝的时候，就曾经非常高兴地说，汉家有制度，霸王道杂之。霸道就是法家，王道就是儒家，这已经不是孔子提倡的那种思想了。但朝廷不管那个，只强调要为巩固统治，为政权服务就行。

厚葬，盗墓贼的最爱

跟董仲舒的思想不一样的是王充，王充的思想体现在《论衡》一书。他认为万物由元气构成，元气是物质，物质构成论，当然是唯物的了。他反对天人感应，反对有鬼论，反对厚葬。"天行有常，不为尧存，不为桀亡。"老天的运行是有自己的规律的，该冬天就冬天，该夏天就夏天，跟尧贤桀戾没关系，不是说尧在位就天天风调雨顺，桀在位就天天地震，它有自己的自然规律。

他从反对有鬼论出发，反对厚葬。

中国的古墓，十墓九空，所有重大的考古发现都属于抢救性挖掘。为什么十墓九空，因为中国的盗墓事业欣欣向荣，几乎可说是中国最古老的事业了。行业如此发达的原因就是厚葬，中国人视死如生，把死人当活人对待，墓穴里微波炉、热水器全都放进去，当然有人刨。埃及法老王弄那么大个金字塔，当然也有人刨，指不定能刨出几百个微波炉。

欧洲人的墓就没人刨，欧洲中世纪的国王葬在教堂里面，一具石头棺材、一身衣服、一把宝剑，刨他干吗？现在就更加简单，用膝盖想都知道，挖开之后是一本《圣经》，这个家家都有；然后一套西装，你敢穿吗？你知道他怎么死的？所以那边没人盗墓。

反观中国，前些年北京老山汉墓开挖，中央电视台现场直播，是重大考古发现，想着应该有金缕玉衣、黄肠题凑①。最后吹了，还没进墓室就看到王后

---

① 黄肠题凑，一种葬式，始于上古，多见于汉代。西汉帝王陵寝椁室四周用柏木堆垒成框形结构，根据汉代礼制，黄肠题凑属帝王陵墓的重要组成部分。但经朝廷特赐，个别勋臣贵戚也可使用。

在地上躺着，成了化石，证明墓早就被盗了，而且不是现代盗的，恨不得刚埋完就盗。盗墓的专用工具叫洛阳铲，因为洛阳周围古墓多。所以别厚葬，没有用。隆重的葬礼其实是做给活人看的，瞧我多孝顺，我对我爸多好，他活着的时候你对他好点儿不行吗？有的地方那风俗，老太太一死，所有的闺女得给她做被子，绸缎的被子一床床地塞进棺材里去，最后塞得老太太搁不进去了，这何苦呢。那么好的被子，她活的时候盖过吗？活的时候烂棉絮，死了再给她盖崭新的被子，搁在地下让水沤着，让土埋着。所以，王充当时就看到了事情的本质，他的唯物主义思想很有意义。

高僧弘法白马寺

西汉末年，佛教传入中国。佛教创始人是乔达摩·悉达多，古印度迦毗罗卫国王子，释迦部落的王子，薄王业而不为的大丈夫。他目睹众生皆苦，29岁那年舍弃一切出家，苦修六年，35岁证得无上菩提；然后在人间传法45年，80岁涅槃。

佛教在公元前2年传入中国，不知道为什么没有传开。东汉明帝永平十年，公元67年，派了几个人去求佛法。行至今天的克什米尔，遇到了两位高僧：摄摩腾和竺法兰，于是就邀请这两位高僧以白马驮《四十二章经》东来，并在洛阳建立了白马寺，佛教开始在中土弘传。今天印度反而没有人信佛，7世纪婆罗门教复兴，12世纪穆斯林入侵。今天印度人除了印度教徒就是穆斯林，佛教徒基本绝迹，有也混不下去。

佛教分成南传、北传、藏传三部分。南传佛教即东南亚国家的小乘佛教，北传佛教就是像中国、朝鲜、日本、越南的佛教，藏传佛教就是西藏、不丹、尼泊尔的喇嘛教。到今天中国实际上已经成为世界佛教的中心，因为四大菩萨的道场都在中国，五台山、九华山、普陀山和峨眉山。释迦牟尼佛圆寂之后，他的遗体火化，烧出84000块舍利，据说今天还有13块舍利留在人间。佛牙舍利子全世界只有两枚，一枚在斯里兰卡，一枚在西山八大处灵光寺里面。佛指舍利全世界只有一枚，安放在陕西法门寺的地宫里面，一千多年之后才被发现。佛指舍利无论拿到哪里去供奉，都是万人空巷。有人问法师，说释迦牟尼死了两千多年了，他有什么法力，他能把孙悟空压在五行山下吗？法师一指二十多万人跪在路边，顶着香，燃香供佛，这就是释迦牟尼的法力。死了两千多年了，还有这么多人崇拜他，你换了别人试试。所以影响世界的100位名人，第一是穆罕默德，第二是耶稣基督，第三是释迦牟尼，第四是爱因斯坦。排前面的全都是教主，受影响的人相当多。穆罕默德排第一，就是因为多达55个国家以伊斯兰教为国教。

猛人司马迁

西汉史学家司马迁写出了中国古代第一部纪传体通史《史记》，记录了从轩辕黄帝到汉武帝两三千年间的史事。《史记》以人物传记为主，写得十分好看，其中的《刺客列传》有经典武侠小说的风骨。除此之外的史书还有编年体，一年年写的；还有纪事本末体，顾名思义是写事的，《史记》属于纪传体。

司马迁写事都很准确，刘邦、项羽他们俩干什么，刘邦怎么想的，项羽说了什么，司马迁都不在场，这事就是他虚构的。但是虚构的一定要符合人物的身份，不能瞎编，不能说刘邦能扛鼎、项羽怕老鼠。一定得符合人物的身份，比如秦始皇出巡天下，仪仗队非常壮观，刘邦、项羽都在"欢迎，欢迎，热烈欢迎"的人群当中。但两个人看到了秦始皇的仪仗之后，说的话是不一样的。项羽是楚国名将项燕之孙，文武双全，盖世无双，所以他看完就说"彼可取而代之"。不屑一顾，没什么了不起，老子推翻你，我来代替你。刘邦是亭长，居委会治保主任，他说的是"大丈夫当如是也"，表示太羡慕了，你看人家这一辈子没有白活，我什么时候能这样。完全符合两个人的身份。反观现在的有些历史剧，简直没法看，就是瞎编的、虚构的，不符合人物的身份。

东汉的班固，强人班超的哥哥，写了第一部纪传体断代史《汉书》，说的是从刘邦建汉到王莽篡汉的西汉一朝的历史。而西汉的《史记》从轩辕黄帝一直写到本朝的汉武帝，可见司马迁很猛，直接敢说老大的不是。

这个历史挺靠谱

第三章

各领风骚数十年

（三国、两晋、南北朝）

01. 角斗场上三选手

宦官外戚斗得欢

东汉中期以后，皇帝即位时大多年龄幼小。从汉和帝开始一连八个小皇帝，即位时岁数最大的8岁，最小的才100多天。还有两岁就驾崩的——汉殇帝[①]，谥法短折不成曰殇，活了不到两年，当然短折不成。这种皇权低幼现象形成了外戚和宦官轮流控制朝政的局面，政治一片黑暗。

宦官从明朝开始叫太监，刑余之人，六根不全，看着正常人娶妻生子，本来就刻骨仇恨，心理阴暗之人一旦掌权，必然疯狂报复社会。所以外戚、宦官是统治集团中最黑暗的两股势力。皇帝年幼时一般由太后主持朝政。古代女子无才便是德，二十几岁的小寡妇，头发长见识短，处理朝政只能靠父兄，小皇上自幼看姥爷、舅舅的眼色做人，长大后自然不甘心，一门心思要干掉姥爷、舅舅。

但满朝文武都是姥爷、舅舅提拔上来的，支使不动，只好靠身边的宦官。因此形成这么一个特点：皇帝年幼，外戚掌权。皇上长大后，靠宦官杀外戚，宦官掌权。没几年皇上嘎嘣儿了，小皇上一即位，又是外戚掌权，小皇上长大了，又是宦官掌权。如此循环反复。

东汉后期，土地兼并严重，统治腐朽。皇帝大造宫殿，广选美女，后宫每天要花费数百万钱。汉灵帝时，公开卖官，公一千万，卿五百万。地方官是肥缺，定价高，州郡长官两千万，还可以分期付款。花这么大价钱买官的人，一

[①] 汉殇帝刘隆（105年—106年9月21日），汉和帝次子，养于民间，东汉第五位皇帝（106年在位），登基时出生刚满百天，是即位年龄最小的皇帝，不久即夭折，谥号孝殇皇帝。

上任跟红眼儿狼似的使劲往自己怀里扒拉，得把本儿捞回来。老百姓落在这帮人手里，如果不想吹灯拔蜡，就只能跟他们白刀子进红刀子出了。

三足鼎立

老百姓活不下去了，被迫铤而走险，于是在公元184年爆发了黄巾起义。利用太平道、五斗米道，一帮农民被这些神神鬼鬼的鼓动起来，势不可当。这一幕在以后的中国历史上反复上演，玩得最火的就属清朝的所谓"天王"——小学没毕业的洪秀全了。东汉朝廷费了老劲总算把黄巾起义按下去了，可朝廷自己也一条腿进了棺材。

东汉时刺史成为州的最高长官，拥有一切大权，这也就为分裂割据奠定了基础。在平定黄巾的过程中，州郡的长官和地方的豪强，扩充武装，积聚力量，互相攻杀。今天张大帅打李大帅，明天李大帅打王大帅，杀来杀去，形成了袁绍、曹操等一些势力强大的军阀。公元200年，双方在官渡决战，只拥有一州之地，但雄才大略、"挟天子以令诸侯"的曹操打败了占有四个州的窝囊废袁绍，为统一北方打下了基础。

此后曹操陆续消灭了一些军阀，基本上统一了北方，而后积极为统一全国作准备。

官渡之战中，刘备投奔荆州牧刘表，为谋求霸业，他边组建军队边招揽人才。刘备曾三顾茅庐，从隆中请出了历史上最厉害的农夫——诸葛亮。由此势力迅速壮大，发展成为群雄角逐中的一股重要力量。

东汉末年，孙权继承父兄基业，以江东为根据地，竭力向长江以南扩展，占据今广东、福建及湖南大部地区。

公元208年，曹操南征。一开始，他顺利地占领了荆州的一些地方，但在关键性的赤壁之战中，曹操在终场哨音响起之前，被对方灌进一球，以二十万大军，败于不足五万兵力的孙刘联军，退回北方。

赤壁之战是我国历史上以少胜多的著名战例，它促成三国鼎立格局的初步形成。战后十多年间，曹操向西北扩大了统治区域；刘备则出兵入蜀，占领益州，控制了西南的一些地区；孙权占据岭南，在东南扩展了统治范围。公元220年，曹丕废掉自己的小舅子汉献帝，在洛阳称帝建魏，东汉灭亡。此后，刘备、孙权先后称帝做王，魏、蜀、吴三国鼎立局面正式形成。

曹丕建立的魏，史称曹魏。曹魏延续了曹操的统治方针，建国几年以后，曹魏国力进入全盛时期。后来，曹氏大权旁落，司马氏祖孙三代相继当权。

公元221年，刘备在成都称帝，国号汉，史称"蜀汉"或"蜀"。电视剧《三国演义》当中，诸葛亮的军队举的旗子上，写着斗大的"蜀"字，太搞了。就好比日本人举个旗子上面写着"倭"一样。谁把别人骂自己的东西印在军旗上啊？刘备的谥号可是汉昭烈帝，不是蜀昭烈帝。

刘备死后，其子刘禅继位，丞相诸葛亮辅政。刘禅因为小时候在长坂坡被赵云闷过，被刘备假摔过，影响了大脑发育，长大后什么事儿惨就办什么事儿，现在快成了一句骂人的话了，成了傻子、窝囊废的代称。实际上蜀国建立后，诸葛亮只活了九年，而蜀国存在了四十多年。诸葛亮活着的时候，连年出兵北伐，《出师表》里也说，"今天下三分，益州疲弊"，烽火频年，"国困民虚，决敌之资，唯仰锦耳"，打仗的军费只能靠卖布头了。打仗就是打钱，兵马未动，粮草先行，没钱的干不过有钱的，人扔原子弹，你扔手榴弹，找倒霉。

诸葛亮六出祁山、姜伯约九伐中原都以失败告终，关键就是后勤跟不上。皇帝不差饥饿兵，浑身是胆的赵子龙你饿他个三天四夜，还能在长坂坡前几进几出？以诸葛亮之大才为啥明知不可为而强为之呢？《后出师表》里有一句："汉、贼不两立，王业不偏安……然不伐贼，王业亦亡。"刘备建立的是汉，汉应该在洛阳，而不能在成都，如果不讨伐曹魏，蜀汉就没有生存的必要了。这就跟当年蒋介石嚷嚷反攻大陆一样，"中华民国"的"总统"不能老窝在台湾啊？又不是岛主，那成了黄蓉她爹了。

《三国演义》中说，诸葛亮本来有几次能一鼓作气灭了魏，被弱智儿刘禅急召回来两次，说我思念相父了，特意召唤相父回来看看。诸葛亮又不是召唤兽，说来就来，说走就走。就这样战事搁浅，诸葛亮一生气吐两口血，没几天就在北伐途中死于五丈原。虽然《三国演义》有虚构之处，但诸葛亮打仗晦气总是真的，失街亭、误军粮，这些都是老天不帮忙。诸葛亮死的时候，五虎上将也都死干净了。姜维独力难支，于是宦官专权，国势逐渐衰弱。公元263年，蜀国被曹魏所灭。

孙权于公元222年称王，几年后称帝，建都建业。

值得一提的是，公元230年，孙权曾派将军卫温、诸葛直浮海至夷洲，加强了台湾与大陆的经济文化联系。这是古代文献中关于大陆人大规模到达台湾的最早记录。当时到了台湾之后，原住民茹毛饮血，断发文身，刺面凿齿。脸上刻上花纹，可能是为了吓吓野兽，把门牙凿下来就有点儿匪夷所思了，咋吃生肉啊！大陆最搞笑的饭店招牌，竟然是"正宗台湾牛肉拉面"，扯！这是正宗兰州人跑到台湾做出的拉面。台湾正宗风味应该是动物一刀砍下来分两半喝血。有史为证，只要熟的东西，一定是正宗大陆风味，都是移民过去的，陈水扁他们家就是清朝移民过去的。

孙权死后，孙吴内乱连年，日益衰落。

02. 谁抢到皇位算谁的

两晋更替走马灯

公元265年，司马懿孙司马炎废魏称帝，建立晋朝，史称西晋。

司马炎即晋武帝，公元280年，晋武帝灭吴，统一南北。西晋的统一只是昙花一现，因为晋武帝并非雄才大略的君主，他是靠着爷爷、老子夺的江山。只不过他的对手比他还不如。乐不思蜀的阿斗就甭提了，吴国末代君主孙皓残忍暴戾，经常无故杀人，不杀人就吃不下饭。

晋武帝死后，继承者惠帝①是个如假包换的大傻子。傻小子有一次听宫女议论外面闹灾，不少老百姓饿死了，这厮居然说，老百姓太傻，干吗非吃粮食，吃肉不就行了？晋朝开国，跟汉高祖一样，错误地总结了前朝灭亡的教训，认为是没搞分封的结果，于是大封同姓王，司马氏的王爷们个个手握重兵，造反条件十分好。统计一下，秦统一后搞分封的朝代西汉、西晋和明，出事的概率是百分之百。

晋惠帝昏庸无能，皇后丑八怪贾氏专权，惠帝那些握有军权的爷爷、叔叔、哥哥们发兵攻打，动乱迭起。混战就在首都进行，箭射到傻皇帝的宝座上，鲜血溅了傻哥们儿一身。这就是著名的"八王之乱"。除了家贼，还有外鬼，一直装乖孙儿的南匈奴起兵了，愣说自己是汉朝的外孙，要恢复汉朝江山。立的家庙里竟然供着刘邦和刘备，这老爷儿俩要是知道了，得气得在棺材里打挺儿。

公元311年，匈奴贵族与羯族等联军攻陷洛阳，俘虏晋怀帝②（谥法慈仁短

---

① 晋惠帝司马衷（259年—307），字正度，河内温县人。晋武帝司马炎第二子，西晋第二代皇帝，公元290年—307年在位。司马衷于公元267年被立为皇太子，公元290年即位，改元永熙。他为人痴呆不任事，初由太傅杨骏辅政，后皇后贾南风杀害杨骏，掌握大权。在"八王之乱"中，惠帝的叔祖赵王司马伦篡夺了惠帝的帝位，并以惠帝为太上皇，囚禁于金墉城（古城名，三国魏明帝时筑，为当时洛阳城西北角上一小城）。齐王司马冏与成都王司马颖起兵反司马伦，群臣共谋杀司马伦党羽，迎晋惠帝复位，诛司马伦及其子。又由诸王辗转挟持，形同傀儡，受尽凌辱。公元306年，东海王司马越将其迎归洛阳。公元307年，惠帝去世，相传被司马越毒死。

② 晋怀帝司马炽（284年—313），字丰度，西晋第三代皇帝，公元307年—313年在位，司马炎第二十五子，初封豫章王，惠帝在位期间被立为皇太弟。司马越毒死惠帝后，司马炽被扶植为帝，改年号为"永嘉"。

折曰怀），史称"永嘉之乱"。公元316年，匈奴贵族攻破长安，俘虏晋愍帝[1]（谥法在国遭忧曰愍）。愍帝与上一任怀帝一样，一对倒霉蛋。至此，西晋灭亡。

你方唱罢我登场

西晋灭亡后，公元317年，西晋皇室司马睿，以建康（现今南京）为都城，在相对安宁的江南重建晋朝，史称东晋，司马睿即晋元帝。

东晋建立之初，为立足江南，抵御北方匈奴、鲜卑等贵族的进攻，统治者一方面加强内部团结，一方面实行休养生息，安抚北方南迁的流民。不久，江南出现"荆扬晏安，户口殷实"的局面。由于生活安逸舒适，一些原来还想返回中原的南渡士族，包括东晋最高统治者，再也无意北返，偏安于东南一隅。

东晋后期，土地兼并严重，农民赋税沉重。统治者为了遏制地方割据势力，大肆征兵，导致农民起义，东晋统治名存实亡。

公元420年，掌握实权的东晋大将刘裕废晋帝自立，东晋灭亡。在公元420—589年的170年里，中国南方政权更替频繁，先后经历了宋、齐、梁、陈四个王朝。这些王朝都在建康定都，史称"南朝"。

刘裕灭晋后，建国号宋，他就是宋武帝，在位时较有作为。宋朝30年间赋轻役稀，江南民殷国富，进入东晋南朝国力最强盛的时期。

陈朝末年，陈后主不思治理，境内田园荒芜，赋税繁重，百姓流亡，他依然纵情享乐。公元589年，陈朝灭亡。

东晋统治南方的时候，我国北方和西南地区先后出现过十几个少数民族割

---

[1] 晋愍帝司马邺（300年—公元318），又名司马业，字彦旗，西晋第四代皇帝，公元313—317年在位。武帝司马炎之孙，吴孝王司马晏之子。初为秦王，驻守长安。公元311年，怀帝被刘汉军掳走后，群臣拥立他为太子。公元313年，怀帝被毒死的消息传来，尚书、左仆射鞠允，卫将军索琳、梁芬等人于长安扶立他为帝，改年号为"建兴"。

据政权，史称这一时期为"十六国"。此后，公元439—581年，大约与南朝同一时期，我国北方先后出现了少数民族建立的北魏、东魏、西魏、北齐、北周五个政权，历史上称为"北朝"。北朝与南朝长期对峙，合称"南北朝"。

十六国后期，鲜卑族拓跋氏建立的北魏强大起来。鲜卑族拓跋氏原来生活在大兴安岭北段，东汉末南迁，逐渐成为塞上一支强大的军事力量。公元4世纪后期，拓跋氏首领拓跋珪建立魏国，史称北魏。后来，拓跋珪消灭后燕，占领中原，建都平城。公元439年，北魏统一黄河流域，与南朝对峙。公元5世纪中期，北魏将南部边界推进到江淮一带，实力开始超过南方。

公元6世纪后期，北周武帝进行了一系列改革：政治上，加强中央集权，整顿吏治；经济上，释放奴婢，严惩隐瞒田地、户口的官僚大族，强制大批僧尼还俗，从事农业生产；军事上，扩大兵源，灭北齐，统一黄河流域。周武帝死后，朝政日益混乱，大权落入外戚杨坚之手。

03. 士族PK庶族：谁赢谁上台

想当废物也要有资格

前面说过汉朝选拔官吏靠察举制，到后来发展成门第望族累世公卿。到了魏晋，就变成了九品中正制[①]。

朝廷设立一名大中正，它应该既中且正。然后各郡设立中正，负责评定人

[①] 九品中正制，又称九品官人法，是魏晋南北朝时期重要的选官制度，魏文帝曹丕为了拉拢士族而采纳的陈群的意见。曹丕篡汉前夕即延康元年（公元220年），由魏吏部尚书陈群制定。此制至西晋渐趋完备，南北朝时又有所变化。它上承两汉察举制，下启隋唐之科举，在中国古代政治制度史上占有十分重要的地位，乃中国封建社会三大选官制度之一。从曹魏始至隋唐科举确立，其间约存在了四百年之久。

才等级，把人才分为上上、上中、上下、中上、中中、中下，下上、下中、下下九品，所以叫九品中正制。只有被评为上品，你才能当官。要被评为下品，你就当不了官了。

不过，能被评为上品的，还是那些门第比较高的人，高门大姓世代被评为上品。最大的高门大姓就是"旧时王谢堂前燕，飞入寻常百姓家"里的王氏和谢氏。比如王羲之是右军将军，又称王右军，但他一辈子拿笔，没听说过他用剑用得出神入化。他生来就是将军，因为是王氏。这些人世代垄断官职，老是他们家当官，就形成了大士族，而老当不上官那帮人变成了庶族。不是平民，不是农民，都是老当不上官的地主。

士族一生下来就是官，你要一生下来就是官的话，你还会好好念书吗？你现在已经一个月一万五千块钱的工资，还在这儿念书干吗？这一万五千块钱打着滚花也花不完，打小坐着奔驰250上学，长大就是一个笨痴250。所以这些士族是什么也干不了，文不能提笔，武不能拿枪，宴会上作首诗都得别人代笔，成了连智商都退化了的一帮废物。

因为士族庶族是不通婚的，甚至不穿同样的衣服，不能共坐一席，所以士族老是近亲结婚。王、谢、袁、萧、顾、陆、朱、张，就这八个姓互相通婚，生来生去都是表哥跟表妹、舅舅跟外甥女、姑姑跟侄儿这种关系。越生越退化，祖孙三代长一个模样，肯定会脑残。而宋、齐、梁、陈各朝的开国君主都是武将，武将肯定是庶族出身，很鄙视生来就做高官的士族。所以，庶族做了皇帝，肯定不能容忍这帮废物吆五喝六。

受了屈辱？忍着吧

刘宋有个皇帝，他舅舅姓路，姓路的非要拜访一个大士族王氏。皇上说你别去，自讨没趣。姓路的说我是皇上的舅舅，我非去不可，就去了。到传达室一递名片，两个钟头没人理他，自个儿待着吧，在门口晒。他真有恒心搁那儿等，两个钟头后，人家把买菜那个门开开了，进来吧！

进去之后，主人也没在正堂迎接他，而是在卧室，那是非常不礼貌的地方。主人背对着他，光着膀子躺着，小丫头给扇着扇子。他就在那儿站着，也没人给让座，也没人给递茶，站了一个多小时。主人一翻身，呦，这是谁啊？他怎么在这儿待着，他是谁？这个时候，仆人搬个胡床来，就是马扎，搁在那儿，让他坐下了。坐下来之后主人就问，你姓什么？他说我姓路。主人说，过去给我们家养马的路伯之是你什么人？路伯之是我爷爷，一开始是养马的，后来立军功了。主人说，怎么养马的孩子跑到我屋里来了？给我轰出去！仆人就给轰出去了。人刚一转身，就见那个士族指着马扎说，把这个拿出去烧了。

路大人回去就跟他皇上外甥哭诉，说你看我是你舅舅，怎么能受这种屈辱。皇上很生气，你打狗还得看主人呢！你管人家是不是养马的，人家现在是皇上的舅舅了，你怎么这么招待人家！但是没办法，皇上只能和他路舅舅说，你活该，我让你别去，你非去，我都惹不起他。皇上为什么惹不起他？因为姓王的一族全在朝里做大官，全天下的田差不多60%都是他们的，他们一族人在经济、政治方面地位非常高。

后来，士族这帮人越来越衰落，庶族地主崛起了。尤其魏晋南北朝，那个时候更迭频繁，打仗最厉害的，都是庶族立军功，所以庶族势力越来越强大。

04. "汉化"辅导班

不汉化，哪儿来回哪儿去

公元439年，鲜卑族①拓跋部建立的北魏统一了黄河流域。这样一来就出现

---

① 鲜卑族是我国北方阿尔泰语系游牧民族，其族源属东胡部落，兴起于大兴安岭山脉，中国古代游牧民族。

了一个很明显的问题：他们是游牧民族，当时比较落后，而被他们统治的民族却是先进的。严重的民族和社会矛盾出现了。

中国人有一个特别得意的说法，胡虏无百年之运。少数民族政权入主中原，绝不可能超过一百年。这是因为对我们的文化充满自信，你入主中原靠的是快马弯刀，你靠这个征服土地，但你征服不了人心，征服人心得靠子曰诗云，这个你就不行了。马上打天下，不能马上治天下。蒙古人当年占了地球陆地表面积的四分之一，今天还找得着吗？入主中原89年，不就回草原上啃羊腿去了吗？野蛮能战胜文明吗？希特勒帝国怎么样？日本帝国怎么样？苏联又怎么样？它的原子弹、核武器可以把人类毁灭30次，1991年没人招它，自己就玩完了。从亚历山大帝国到苏联的崩溃，证明了这样一个真理：暴力啥用没有，啥也解决不了。拿破仑帝国十年，希特勒帝国十二年，你靠武力能干什么？整天灭这个灭那个，打仗光人家死人，你不死人？所以武力解决不了问题，解决问题得靠文化的认同。

游牧民族进入中原，摆在面前的就是两个选择：第一个是汉化，第二个是不汉化。不汉化的结果就是哪儿来的回哪儿去，但汉化的结果还有你吗？所以为什么无百年之运，你汉化就跟我们融合了，还有你吗？现在还有几个满族人会说满语、认识满文？满语、满文要不是国家特意保留下来，就跟契丹文、西夏文、女真文一样，变成一种死文字了。连溥仪都不会说，溥仪英语很棒，老师庄士敦是英国人。他会说英语，但他不会说满语，本民族的语言他都忘了。清朝为什么能统治中国将近三百年？因为汉化了。在这样的背景下，北魏孝文帝开始汉化改革。孝文帝的改革主要表现在以下几个方面：

第一，实行均田制与租调制。当时中国北方常年战乱，田地荒芜，百姓流离失所，最重要的事就是恢复农业生产，所以政府给农民分配土地。这里有一个问题，中国土地私有，政府拿什么分配给农民呢？只能是无主荒田，原来的田主打跑了或者打死了。所以，一般国家只有在大的战乱之后才能给农民分地。一般的乱还不行，得乱得天翻地覆，人口大量减少。北魏统一黄河流域前，北方连年战乱，人口锐减。在这样的情况下，朝廷颁布了均田令，给农民分地。分地后，你不光种地，你还得给国家上税，这就是所谓的租调制。租就是给国家交粮食，调是布或者帛。你要是种麻的就交麻布，种桑的就得交丝绸。甭管是交租或者调，必须从事农业。鲜卑人也得从事农业，因为国家不要羊毛和酸奶。我现在给你分配土地，逼着你进行农业生产，羊毛、酸奶不行。所以，鲜卑人用汉族的方式生产，逐渐就汉化了。

第二，推行的三长制，促进了农业和汉化政策。宗主也叫做坞主或壁帅，是在五胡十六国末期南逃的豪强大族。他们拥有众多的宗族、部曲，修有坞壁，建有甲兵，是一些大大小小的割据势力、豪强的武装首领。依附其下的农民往往有数百家、上千家，乃至万家，均为他们的私家人口。这些豪强被称做宗主，依附于他们的各类农民则是宗主的包荫户。宗主与包荫户之间是一种主人与佃客的关系，而佃客形同于农奴。

北魏统一之初，只是消灭了一些敌对政权，对这些普遍存在的宗主无法根除。为了稳定统治，便于征徭征税，于是就采取妥协政策，承认宗主对于包荫户的控制和奴役，并且以宗主对于包荫户的统治作为地方基层政权，以世家大族为宗主，督护百姓，于是形成宗主督护制[①]。宗主在政治上都是一些大大小小的割据势力，宗主控制下的包荫户多数没有户籍，他们只是宗主的私家人口，任凭宗主剥削和奴役，国家不得征调亦不能干预。这种制度只对大地主有好处，对广大农民只有痛苦，没有好处；对封建国家来说，只是为巩固初建立的政权而采取的权宜之计，对赋税的征收和徭役的调发都极为不利。

魏孝文帝为加强中央政府对人民的实际控制，采纳给事中李冲的建议，于

---

① 宗主督护制是指北魏初年，面对各地豪强聚众结坞自保的情况，北魏只得承认既定事实，实行任命宗主为宗主督护，让他们行使基层职权职能的一种制度。

太和十年（公元486年）建立三长制，以取代宗主督护制。三长制规定：五家为邻，设一邻长；五邻为里，设一里长；五里为党，设一党长。三长制与均田制相辅而行，三长的职责是检查户口、征收租调、征发兵役与徭役。

实行三长制，三长直属州郡，原荫附于豪强的荫户也将成为国家的编户，因而必将与豪强、地主争夺户口和劳动力。李冲提出实行三长制的建议后，在朝廷中引起激烈争论。坚持宗主利益的中书令郑羲和秘书令高祐是反对派代表。他们对主持辩论的冯太后[1]说，三长制看起来很好，实际上行不通。朝臣中支持郑羲、高祐意见的大有人在。李冲和太尉元丕据理力争，指出实行此制对公、私都有利。最后，冯太后从加强中央集权出发，认为实行三长制既可使征收租调有根据和准则，又可清查出大量的隐匿户口。三长制终于在冯太后的支持下实施。

三长制的建立，打破了豪强荫庇户口的合法性。在实行的过程中，三长还是从大族豪强中产生，他们不仅本人可以享受免于征戍的特权，而且亲属中也有一至三人可以得到同样待遇。但较之宗主督护制，它毕竟是一种历史的进步。实行后，国家直接控制的自耕农民大量增加，国家赋税收入相应增加，农民赋税负担也有所减轻。北魏后期，社会经济明显恢复和发展，当与此有密切关系。北魏的三长制后来成为北齐、隋、唐时期乡里组织的基础。

第三，整顿吏治，给官员俸禄。我们知道，古代的战争跟你国家先进与否没有关系。跟什么有关？一个是战争成本，一个是战争欲望。战争成本低敢打，战争欲望强烈能打胜仗。

北魏爱打仗。北魏为什么爱打仗？官员没有俸禄，你想挣钱靠什么？出去

---

[1] 冯太后（442—490），长乐信都（今河北冀县）人，属北燕皇族，汉人。14岁时被选为北魏文成帝拓跋濬的妃子，后被册封为皇后。拓跋濬死后，冯氏操纵政权。北魏献文帝尊冯氏为皇太后。在冯氏的指导和辅佐下，北魏孝文帝把"太和改制"推向高潮。

打仗，抢下战利品是你的；再一个靠剥削百姓。官员没有俸禄，所以北魏老得打仗，马上民族嘛。皇上进行改革，整顿吏治，我给你们发工资，别整天出去打仗了。你一发工资，我不用打仗，我不用冒生命危险，我也能挣着钱，我疯了还天天出去打仗？打仗难免阵前亡，哪天一不留神再砍着我，我干吗老干这事？所以尚武的民族就从马背上下来了，越来越平和了。包括后来辽、金这些民族都是这样，都经历了这么一个过程。原来很爱打仗，后来为什么不爱打仗了？有工资挣了，用不着了。

第四，迁都洛阳。北魏的都城最早在盛乐，就是今天的内蒙古和林格尔，然后迁到了平城，平城就是燕云十六州当中的云州，即今天的山西大同，位置也较偏远，最后才迁到洛阳。

为什么要迁到洛阳？孝文帝发布一道圣旨，说我国家"兴自北土"，国家从北方发源。"徙居平城"，迁到了山西。"虽富有四海，文轨未一。"我们虽然富有四海，但是文轨未一，没有书同文车同轨。"此间用武之地"，平城这个地方啊只适合打仗，穷乡僻壤什么都不产（今天知道有煤，那会儿也不知道，知道了挖出来也不能吃）。北边挨着草原上崛起的一个强大的新民族柔然，这个民族太强大了，北魏打不过。柔然后来被突厥打败，西迁到了欧洲，就是欧洲所说的阿瓦尔人，今天的保加利亚人可能就是柔然人的后代。"移风易俗，信为甚难。"这个地方要改变咱鲜卑的旧俗太难了，平城这个地方鲜卑的旧势力太强大。怎么办？咱迁都。往哪儿迁？"崤函帝宅，河洛王里，因兹大举，光宅中原。"朕为什么要迁都，因为平城这个地方不好，"用武之地，移风易俗，信为甚难"。而"崤函帝宅，河洛王里，因兹大举，光宅中原"。崤函指的是崤山、函谷关。谁在那儿？长安所在，周秦汉唐十一朝故都。"河洛王里"，洛阳是王里，东周、东汉、曹魏、西晋都在此定都，算上北魏，已经是第五个在洛阳定都的王朝了。洛阳是九朝古都，当然后面那几个就没有什么太能提得起穿得上了，包括五代十国的后唐也在这儿建都。"若问古今兴废事，请君只看洛阳城”就是这个意思。所以“因兹大举，光宅中原”，我要向古代汉民族的帝王那样去中原。他不认为自己是少数民族了，我也要占有中原，我是中国的正统，所以我要迁都。

大臣们反对，不行！平城这地方是祖宗定都之所。当年太武皇帝定都于此，你说迁就迁，祖宗同意吗？皇上一看，我要愣迁，就把这些大臣得罪了，而且很多大臣论辈分都是我叔叔、大爷。怎么办？好吧，我们不迁都了。南伐刘宋，我们要打仗。刘宋，南朝宋齐梁陈的那个宋，不是赵匡胤的赵宋，是刘裕建立的刘宋。北魏20万大军南下，征讨刘宋。各位叔叔、大爷，老诚谋国、忠勇过人，都跟着我去。叔叔、大爷们就都跟着去了。遇到恶劣天气，大雪、大雨，行军，锻炼一下士卒的坚忍程度。士卒们身上都湿透了，怨声载道。今天艳阳高照，扎营，晒被子，等到恶劣天气再行军。叔叔、大爷们都快散架了，我的侄子太坏了，怎么这样折腾啊？走到洛阳，路程刚一半，从山西要走到长江边上，刚走一半。叔叔、大爷们实在走不动了，就找皇上去了，说大侄子咱别再往前走了，咱别跟刘宋打仗了，刘宋也没招咱们，再说打仗也犯不着咱们去，边将干什么吃的。咱往回走吧，你叔叔我实在不行了。

皇上一看，王爷们确实年事已高，这么折腾确实不合适。但是问题是，我们往前走还有一半的路程，往回走也是一半的路程，不如咱们别走了，怎么走你都是一个死，往回走你更得死，往前走好歹天气越来越好，往回走天气越来越坏，干脆咱就在洛阳建都吧。叔叔、大爷们心里骂着娘，只好这样了，总比上南方死半道上强吧。于是，都城就定到了洛阳。上古时期，一说中国如何如何，这个中国指的就是长安洛阳，谁占这里谁就是中国。所以现在谁是中国？北魏是中国，东晋就不是中国了。双方互相骂阵，东晋管北魏叫索虏，你们头发都束小辫，所以你们是索虏。而北魏骂东晋是岛夷，你们都是岛上住的蛮夷，你们这帮人海边打鱼的。双方都认为自己才是正统。孝文皇帝迁都到洛阳之后，完全跟汉族打成一片。东晋还说他是索虏，孝文皇帝感觉很郁闷，怎么办？不许索了。

第五，移风易俗，实行汉制。实行汉制首先从汉服开始。

不许穿鲜卑族的服装，都穿汉族服装；不许留鲜卑人的发型，都留汉族的发型。今天的中国人，你穿什么衣服、留什么发型没人管。中学生当然不行，大学就没人管了。有的小男孩头发染得跟鹦鹉似的，黄一截、绿一截、粉一截、紫一截的，裤腿肥得里面能装200斤米。他一上街，环卫工人可高兴了，都替人给扇乎干净了。今天，你想留什么头发就留什么头发，穿成啥样也没人管你，警察也不抓你。但在古代这可不得了，衣冠、发型意味着国家民族的存亡绝续。

古代汉族人什么发型？男的满20岁，女的满15岁，头发就再也不能剃了。女的满15岁叫及笄之年，意思是你可以嫁人了。男子满20岁，叫弱冠之年，就可以当官，行加冠礼，表示你成人了。但说是20岁，第一古代是虚岁，第二没人等到那时候才加冠，有的12岁就给自己加冠了，表示自己成人了。你只要一成人，头发就不能剃了，身体发肤受之父母，不能有丝毫损伤，犯人才在脸上刺字。今天满大街都是犯人，刺字文身，古代犯人才干这事儿呢。

头发不剃怎么办？盘到顶上，拿根簪子一别，老百姓的发髻用布包上，这个布就叫做帻。当官的发髻外面戴冠，就是乌纱帽之类的。所以你看电视剧里古人披散着头发，那都是胡扯，不可能，都得往上盘起来。所以古代人洗头是一件很隆重的事情，古汉语以字为单位，沐就是洗头，浴就是洗身上。今天是一个词语了，沐浴液、洗发液，古人是沐液和浴液，不一样。当古人去世的时候，男的一死，你把他的发髻解开打散，到腰是没问题的，过屁股的也有。今天女士都很少留这么长头发了。胡须也不能剃，只能梳，新陈代谢自己掉，不能剃，剪人家胡子那是最大的侮辱。

其实汉民族的衣服既不便于生产，又不便于战斗，以至于中国古代的服装演变的特征就是不断向少数民族学习的过程。今天你把对襟系扣称为唐装，但那并不是大唐汉人的装束,而是满装,是少数民族旗人穿的。旗袍更别说了,把旗袍作为中国的传统服装,十分牵强。

中国传统服装是上衣下裳,裳就是裙子,男女都穿裙子。在汉朝以前,成年男女也都穿开裆裤,因为外面有裙子,从衣着上看不出这个人是男是女。尤其老百姓的穿着,都是灰色、黑色、白色的衣服,更难区分性别。裤最早的意思是胫衣,护腿的,相当于我们今天的长筒袜、连裤袜。死裆裤是后来跟少数民族学的,因为他要骑马不能穿开裆裤,不能穿裙子。

我们中原人的打扮是峨冠博带,老高的帽子,老长的大袖子,一走路帽子当避雷针,袖子当拖把,既省电又干净。少数民族则窄衣箭袖,又能引弓拉箭,又能挥锄耕作,他们的衣服更合理,所以中原王朝就不断地向他们学。

汉族人的衣服"Y"字领,没有扣,靠腰带。少数民族是小圆领、"一"字领,唐朝的服装就很明显学他们,改成了小圆领,乌纱、幞头也取代了原来的峨冠。唐宋的皇帝穿的衣服都是这样。到了明朝的时候,皇上只有祭祖时才在脑袋上顶一个大搓板,挂一串算盘珠子,脑袋好几十斤重,平时都戴乌纱了。峨冠博带的大礼服也只有祭祖才穿,平时不穿了。到清朝更不用说,一水的都是满装,所以明朝的遗民损清朝人,说脑袋后面弄一根孔雀翎,衣服上除了飞禽就是走兽,简直就是衣冠禽兽。说归说,但是人家的衣服窄衣箭袖,打仗、生产的时候就是方便。

说了这么多,就是为了说明汉服虽然大气好看,但不合理。所以孝文帝实行汉制到这个时候遭到一定的反对,无奈皇上下令要一律穿汉服,穿鲜卑服的笞杖徒流死,就是拿板子抽,拿鞭子打。因此大家只好穿,解除了扫街工人的痛苦。实际上,汉服是不利于生产和战斗的。

除了服装外,顺便说一下饮食。原来中原人说吃饼,是汤饼,就是馄饨不放馅儿的片汤,中原人的饼就是那玩意儿。今天大家吃的饼都是胡饼,是少数民族发明的,因为他不能骑在马上端一锅片汤,要方便随身携带。中原人后来发现他的东西确实方便，今天我们爱吃的涮羊肉就是少数民族发明的。

实行汉制从强迫各位戴"避雷针"扫大街之后，皇上又让百姓改汉姓。

孝文帝拓跋宏改成元宏，唐朝大诗人元稹就是鲜卑贵族，皇室后代。步陆孤氏改成陆氏，勿忸于氏改成于氏，尉迟氏改成尉氏。包括穆桂英都是鲜卑人，从丘目陵氏改的穆氏。就这样，鲜卑八大姓都改成了汉姓。北魏在中国历史上又叫后魏，区别于曹操的前魏。你可以叫它北魏，也可以叫它后魏、元魏，曹操的魏就叫曹魏。改了汉姓，以后这个人是不是鲜卑人，从姓氏上已经判断不出来了。

衣服和姓改完之后，皇上下旨官员都得说汉语。

30岁以上的官员年岁大的，三年内学会汉语，否则这个官别当。30岁以下的官员你们年轻，半年内学会汉语，禁止讲鲜卑语。鲜卑是历史上那么牛的一个民族，到现在连土话都不会说了。秦始皇书同文车同轨，以书同文最有意义。中华民族，这么多人，就算是汉族，语言也南腔北调，N多种方言。现在好歹写出来是一样的，如果没有秦始皇的书同文，中国就跟欧洲一样，分裂了。欧洲好多国家的文字看着都类似，但是不一样。西班牙语、葡萄牙语互相都能听得懂，就跟咱们方言似的，但是人家愣分裂成那么多国家，原因之一可能就是它没有统一的文字。所以现在国家大力推广普通话，很有道理。

这个粉丝很大腕

还不算完，皇上快成汉室的疯狂粉丝了，还得跟汉族人通婚，进行人种改良。

皇上跟自己的皇后讲，我要娶汉族皇后了，麻烦您给让个地儿。皇后不同意，皇上就把她送到庙里，您出家当尼姑吧。然后皇上娶中原大士族李氏的女儿为皇后，中原士族是四大姓：崔、卢、李、郑，一家娶一个，立李氏为皇后，崔、卢、郑氏做皇妃，皇帝带头跟汉族的高门大姓通婚。皇上告诉自己的叔叔大爷哥哥弟弟们（爷爷可能岁数太大了，不便参与），把你们的鲜卑族王妃都送到尼姑庵里去，跟崔、卢、李、郑联姻。我给你们找，一家发一个，必须跟汉族通婚，禁止鲜卑族之间通婚。这么一搞的结果，下一代鲜卑皇子，二分之一鲜卑血统，再下一代四分之一、八分之一、十六分之一。鲜卑族的血统以渐近线的方式无限接近于零，最后完全被汉族血统剿灭。几代下来，鲜卑族这个民族就没有了。所以后来入主中原的民族吸取了北魏的教训，蒙古人不用说，只能跟蒙古人结婚。满族就跟满蒙联姻，不能跟汉人通婚，旗汉不通婚。

北魏孝文帝改革，把鲜卑这个民族活活弄没了。但是从中华民族的角度讲，有利于整个中华民族的发展。这句话也许说得不对，我们大家都知道，混血儿一般比较聪明，为什么聪明？父母隔着远。汉民族本身就是不断民族融合的产物，匈奴、鲜卑、羯、氏、羌全进来了，后来的契丹、女真又进来了，不断地民族融合，不断地补充新鲜血液，这个民族最起码生存能力比较强。为什么地理大发现的时候，非洲、美洲还停留在史前文明时代，一个重要原因就是封闭，不跟外界交流。一个民族几百种语言，这个村的人听不懂那个村的人说什么，互相隔绝，民族的机理功能越来越退化了。所以，鲜卑人把自己的民族弄没了，实际上对于整个中华民族的发展贡献相当大。

当然非常可惜的一点，落后民族羡慕先进民族，可能首先看中的或者羡慕的是先进民族的生活方式。比如我们羡慕欧美国家，你羡慕什么？也是生活方式。那里的经济多发达，你到了美国一看，比上海差远了，跟北京没法比，哪儿都跟村似的，就这么一种感觉。你说他军事力量多强大，咱们也没体会到，最好也别体会到。萨达姆、卡扎菲和本·拉登都体会到了。所以，你羡慕的就是他的生活方式，你要有了钱，首先学的就是他的生活方式。

这就出现了个问题，你有可能光看见贼吃肉了，你没看到贼挨打的时候，美国人不是靠酗酒、吸毒、滥交发展成一个世界强国的。鲜卑族入主中原也是如此，你看人家汉族，吃的是油、穿的是绸，可你看我们……到后来，北魏的王爷们腐败到什么程度，家里的马槽子都是纯银的。做饭人家烧蜡，不烧柴禾，拿蜡当柴禾烧。你说那东西掏出来多费劲啊，那意思就是有钱，爷阔。农民建立的政权比原来的地主政权只会更狠，因为我可有今天了，小人乍富的感觉。鲜卑族也是这样，所以北方蒙古高原上柔然民族一兴起，当年曾经也是骁勇过人的马上民族的鲜卑人，在后起之秀的进攻下连连失败，最后被迫给人送公主，给人金银财宝，跟人和亲，就跟中原王朝干的事完全一样。这一幕在以后的历史上不断重演，当年契丹人多厉害，女真人一兴起他就不行了，因为他已经下了马。女真人多厉害，在很短的时间内吞辽灭宋，蒙古人一起来他又不行了。你只要从马上一下来，武装力量肯定衰退。但对于整个中华民族的发展而言，意义确实是很大的。

05. 江南好，只待君开发

北人南下大开荒

魏晋南北朝的特点是社会大动荡，民族大融合，就跟春秋战国似的，诸侯割据战争和民族融合，这是中国历史上第二个民族融合的高潮，因为越乱的时候越容易融合。

六朝的时候，江南农业的迅速开发。

六朝，指的是三国孙权建立的东吴，定都于建业（就是今天的南京），后来东晋又定都在这个地方。为了避晋帝司马邺的讳，改名为建康。加上此后代替东晋的宋、齐、梁、陈，总称六朝，所以南京是六朝故都。唐诗里"江雨霏霏江草齐，六朝如梦鸟空啼"说的就是这个。

六朝时期，江南农业的发展从江东扩展到了整个长江流域。现在只听说有江西，没有江东，其实当时江东就是江南，又叫江左。要站在长江上游往下游入海口看，那就是东。要是站在长江入海口往上游看，那就是江左，是不同角度的同一个地方。长江的开发从吴越争霸时期就扩展到了整个长江流域，进而波及了岭南、两广和闽江流域（福建）。三吴地区在当时最发达。太湖、洞庭、鄱阳湖流域和成都平原是重要的产粮区。

江南经济开发，使南北经济趋向平衡，为以后我国经济重心的逐渐南移打下了基础。原来北方的经济水平比南方高很多，现在开始平衡，但重心还是在黄河流域。江南在这个时候开始发展，有下面这些原因。

第一是北人南迁带来了劳动力和先进的技术。汉朝的时候北方人口占全国的81.2%，南方占18.8%，南方根本就没有人，开车上街随便70迈。关中地区人口占据当时全国总人口的五分之二，就在今天的陕西。南方生产条件比北方好，但为什么发展不起来？就因为没有人。中国历史上有两次大规模的衣冠南渡，一次是西晋末年"永嘉之乱"，再有一次是北宋末年"靖康之变"。为了躲避北方五胡十六国少数民族的战乱，束发右衽的汉族就衣冠南渡了，留在北方的全是披发左衽的了。南方劳动力一多，加上北方带来的先进生产技术，您别刀耕火种了，我教你怎么种地，发展自然迅速。

第二是民族融合。南方少数民族原来也会种地，但他的方法太落后，咱们教他与汉族融合，这买卖就好干了。

第三是统治者推行了劝课农桑、奖励耕织、安抚流民、兴修水利的措施。

劝课农桑的课就是考察的意思。古代考察地方官的政绩，有三条标准：田野辟、户口增、赋役平。地开垦得要多，人口要增加，赋税的分量要让老百姓能够承受。当然今天不能用了，田野辟、户口增和退耕还林、计划生育对着干，早撤职了！古代因为是农耕经济，所以田野辟、户口增、赋役平可以实施。奖励耕织、安抚流民、兴修水利，南方就发展起来了。

为什么早不干这事？

北方农业拉抽屉

中原王朝统治中心是黄河流域，现在是被人打到江南来的，没辙了才来开发这个地方。梦寐以求的故都洛阳被人抢了，只好南下来建康白手起家。说一个很不恰当的比喻，假如说今天是"中华民国"的话，你想台湾能是中国最发达的省份吗？不可能，它的中心在南京，东南沿海和上海肯定是最发达的，台湾就弯着去吧。现在想开发南京开发不了，南京被解放了，他就只能开发台湾去了。那时候的统治者重视江南也一样，因为北方被少数民族占了，成北魏的了，只能开发江南。

魏晋南北朝时期，江南得到持续的开发，经济一直向前发展，北方因为屡经战乱，经济反而在破坏、恢复，破坏、恢复中循环。这一时期农耕规模缩小，畜牧业扩展，原因是汉人跑了，少数民族入主中原，所以畜牧业扩展。这也有好处，使得两汉时过度开垦导致的环境破坏状况有所缓解。

北方农业总体上是在恢复和发展，主要表现为新农具新技术的出现。曹魏马钧[①]发明翻车用于灌溉。跟自行车的原理相似，就像自行车的链子，一半在水里，绑了一堆竹筒，人一踩，链条转动，竹筒就把那个水给弄上来。然后竹筒的水挨个儿倒到一个槽里，那个槽延伸到田地里去，就这样把水引灌翻过去。它的优点是不但可以用于灌溉，还可以用于排涝，假如地被水淹了，倒过来再弄河里去。

另外，北方还兴修水利和开发边疆，开发了河西走廊和辽东地区。河西走廊就在今天的甘肃，祁连山和昆仑山之间。五胡十六国的时候，很多政权在这

[①] 马钧，字德衡，扶风（今陕西兴平）人，是我国古代科技史上最负盛名的机械发明家之一。马钧幼年家贫，有口吃的毛病，所以不擅言谈，却精于巧思，后来在魏国担任给事中。指南车制成后，他又奉诏制木偶百戏，称"水转百戏"。接着又改造了织绫机，提高工效四五倍，他还研制了用于农业灌溉的工具龙骨水车（翻车）。

儿割据。《天龙八部》里写慕容复要复国，慕容氏建的那个国就是在河西走廊和辽东地区。

06. 魏晋流行风

魏晋"潮人"

魏晋时期的数学很厉害，刘徽[1]提出计算圆周率的正确方法，南朝祖冲之算出圆周率小数点后七位，这个成就是世界之最。

另外，著有《缀术》，但中国古代的数学可能就是现在小学高年级的水平，因为没有发明代数学，代数学是从洋人那儿学来的。

农学上，贾思勰写了《齐民要术》，它有三个特点：

第一个是重农抑商。"舍本逐末，贤者所非。日富岁贫，饥寒之渐，故商贾之事，阙而不录。"经商做买卖的事儿我不写，本是农业，末是商业。如果弃农经商，那就是舍本逐末。

第二个是系统地总结了6世纪以前黄河中下游地区农牧业的生产经验。汉族是种地的，怎么能记载牧业生产经验呢？因为魏晋南北朝时期民族大融合，少数民族教的。

第三个是现存最早最完整的农书。中国以农立国，从夏朝就开始种地，不会到这个时候，种了三千年的地了，才想起来写一本农书，那不可能，肯定以前就有。所以，当然有比《齐民要术》更早的农书，但不完整，比如说东汉的《四民月令》。

---

[1] 刘徽（约225—295），汉族，山东临淄人，魏晋时期伟大的数学家，中国古典数学理论的奠基者之一，著有《九章算术注》和《海岛算经》。

竹林七贤图

地理学的成就有西晋裴秀①的《禹贡地域图》，北魏郦道元的《水经注》。《水经注》文笔优美，内容实用，后来还被历代中国画家当做研究山体脉络的经典论文用，国画大师陆俨少就很喜欢《水经注》，这个相当厉害。

文学方面，有《世说新语》，中国最早的八卦杂志书。但和现在的八卦杂志不一样，现在的狗仔队除了脸皮和腿脚，别的什么都不行。《世说新语》那套书的文采风度可是卓然超拔，文学思想和史料价值特别高。此外，还有代表魏晋风骨的"竹林七贤"，是最早裸奔的名人。

07. 庙宇煌煌僧众多

舶来者居上

魏晋南北朝时期，道教成了为统治阶级服务的宗教。

道教原来是民间信仰，多用于给人治病。老百姓看不起病，找道士给治治。道士拿一张黄纸画点儿东西，用火一烧，把纸灰兑水喝了，包治百病。可能有的时候病是心理暗示，自己觉得好就好了，也有时候确实包治百病，因为喝死了。黄巾起义靠的也是道教，五斗米道。

这种中国传统的民间宗教到此时被葛洪②一改造，变成为统治阶级服务的了。天下名山僧占多，据说中国今天有好几亿佛教徒，而道教徒统计只有60多万。历来中国的道士就干不过和尚，最后道教基本上就等于佛教化了。道

---

① 裴秀（224—271），字季彦，魏晋期间河东闻喜（今山西省闻喜县）人，西晋大臣、学者，所著《禹贡地域图》开创了我国古代地图绘制学。

② 葛洪（284年—343或364年），东晋道教学者、著名炼丹家，字稚川，自号抱朴子，晋丹阳郡句容（今江苏句容县）人。三国方士葛玄之侄孙，世称小仙翁，著有《神仙传》、《抱朴子》、《肘后备急方》、《西京杂记》等。

教的清规戒律全都是跟佛教学的，包括它的神仙体系。佛教是宗教，道教则更原始信仰一点儿，它干不过佛教是有原因的。佛教宣扬人有三世：前世、今生、来世，今生你修行好了，来世能往生极乐，摆脱六道轮回。而且它容易上手，一个字都不认得没关系，你只要虔诚念佛，一句阿弥陀佛一天念十万遍，肯定往生极乐。它的教义非常简单，大家都能听懂；什么都不懂，不懂文化，不懂佛教怎么回事，没关系，不用你懂，就念吧！心诚则灵，虔诚念，有前途。

道教则认为，我今生就能成仙，肉身成仙，白日飞升，而且一人得道，鸡犬升天，我把我家里所有人都带天上去玩儿。它一般通过炼丹来修炼肉身，外炼长生不老的仙丹，内炼人体元丹。

外丹是中草药跟水银炼的，你吃了丹就氧化汞中毒，炼内丹绝食已经饿得半死不活，再来一水银球，当然能升天了，多少帝王是吃丹吃死的！秦始皇、汉武帝、雍正，全是吃死的。再说一般老百姓也玩不起炼丹，上哪玩儿水银去，哪儿那么多钱糟践名贵中草药。明朝嘉靖皇帝炼丹，光炼丹燃料一年就20多万两银子，一般老百姓有这魄力吗？只有贵族才玩儿得起。受众太少，所以道教干不过佛教。

尤其在魏晋南北朝时期，佛教为百姓找到了一条精神解脱的道路。你这辈子这么苦，是因为你上辈子造孽了！所以你这辈子要修行，修行才能消业，才能摆脱六道轮回。佛是最高级的，佛底下是菩萨，菩萨底下是罗汉，罗汉分成两类罗汉——缘觉罗汉和声闻罗汉。缘觉罗汉，因缘际会才能成罗汉。声闻罗汉，是听佛讲法成的罗汉。甭管声闻还是缘觉，反正做了罗汉就能摆脱六道轮回，就可以入涅槃。佛教认为有不生不死的状态，就是涅槃，和咱们认为人除了活着就是死的状态不一样。

有人说，自然科学是最渺小的东西，它解决不了的东西太多了。而现在最可怕的就是，凡是解决不了的就不相信。自然科学虽了解宇宙的东西，但能了解多少？人类望远镜能看到最远的星球距离地球有多远，宇宙相对来说是无限的。只要他没看到的他就不相信，一概称之为伪科学，这个就有点儿太绝对了。自然科学诞生才几百年的事儿，牛顿、哥白尼才多长时间，他们之前时代的人类怎么活着的？就靠宗教。

轮回的六道，指的是天、人、阿修罗、畜生、恶鬼、地狱。玉皇大帝属于天道，但天也是有寿命的，八万四千岁、十万岁，或者两百万岁，这个岁数一满，还是要进入轮回。天都这样，人就更加逃脱不了轮回了。天、人之后是阿修罗，就是夜叉，《哪吒闹海》里面拿着钢叉的那个夜叉，这天、人、阿修罗三道还算不错。然后到畜生、恶鬼、地狱，这就惨了，尤其你要一落入地狱，那就完蛋了，万劫不复，再别想代言品牌接拍广告了。

信佛的目的，说是为了上报四重恩、下济三途苦。四重恩指父母恩、国土恩、众生恩、三宝恩。三途苦就是畜生道、饿鬼道和地狱道，指引你走路小心，别堕落进去。所以佛教一跟老百姓宣传这个，老百姓就豁然开朗，我这辈子苦原来是上辈子造孽了。对，我告诉你，你上辈子是个国王，杀的人太多，所以这辈子苦，成了奴隶！你好好修行，来世你还是国王，少杀点儿人。

这个事儿太好了！原来我上辈子是国王，我想我上辈子多美，我下辈子多美，这辈子我认了。很好的例子是印度，它贫富分化比中国严重，但是人家没见有砸垃圾桶，也没见偷井盖的，没见把公园护栏给掰走的，就因为笃信宗教。虽然印度人不信佛教，信的是印度教，但它的教义很多与佛教相似。

所以宗教信仰大多是教人行善，像五戒：杀、盗、淫、妄、酒；不杀生、不偷盗、不淫邪、不说谎、不饮酒，那社会多好，不就和谐了吗？若人人笃信，连法律都派不上用场了。除了乡办企业不高兴，酒卖不出去，别人都挺好。所以宗教一宣传，老百姓就得到了一条解脱之路。统治者更高兴了，宗教教百姓忍让，忍让好，便于管理。统治者一高兴，宗教就能广泛传播，广泛到

"南朝四百八十寺，多少楼台烟雨中"。

三赎皇帝六亿钱

可是什么事儿都不能干过了，一过了就会物极必反。佛教的盛行就带来了一定的危害。

首先，浪费钱财，花钱花得太多了。

中国历史上一共有400多个帝王，只有七个皇帝活过了70岁，这七个皇帝里有四个活过了80岁。第一个是梁武帝，"南朝四百八十寺"里面梁朝的皇帝，人称菩萨皇帝。他吃素不吃肉，所以从梁武帝开始，中国的僧人就开始不吃肉了。以前的僧人是可以吃肉的，连佛祖释迦牟尼都是，化缘的时候人家给什么他就吃什么。而且人们都认为给肉是最高级的，给肉好。所以南传佛教，就是东南亚小乘佛教的僧人是吃肉的，西藏的僧人更吃肉，他不吃肉没别的。日本僧人也吃，吃完了还娶，可以娶媳妇。只有汉传佛教的中国僧人才不吃肉。梁武帝是菩萨皇帝，三次舍身同泰寺，出家了。大臣一上朝，见皇上已经跑庙里去了，这玩意儿怎么整？得请回来啊！请佛容易，请皇上佛可不容易，你得给同泰寺布施，说穿了就是捐钱。皇上为了修庙，想捐钱，但是皇上自己没钱，就把自个儿卖了，舍身同泰寺就是这个意思。然后让大家拿钱去赎，第一次一亿，第二次两亿，第三次三亿。皇上三次舍身同泰寺，同泰寺弄了六个亿。这个钱从哪儿来？老百姓身上。

其次，出家也会影响国家发展。

出家就是无家，无家就无老婆，不能繁育后代。古代要"田野辟、户口增"，理论上是要增加户口，但是出家导致的是户口往下减。打仗没人了，劳动没人了，最重要的是，交税没人了。出家就不用交税了，好多农民就是因为躲避赋税，干脆出家。如此一来，官府傻眼了，你这不麻烦了嘛！你看吐蕃帝国，在唐朝时期极盛，有600万人口，后来佛教盛行，人人出家，1950年才100多万人，还有12万喇嘛。都这么干，国家光有版图，没有可用人口，朝廷吃谁去？"人人弃其亲爱，家家绝其嗣继。"这样的话，国家就没法发展了，非但国家不能发展，人种都要灭绝。

再次，寺院经济发展过度，广占田宅，侵夺百姓，与官府争夺劳动力，农民负担加重。

基于以上三点，就有人起来反佛。

过犹不及

反佛的问题是怎么反，不能说你这个佛教不好，因为你跟官府争夺劳动力，这么说就没劲了，得从根本上驳你，得说你的教义就不对，就是邪教。

所以范缜反佛实际上就是因为佛教妨碍了政府的行政，但是我不说原因，我只从教义上驳你。范缜在《神灭论》一书中提出，人的精神和形体是统一的，他说肉体和精神的关系，就像是刀刃跟锋利的关系，没有刀刃就没有锋利，所以没有肉体就没有精神。你说得自己再锋利，如果没有刀刃，你切个蛋糕试试。他的意思就是说，没有六道轮回，什么都没有。

因为南朝皇帝笃信佛教，所以当时一堆高僧都跟他辩论，但辩不过他。齐朝的竟陵王萧子良也跟他辩：你不相信三世因果、六道轮回，为什么我生下来是王爷，你生下来是老百姓，这不是前世注定的吗？我肯定是前世积福，所以我身为亲王，你前世造孽，所以你是百姓，肯定是这样。

范缜一指庭院当中一棵梨树，开满梨花，芳香四溢，说你看见那株树没有？看见那朵花没有？一阵风来，花都掉了，有的飘进了主人的卧室，主人把它捡起来，放在盛满清水的器皿里，让它继续散发芳香，这就是王爷你，还有的花吹进茅坑里去了，这就是范缜我。哪朵儿花进卧室，哪朵儿花进茅坑，这难道是前世注定的吗？不是吧！一棵树上的花，注定什么注定，纯属巧合而已，风从这边来，我就进茅坑，要从那边来，你就进去了。这个没什么前世注定。这可把竟陵王气坏了，人家都把自个儿比做茅坑了，你能拿人家怎么着？范缜是个好同志，发展了唯物思想。

另外，北朝的北魏太武帝和北周武帝灭佛，这两个皇帝支持灭佛，也是为了维护自己的统治。中国佛教史上，有"三武一宗"之祸，"三武一宗"指的就是灭佛的皇帝。"三武"是北魏太武帝、北周武帝、唐武宗，一宗是后周世宗。"三武一宗"之所以灭佛，就是因为佛教的发展影响到了他们的统治。

周武帝为什么灭佛？"求兵于僧众之间，取地于塔庙之下。"200万人出家都给我还俗，这一还俗增加了多少战斗力？盖房子不得用耕地吗？所以我把你塔庙给拆了，拆了之后不就有耕地了？周武帝灭齐之后，禁齐境内的佛教。"现成寺庙，出四十千，并赐王公，充为第宅。"把庙都给卖了，四十千钱卖给你。佛教的庙宇都是七殿伽蓝，一进门就天王殿、大雄殿、藏经阁，东西配殿，这不正好一间王府吗？送给王公当别墅。"五众释门，减三百万，皆复军兵，还归编户。"五众释门三百万，该当兵的当兵，该交税的交税，还归编户。"融扩佛像，焚烧经教，三宝福财，簿录入官，登即赏赐，分散荡尽。"庙里的东西全给分了，佛像给熔了，熔完后铜的可以做钱，铁的可以做兵器，金的就更好。一般中国古代佛像都是铜像，铜像正好砸了做铜钱，所以他总结灭佛的结果说："自废以来，民役稍稀，租调年增，兵师日盛，东平齐国，西定妖戎，国安民乐，岂非有益？"废佛的好处是民役稍稀，租调年增，兵师日盛，所以我才要灭佛。今天连佛教界的高僧大德，都认为"三武一宗"灭佛是对的，当时佛教闹得确实有点儿过了。出家就应该修行，不应该搞经济活动，去买卖皇帝弄个五六亿。

尤其你看今天的寺庙，进门烧香吧！烧香就交钱吧！没带钱我们这儿能刷卡。这哪里像清修之地？你说交一百块钱吧，就当被收了保护费。但拉住你的假和尚说，这位善人，看你面相你家里人肯定是合家欢乐，钱财富足，丈夫事业有成儿子学业有成，一般按照这种大好人家至少得捐三百，这个捐出去多少和收获多少是成正比的。言下之意：我不逼你，你捐一百也行。但你丈夫事业就打个三三折，儿子也打折，家庭和睦也打折。你一听，奶奶个熊，为了家庭和谐，捐吧。结果一出门走两步路又是一个庙，又被拉进去了，五百！

这不是佛的本意，捐钱的心意，本来就是自由从心，任何人不能强迫。这帮伪和尚，你捐完他拿去买新手机。对付他们的办法就是在佛面前跪下，一边拜一边告诉佛，有人借你名声来骗钱，对你形象不利，趁早收了他去。

这个历史
挺靠谱

第四章

天命所归是大国

（隋唐）

01. 隋朝闪亮登场

姥爷夺了外孙的权

魏晋南北朝结束，中国历史进入最强盛的时期——隋唐。

今天中国56个民族，最大的民族称为汉族，海外华人聚居地China Town，叫唐人街，就是说汉唐是中国历史上最强大的两个朝代，雄汉盛唐。汉的强大已经见识过了，那么唐的繁荣是谁给它奠定的基础呢？隋。

公元581年，北周外戚杨坚，改国号隋，年号开皇，都长安。杨坚即隋文帝，隋文帝是北周的外戚。所谓外戚，就是指皇帝的母族和妻族，太后家的和皇后家的人。杨坚是北周静帝的姥爷，他废掉自己的外孙子自立，做了皇帝。

估计这个北周静帝的爹北周宣帝，娶杨坚的闺女可能也是被迫的，外戚篡权都是这样。王莽也是皇帝的姥爷，他篡了；曹操是皇帝的老丈人，他没篡，但他儿子曹丕篡了，把自己的小舅子给废了，自立当皇帝。和周宣帝一样，当时汉献帝娶曹操的闺女也是被迫的，因为原来的皇后被干掉了。

杨坚在北周封隋国公，所以他自立之后定国号隋，年号开皇，都长安。公元589年，杨坚派他的次子晋王杨广，用水陆50余万大军灭陈，统一了南北。陈是南朝最后一个朝代，"南朝天子爱风流，尽守江山不到头"，南朝政权更迭很快，文弱偏安，终致被灭。

火候到了动手吧

隋统一南北的原因，有这样几点：

第一是各族的融合。在三国两晋南北朝时期，北方想统一南方曾经有过好几次。最惊心动魄的是公元383年的淝水之战。十六国之一的前秦，统一了黄河流域。皇帝苻坚率90万大军南下，准备灭掉东晋，完成国家的统一，结果失败了。因为那会儿民族矛盾非常尖锐，南方老百姓不愿意被胡人统治。前秦是氐族建立的国家，而这90多万大军主要由汉族士兵构成，氐族人口一共才几十万。汉族士兵把东晋看做自己的祖国，不愿意做"伪军"打祖国，因此他们出兵不出力，终于导致战争失败。

到隋统一的时候，隋和唐这两个朝代虽然都有鲜卑人的血统，但是南方人已经不把他们看做异族了，无所谓了，民族已经融合了。北方已经完全汉化，跟中原王朝如出一辙了，所以南方人没再把隋看做异族，便宜了杨坚。

原因之二，北方农业的恢复与发展，奠定了经济基础。

北方原来生产力水平就比南方要高，虽然有战乱的破坏，但这个时候它已经积极恢复与发展了。打仗，说实在的有句老话，兵马未动，粮草先行，打仗就是打钱，要不然美国能这么牛嘛。战争需要有厚实的经济基础。

另外有个原因，从北向南打比较容易。

中国古代所有的统一战争，几乎都是北方统一南方，唯一的例外是明太祖北伐，但也半途而废，没能彻底把北蒙残元势力消灭掉，所以明一代都受蒙古的骚扰。成吉思汗的子孙一直在做蒙古大汗，直到被皇太极打败，末代蒙古大汗是林丹汗，从成吉思汗到林丹汗，482年共传了35代。整个北元政权是跟明朝相始终的，最终灭掉北元的是后金，也就是清朝人，不是明朝。甚至连解放战争也是从松花江打到海南岛。所以，历史上这些统一战争都是自北向南，从上往下打的。

因为古代的时候北方经济发达，打南蛮子方便。后来南方也发展了，但是北方人骁勇善战，南方人好像文采风流，但是不经打。加上南方的地形多丘陵，支离破碎，便于割据，不像北方大平原很容易就统一了，统一之后形成向心力，集中力量就往外冲，南下扫荡。

种种原因使得隋的统一是事半功倍，势在必得。

02. 子不类父

隋文帝工作很努力

隋文帝是雄才大略的一代英主。

中国历史上的帝王，多半嫔妃一大票。其中数量最多的可能是天王洪秀全，一百多个，没有名字只有编号，今天从〇〇一睡到〇〇七，明天从一百三睡到一百五。在这些皇帝中，有两个皇帝没有嫔妃：隋文帝和明孝宗。

明孝宗没有嫔妃是因为他做皇子的时候就跟原配张皇后感情非常好，所以一登基就不愿意娶了。隋文帝没有嫔妃是因为太忙，顾不上了，那是真的工作努力。"勤劳思政，每一坐朝，或至日昃。"如果像电视剧里演的，皇上天天上朝，那就累死了，清朝皇帝是十日一朝。但皇帝每天要处理政务，那是接见军机大臣，就相当于见班干部。老师不能天天开班会，一个星期开一回就完了，但老师可能天天要找班干部，找个别同学谈谈心什么的。清朝的时候，上朝不是在宫殿里面，因为搁不下那么多人，而是在乾清门，御门听政。皇上在乾清门的洞里坐着，大臣是在广场上待着。零下三十度，皇上抱一个手炉，穿个貂裘，跟熊猫似的；零上三十度，华盖罩着，有人打扇子。电视里演的好玩，都在殿里面上朝。清朝皇帝处理朝政都在养心殿，那个小屋能搁下几个人？他见见军机还行，因为军机没几个人。但是康熙、雍正、乾隆这几代英主，天天坐朝，整宿整宿不睡觉地处理朝政；观书达旦，看书看一通宵，第二天不用休息接茬儿上朝，真来劲！

皇朝上朝的时间特别早，天还没亮，四点多钟就得起床，因为晚上睡得也早，八点半或九点肯定就寝了，那会儿没电脑没酒吧，天黑了就睡。皇帝也一样，日出而作，日落而息，四五点钟摸着黑就起来上朝。隋文帝这一上朝直接上到日头偏西，上一整天。

"五品以上，引坐论事。"五品以上的官，皇上就叫你来论事。清朝京官四品以上、地方官三品以上才能面君。五品的知府不行，三品的布政司、按察司才行。隋文帝那会儿是五品以上就能引之论事，可能是因为官少，不像清朝这么多。

"宿卫之士，传飧而食。"吃饭的时候皇上跟大家一样吃盒饭，工作餐。一般皇帝吃饭永远是吃独食，不跟任何人一起进餐，避免下毒。比如说今天皇上邀请皇后共进晚餐，两人不在一屋，皇上在乾清宫西暖阁，皇后在东暖阁，皇上吃酱肘子不错，去给皇后送一碗去，皇后一看这个都想吐，还得谢皇上龙恩，根本不吃肉的你也得感谢皇恩浩荡。隋文帝当时是跟大家一块儿蹲地上吃，你想这个皇上多勤政。而且，他的皇后独孤氏也是一代贤后，更加促使他整天忙于朝政，励精图治。

陈朝和隋文帝一比就下去了，极其腐败。陈后主陈叔宝是中国历史上有名的亡国之君，"烟笼寒水月笼沙，夜泊秦淮近酒家。商女不知亡国恨，隔江犹唱后庭花。"这《玉树后庭花》就是陈叔宝爱唱的，成了亡国之音。当隋军打进陈皇宫的时候，陈叔宝投井。隋军找不着，听井里有声，隋朝将士就说，再不出来扔石头了。里面喊，别扔别扔，把我们拽上来！一拽怎么这么沉？拽上来一看仨人，除了陈叔宝，还有皇后和贵妃，抱一块儿进去的。杨广看上那个贵妃了，想收为己有。结果隋军主帅韩擒虎说，陈朝灭亡不就是因为这玩意儿吗？你还想要！咔！一刀给劈了。

杨广的烦恼

隋灭陈之后，开始进行建设，主要表现在：

第一，兴建两都。

隋文帝营建大兴城，不是今天北京南部的那个大兴，而是长安。隋炀帝下令营建东都洛阳。隋唐都是两京：西京长安，东都洛阳。

第二，广设仓库。

这个仓库多到什么程度？有一个隋朝的粮仓叫含嘉仓。考古学家在含嘉仓进行了挖掘，据不完全统计，含嘉仓有259个粮窖，其中一个粮窖里面就发现了碳化的谷子50万斤，那259个可想而知有多少。而且这还不全，不止一个含嘉仓，还有洛口仓、京洛仓等。修了这么多的粮仓，可见当时隋朝的粮食储备很生猛。

粮食储备丰富到什么程度呢？能供天下五六十年。隋朝38年就灭亡了，所以到唐朝建国20年，吃的粮食都是隋朝攒下来的。《文献通考》上说："古今称国计之富者莫如隋。"从古至今，要说哪个朝代官府最有钱，谁也比不上隋朝，隋朝是典型的藏富于国。

第三，开通运河。

隋炀帝开通的，分成永济渠、通济渠、邗沟、江南河四段。以洛阳为中心，北通涿郡，南达余杭，是世界上最早最长的大运河。

第四，修筑驰道。这个很像秦朝。

隋灭亡原因也和秦朝一样，隋炀帝的暴政导致了隋的灭亡，也是二世而亡。

隋炀帝是个暴君，不是昏君，他干的那些事儿并非都没有好处。像运河，这个和秦修的长城一样大气磅礴，是中华民族的象征。但是相比秦始皇修长城，运河的作用要大得多，长城你花这么多钱，搭进去这么多条人命，却挡不住少数民族。运河就不一样，在20世纪初津浦铁路通车以前，运河都是南北交通大动脉。因为中国的河都是从西向东往海里流，南北交通就不便了，这条大运河的出现正好解决了南北沟通问题。天堑变通途，这是好事儿。但问题是这些好事不能攒一块儿干，你受得了，老百姓受不了。写两本一百万字的小说也得分几个月，你熬夜一个星期把两本都干出来，脑细胞不够用，人就over（完）了。

隋炀帝在位时，三征高句丽，营建东都，严刑酷法，事儿实在太多了，没几件办得风光圆满的。

隋炀帝三征的是高句丽，中国东北的一个地方政权，包括今天朝鲜北部。它桀骜不驯700多年了，头400年都城在吉林，后300年在平壤。所以我们说高句丽是中国的政权，韩国说是它的政权……炀帝三次打高句丽，用了100多万大军，生还了2700人。因为高句丽对付隋军的战术，就跟俄罗斯对付拿破仑和希特勒似的。天气晴朗万里无云的季节我不跟你打，我撤、撤、撤，一到冬天我反攻，还没打你，你自己就冻死了。为了打高句丽，光从陆上兴兵不行，还得走水路，走水路就需造战船。工匠整天在海里泡着折腾，腰部以下半个身子腐烂生蛆，不下去的话就斩首。

隋炀帝的暴政使生产遭到破坏，老百姓忍不了了，爆发了农民起义。

03. 战火中的"亲情"

替表哥报仇

隋朝时有个叫王薄[①]的农民，做了一首《无向辽东浪死歌》，翻译成白话文就是《别去辽东白白送死歌》，发表之后，把农民都鼓动起来造反。评书里什么瓦岗寨、程咬金、秦叔宝，十八路反王，六十四路狼烟，都是被《别去辽东白白送死歌》鼓舞起来的。

最后在江都，就是今天的扬州，禁卫军哗变。隋炀帝一看时辰已到，死吧，就从身上解下绢带递给部将，让部将将他勒死了。公元618年，隋朝灭亡。

隋炀帝在位14年，13年待在扬州，他是中国历史上第一个在南方待的时间

---

① 王薄，齐郡邹平人，隋炀帝大业七年（公元611年）十月，因兵役繁重与同郡孟让首先起兵反隋。

很长的皇帝。由于他老在扬州待着，所以有人说，他修运河的一个重要原因就想上那玩儿去。不是，说话要负责任，还是以沟通南北为主。

隋灭之后，就是唐朝。

公元618年，唐朝的开国皇帝李渊在晋阳起兵，称帝，即唐高祖，国号唐，都长安。李渊是隋炀帝的表弟，他们俩的母亲是亲姐俩，所以他们俩等于是姨表亲。李渊当时是唐国公，晋阳留守。

他一开始起兵攻进关中长安后，曾立隋炀帝的孙子为皇帝，这就是隋恭帝，遥尊隋炀帝为太上皇，由他摄政。这样一来，李渊起兵的理由就有了，因为隋唐两朝是表亲。后来他表哥隋炀帝被杀，李渊还给表哥发丧，隆重安葬，然后按叛变罪处理了杀死隋炀帝的那些人。

玄武门之变

公元626年，李世民即位，即唐太宗。

李世民即位的过程是很惨烈的，虽然惨烈但也干净利落，那就是历史上著名的玄武门之变。在玄武门之变中，李世民把他哥哥太子李建成、弟弟齐王李元吉全都做掉，逼着老爹退位，动作雷厉风行。然后他还篡改史书，现在的历史书一写到李建成、李元吉，就是俩混蛋、花花公子。俩花花公子怎么可能取得这么高的战功，一琢磨就是胡说。因为史书被李世民改了，没法看了。

而且一般来说，皇帝说的每一句话，都有史官给记录下来。那会儿虽然没有录像，但是史官在朝廷上，皇上说的每一句话他都现场记录，成为皇帝的实录。皇帝本人应该不能看这个实录的，明清的时候够专制了吧，明清的皇帝都不看实录，因为实录就是记录他的每一句话，尤其在朝廷上跟大臣讲的话（跟妃子说的不能写），实录不能改。可李世民他就看，不但看还改，这句话说的不合适，你给我删了，你不删的话，弄死你。

不过，甭管李世民即位的手段多野蛮、残酷、血腥，多么令人不寒而栗，但是他在历史上贡献很大。

隋炀帝是唐太宗的表大爷，不但是他大爷，还是他岳父，唐太宗有一个妃子就是隋炀帝的女儿。等于说唐太宗是亲眼看到他大爷兼岳父是怎么灭亡的，这么厉害的隋朝，中国历史上第二次的大一统，结果是38年，二世而亡，跟秦朝有一拼。秦朝15年，隋朝从统一到灭亡也才30年。所以唐太宗吸取隋亡的教训，强调存百姓。

04. 往昔荣光又重现

贞观之治

唐太宗眼见表大爷被消灭，知道是因为遭到了百姓的抛弃。秦朝、隋朝太不拿老百姓当回事儿了，才会超快速灭亡，所以他强调要存百姓。

史籍记载，贞观五六年的时候，"天下大稔，米斗不过三四钱"，一斗米是十升，才三四文铜钱，那就是粮食太贱了。表示农业生产发展得很好，有的是钱。

"流散者咸归乡里"，原来打仗逃离的人全回来了。

"岁断死刑二十九人"，一年判死刑二十九个。中国古代判死刑必须得皇上本人批准，而且大臣要求情三次，表示慎杀，不能随便杀人。一年才杀二十九个人，那证明社会治安好。

"九州道路无豺虎"，行旅自长安越海表，从长安出发到广州，不带粮食，当然也不用带钱，"取给于道路焉"，你走到哪儿就吃到哪儿，因为谁家都很富裕，都热情地招待你，粮食吃不了喂猪还不如喂你！出门也不用锁门，外户不闭，家家都富，我偷你干什么？这简直就和共产主义差不多。

唐太宗知人善任，虚怀纳谏。

知人善任是唐太宗的一大优点。他认为为政之要，唯在得人。这个人指的

玄武门之变

是人才，一般老百姓叫民，民为邦本，本固邦宁，人和民不一样。他的这个觉悟，使得朝里朝外冒出一大批人才。

贤相有房玄龄、杜如晦。哥儿俩一个多谋一个善断，有"房谋杜断"之称。名将有李靖、李勣。李靖就是托塔李天王，哪吒他爹。中国古代十大兵书里面，有一个《李卫公问对》，卫国公指的就是他。他曾以三千铁骑大破东突厥于阴山，俘东突厥颉利可汗。李勣，就是评书里讲的徐懋功。80岁高龄挂帅，灭高句丽，破吐谷浑，所以这两位名将不得了。

经济方面轻徭薄赋，劝课农桑，兴修水利，戒奢从简。

长孙皇后带头，衣不锦绣，裙不曳地。穿衣服不穿绣花的，也不穿锦缎的，而且当时没有棉，穿的是麻布。为了节省布料，裙子做得超短，不能拖地。皇后这个样，嫔妃能越得过皇后去吗？一个比一个短吧！那文武百官能越过嫔妃去吗？太省钱了。

文化方面则兴科举，以儒为师，大办学校。

唐太宗在位时，政治清明、社会稳定、经济发展、国力增强，百姓生活得到改善，史称"贞观之治"。

唐太宗的"镜子"

唐太宗最大的优点是虚怀纳谏。

唐太宗的谏臣是魏征。魏征本是太子李建成的旧臣，魏征当时老跟太子说，要把秦王李世民干掉，秦王有异志，早晚必图之。你干掉他，不然他会坐大，会发达。结果太子不听，顾及手足之情，于是被弟弟秦王干掉了。然后秦王就把魏征抓来，你看都赖你吧，你小子挑拨离间，你想怎么死，自己挑一样死法吧！魏征说，你要是用我的话，我能像忠于太子那样忠于你。李世民觉得这个主意不错，那你就给我提意见吧！

结果魏征给皇上提意见到什么程度？廷争面折，当廷跟皇上争，撅皇上面子，气得皇上一抖袖子，不玩了，散朝。那会儿君臣坐而论道，皇上在台上坐着，大臣在底下坐着，坐得很不舒服，因为屁股压在脚后跟上，实际上跟跪着差不多。皇上不爽了转身就走，魏征一下子站起来冲到台阶上，一把拽住皇上袖子，你别走，咱们还没说完呢！皇上说，乡巴佬，你等着，我宰了你，你信不信，我宰了你。

魏征是农民军出身，所以皇上骂他乡巴佬。你听有些评书里讲，中国古代总是推出午门斩首，午门是杀人的地方吗？明朝在西四，清朝在菜市口，哪儿能动不动去午门斩首。除了朱元璋的明朝外，别的朝代哪儿能随便打骂大臣，更不能随便杀大臣了，尤其有修养的皇帝，野皇上难说。所以，唐太宗骂完乡巴佬后也只能回到宫里去生闷气，一边嘟嘟囔囔地说，这个乡巴佬，非宰了他不可。

贤后长孙氏忙问，你跟谁生这么大气？皇上说，魏征，他揪着我袖子，我不宰了他行吗？皇后把皇上扔在那儿生气，让女官侍候皇上。她回到寝宫，穿着上朝的大礼服，带着嫔妃出来参驾。皇上特奇怪，怎么了？今天祭祖啊？皇后说，我向陛下道贺。皇上说，我有什么可贺的？皇后说，主明臣直。魏征这么直，因为你是明君圣主。隋炀帝时谁敢这样，别说抓袖子，抓鞋带就早宰了，所以我为陛下道贺。再说，兼听则明，偏信则暗，皇上本来就不容易听进不同意见。大家都拍你马屁，不敢说真话，只有魏征这样的人说真话，这简直是朝廷社稷之福啊！

唐太宗一听，还是我们家"政委"觉悟高。于是唐太宗就重用魏征了，封到二品御史中丞，专门负责监察，给皇上提意见，还跟他结成儿女亲家，公主嫁给他儿子，儿子最后也升到二品。后来魏征提意见就更来劲了，一生提了200多条。皇上玩儿鸟，没见过外国进贡的麻雀，叫鹞鹰，正玩儿呢！魏征进宫来奏事儿，皇上一看，他看见我玩鸟的话，肯定得说我玩物丧志，就塞到怀里了。结果还是被魏征看到了，魏征就想，不能让皇上玩物丧志啊，要对君主负责任，所以他就在这儿没完没了地说。皇上好不容易把他打发走了，鸟也闷死了。

等魏征病重了，皇上过府探望，拉着他的手依依不舍，你可不能死啊。但是天不假年，魏征50多岁就死了。唐太宗感慨地说："以铜为镜，可以正衣冠；以史为镜，可以知兴替；以人为镜，可以明得失。朕常保此三镜，以防己过。今魏子殂逝，遂亡一镜矣。"魏先生一死，少了一面好镜子。

窝囊废当太子

太宗皇帝在位20多年后病死，他死之后是高宗李治继位。这个高宗真的很高，血压高，经常头晕目眩，他的高血压是让他爸给吓的，这个惊吓的过程有具体的来龙去脉。

当时太宗的五儿子李佑，和太宗那个倒霉弟弟李元吉一样被封齐王，所以也不知道是他找倒霉还是倒霉找的他。有一天（贞观十七年）李佑就伙同一帮古惑仔造反了，反自己的爹。李世民那么猛，哪儿能被自己的儿子反？立马就镇压了。本来事儿过去了，但在审问叛逆的过程中，牵扯到了太子李承乾，顺藤摸瓜，发现太子也在谋反。

李承乾是长孙皇后所生的嫡长子，两岁的时候就被立为太子，而太宗皇帝当时才20多岁，春秋正盛。太子越长越大，心里就着急，我都发育了，皇上还身体倍儿棒，我太子就是储君，你老不死的话，我储到什么时候才能当皇上？自力更生吧，我帮你死！于是太子就在宫里面找一帮巫师，先在那儿集体扎针，然后密谋造反。

太宗皇帝派人调查属实后，就把李承乾废为庶人，幽禁起来。这样，嫡子还有濮恭王李泰和晋王李治。

按照感情，太宗应该立李泰为太子，因为这小子特别聪明，才华横溢，是块当皇帝的好料，而李治是个温吞鬼，什么事都不出挑。可是恰恰因为这个原因，最后李治被立为太子。太宗的意思是，如果李泰当太子，这小子忒有乃父之风，跟老子太像了，估计一登基为了了却后患，会立马杀了李承乾和李治。

这种杀兄害弟的买卖在建国之初可以干干，太平年代干多了肯定不好。而李治继位后，虽没有李泰能干，但绝不至于害死李承乾和李泰。为了社稷，太宗就把自己最喜欢的孩子李泰也幽禁了。

这样一来，长孙皇后生的儿子就剩下晋王李治，长孙皇后38岁就病死了，当时李治才18岁，嫡子就剩他一个，剩下的都是庶出。所以皇上说该你当太子了，派人来传旨，准备册立他为东宫太子，免冠磕头。李治一看，不干不干，谁爱干谁干，我不干，吓得哭昏过去了。

李治太怕他爸爸了，老爸多狠，杀哥哥宰弟弟，满门抄斩；逼老爹退位，把俩儿子（不管喜欢的还是不喜欢的）都幽禁起来。现在轮到他了，他害怕，所以每次看到太宗就吓得说不出话来。太宗就更不喜欢他了，窝囊废一个，半点儿不像我。

妻为夫之纲

李治最后就落下这么一个病根，不能理政。不能理政就只好让武则天掌权。武则天本是先帝的才人，14岁入宫，这个丫头特别倔，皇上不喜欢她。太宗晚年病重，武则天侍候的时候，正好李治前来问安。既然太子前来问安，武则天就打蛇随棍上，傍上太子了。论辈分武则天是太子的妈，论岁数比太子小四岁，想来想去还是论年龄吧，论辈分不方便勾搭，论年龄就勾搭上了。太宗皇帝驾崩后，按照中国古代的礼法，明朝以前凡是先帝驾崩，不能生育的嫔妃一律殉葬，武则天也应该勒死殉葬的。

但是皇上舍不得，就把她弄到感业寺出家，暂时避避风头，后来接了回来。还是皇后把她接回来的，皇后要对付萧淑妃，利用武则天来争宠。只不过武则天一得宠，淑妃是完蛋了，皇后也完蛋了。武则天把自己亲生的公主掐死，嫁祸于皇后。皇帝哪儿知道这女人能这么"大义灭亲"，当然上当，把皇后废了，立她当了皇后。

武则天当上皇后，李治哪儿是她的对手，一下就掌权，后来就称帝，改国号为周，灭了唐朝。就这样，她成为我国历史上唯一的女皇帝。

武则天一共生了四个孩子，逼死了俩，后面那两个，就是中宗李显和睿宗李旦。过去史学家骂她牝鸡司晨，母鸡打鸣，就是说她女人称帝是母鸡学公鸡叫，而且心狠手辣，掐死亲生女儿，逼死两个儿子。甚至，中宗李显和睿宗李旦当了皇帝之后，也很快就被废了，特别是中宗李显，被废为庐陵王，贬到江西。

李显他们家房梁上永远悬挂着一根绳，随时准备上吊。只要长安一有宫使来传旨，他第一个反应就是我妈让我死，我上吊吧！幸亏他的王妃韦氏说，你先等会儿别着急。您先听听，万一赏你，你急着上吊不是亏了啊？

有人还说武则天秽乱宫廷，生活作风也不好，但这些都是小节。她心狠手辣，有李世民狠吗？她生活作风不好，皇上有生活作风好的吗？武则天虽不是一夫一妻，但比洪秀全强多了。论帝王功过，关键还是看她在历史上干了哪些事儿。

女皇帝武则天的统治，有利于社会的进步、国家的发展。她发展农业生产，破格用人，发展科举制度，使社会经济继续发展，国力不断上升。因此综合看来，她应该被肯定！有人说，武则天的统治"政启开元，治宏贞观"。开元是唐玄宗的年号，也就是说，他认为武则天在太宗、玄宗之间是一位承上启下的人物，她的统治有贞观遗风。武则天死了以后，并不是以帝礼下葬，而是以皇后礼，与唐高宗合葬于乾陵。而且她本来是皇帝，"则天大圣皇帝"，则天是她的尊号，但她最后下葬还是以皇后礼下葬。她在位15年后，让自己的儿子继位，李唐皇室又恢复了。

武则天死后给自己立了一座无字碑，她立无字碑的原因是知道自己是一个争议性人物，所以千秋功罪，任人评说。我不评论我自己，我把自个儿吹得很好，后人把我碑给磨了，多没劲，让后人去评说吧。

明君贤相很般配

武则天去世后，他的儿子中宗李显二次即位（曾被废）。中宗在位的时候，韦皇后和安乐公主专权乱政，临淄王李隆基起兵诛灭韦氏一党，然后拥立自己的父亲即位，就是睿宗李旦，武则天最小的儿子。睿宗在位时，武则天的女儿太平公主①又作乱，想仿效她的母亲称女皇。李隆基起兵又把他的姑姑干掉了，充分体现了他的治国之才。

公元712年，李旦颁诏，让位给皇太子李隆基，李隆基就是唐玄宗，又称唐明皇。

唐玄宗即位后需要治国之才，就找来了姚崇做丞相。姚崇说别忙，我有十条建议，你要听我的，我做；你不听，我闪。玄宗说，你且讲来。

姚崇的十条很厉害，一是废苛法，施仁政，对百姓要好。

二是十年之内不与边境作战，因为之前被吐蕃打得够戗。

三是宦官不得干政。

四是皇室宗亲不能任高官。这两条都是针对之前宦官乱政，亲戚内耗乱打架乱谋反的历史教训提出来的。

五是亲近之臣犯法，要依法治罪。某个亲信宠臣犯了罪，一样要依法干掉，不能因为他陪你打乒乓球打得好，就妄纵他。

六是除了租、庸、调等赋税外，其他一切额外征收都须取消。

七是禁止建造寺观宫殿，那玩意儿太劳民伤财。这两条也是为百姓计。

八是对臣下以礼相待。

九是允许群臣实话实说，哪怕是批评类谏言也要容忍。

十是严禁外戚干政。只要这十条你都能听，我就当丞相，要不然bye-bye。

---

① 太平公主（约665—公元713），唐高宗李治之女，生母武则天。先下嫁薛绍，再嫁武攸暨。生前曾受封"镇国太平公主"，后被唐玄宗李隆基赐死。

唐玄宗说行啊，你这十条不都是丞相应该提的吗？你这不是提前上位了吗？来吧来吧我都答应，你明天来上班。

在姚崇的帮助下，唐玄宗开始励精图治。他选贤任能，改革吏治，亲自考核县令。唐朝得有多少个县，一天考一个县令，都得一千多天，可见皇上进贤退不肖的决心。然后，他发展生产、限制佛教、实行募兵制、大兴文治。好皇帝该干的他全都干了。

有一年天下闹蝗灾。大臣跟皇上说，苍天示警，皇上你得沐浴更衣，斋戒请罪。皇上说，蝗虫是我的味儿招来的吗？跟我洗不洗澡有什么关系？到地里看看去，打蝗虫去。到地里一看没法打，太多了，结果皇上拿起一只蝗虫，搁嘴里给嚼了，活的，腿还动呢！说"尔食朕百姓五谷，如食朕之肺腑"。你吃老百姓的庄稼，就跟吃我心肝肺似的，你吃我，我先吃你，咔，给嚼了。文武百官也好，黎民百姓也好，见到这一幕，感动得鼻涕都出来了。都来这个吧，高蛋白嘛！所以虽然闹蝗灾，没有人去反抗朝廷。

唐玄宗统治前期，政治清明，国家强盛，经济空前繁荣，史称"开元之治"或"开元盛世"。"开元之治"比起"贞观之治"来，经济上更繁荣。杜甫说，"忆昔开元全盛日，小邑犹藏万家室"。随便一个小城都有一万多户人。"公私仓廪俱丰实"，公家和私人的仓库全丰实。看隋朝富吧？但是它是官府有钱，老百姓没钱，藏富于国。开元之治则是藏富于民，对社会的发展来说，比藏富于国更有好处。再加上有一套完整的税收制度，大家就齐活了。

中国古代很少有哪一朝能做到这一点，它要么就是藏富于国，像隋朝，很快就灭亡了；要么就藏富于民，像北宋，但是缺乏合理税收，下面的人有钱收不上来，国家则积贫积弱。宋朝的GDP占当时世界的80%，可惜钱都在底下这些大官手里，不在国家手里，也完蛋。只有唐朝的时候，是公仓私廪俱丰实，老百姓也有钱，国家也有钱，国力空前强盛。

05. 皇老板那是相当精明

皇权相权大博弈

隋文帝在中央确立了三省六部制，即皇帝下设三省，中书省、尚书省和门下省。

中书省负责起草政令，门下省负责审核政令，尚书省负责执行。负责起草政令的，负责审核政令的，负责执行政令的，这个叫做三省。在尚书省之下，设立了六部：吏、户、礼、兵、刑、工。

六部职能各不相同，吏部负责官吏的考核任免，相当于我们今天的人事部、组织部。户部负责户口和财税，相当于民政部跟财政部加上国家税务总局，类似于这种机构。这六部里边最肥的就是户部，和珅那么能贪污，就是因为他做了20多年的户部尚书。

六部尚书理论上讲是吏部尚书最大，因为他管官嘛！但是实际上在清朝的时候，按照六部尚书晋升的顺序，最后做到户部尚书才是最牛的，户部要调任吏部，则有点儿降官的感觉。

礼部管礼仪和教育，甚至还承担一部分外交的职能。兵部管军政，包括武将的考核任免，军政就是军队的招募、训练之类的，但不能指挥作战。刑部管刑法，司法刑狱。工部管建设。这就是三省六部制，由隋文帝开创，唐朝的时候完善。比如说，户部原来叫民部，为了避李世民的讳改叫户部。

三省的分工，使相权一分为三，削弱了相权，加强了皇权。世界历史上也有三权分立，但人家那个三权分立分的是皇权，总统的权，最高统治者的权，咱们这个分权则是分相权，一者为了削弱独裁，一者为了加强独裁。因为相权对皇权的威胁太大了，秦汉时期的丞相，权力非常大，有封驳谏争之权。什么叫封驳谏争呢？皇帝的圣旨、草拟的政令，需要丞相批准，如果丞相觉得不妥，就不批准，封起来，驳回去，把自己的意见写在后面，照我这个改，这和报社编辑审稿似的，有权修改或枪毙稿子。皇帝跟丞相两个人春游，在外面碰上了，都要下车互相行礼，尤其是拜相的时候，宰相行礼，皇上还礼。宰相每次行完礼，皇上都要还礼。当时是君臣共治天下。

建立汉朝，谁的功劳最大？萧何的功劳最大。刘邦是一个痞子，无赖出身，出道的时候什么也不会。也不知道这帮人干吗保着他，他自己说，我这个人什么都不会，统军百万，攻必克，战必取，不如韩信；运筹帷幄之中，决胜千里之外，不如张良；安抚百姓，运送粮饷，不如萧何。但是这三人都听我的，所以我得天下。但是，没有萧何，张良、韩信管什么用？打仗就是打钱，萧何安抚百姓，安抚后方，又给前线送粮食，把整个国家大局把握得井井有条，他的功劳是最大的。

所以萧何拜相，皇帝赐他三项特权：见君不趋，称臣不名，剑履上殿。

见君不趋：以前皇上搁那儿坐着，你进殿来得小跑过去才算对皇上显示出敬重。但萧何可以大摇大摆，爷来了。

称臣不名：在中国古代，你叫人家的名，跟骂人一样，只能叫他的字。你看咱们这些电视剧里，叫谭嗣同为嗣同兄。这样嗣同兄非抽你不可。你这么叫，你挖人祖坟不是？《走向共和》里李鸿章那么大岁数，见了梁启超，也是"卓如啊"而不是"启超啊"。马超给蜀国皇帝上书，孟德杀我全家百余口。他杀了你一百多口，你还得叫他孟德，要不然证明你这个人没文化。公瑾如何如何，孔明如何如何，你不能说诸葛亮怎么着、周瑜怎么着，那不行。名是自称，别人不能叫，只有皇帝是可以叫你名的，并且参见皇帝也必须自报其名。而萧何见驾可以不报名，只要说臣见驾就完了，不用说臣萧何见驾。这也是特权之一。

剑履上殿：可以穿着鞋，带着宝剑上殿。因为那会儿都席地而坐，进门都应该脱鞋的。

以后只要丞相一牛，皇上都赐这三个特权，所以丞相的权力很大。

丞相的属官叫十三曹，相当于国务院办公厅，是国家的正式机构，主官秩千石，国家给发工资的，跟县令是同级的。

皇帝的属官是尚书台。尚书，顾名思义可能就是原来给皇上管文书档案的，相当于皇上的秘书。尚书台主官秩六百石，比十三曹少四百石。等于皇帝的属官比宰相的属官级别还低，不但低，还不是国家给发工资，是皇上自己掏腰包，你要不掏，你就甭雇他。

一个是国务院办公厅，一个是总统私人助理，你这个身份跟人家没法比。如此看来，还是表明相权之大。

那皇上怎么削弱相权呢？就是有什么事儿，我都跟这些尚书商量，尚书台设立尚书，门下省设立侍中。这些人品级虽然低，但整天跟皇上泡在一起，地位是非常重要的。到了东汉，丞相基本上就成了一个虚衔儿了，真正掌实权的人，必然要加这么个衔儿——大将军录尚书事，大将军掌握武将，录尚书事管文官，基本上都这样。

但是，这个大将军录尚书事还是一个人。它虽然不叫丞相了，实力却相当于一个丞相，对皇权还是构成了威胁。那时候君臣共治天下，丞相跟皇帝，谁的权力更大，完全靠两个人的个性。要是秦皇汉武时期，肯定是皇权大，你要赶上那个皇上窝窝囊囊，又爱玩儿什么的，不理朝政，那就大权旁落。所以在隋朝以前，权臣篡位的事儿，史不绝书，多有记载。往往做了丞相就有机会篡位，曹操做了丞相，基本上等于篡位了，他儿子帮他完成了这个举动。接着曹魏几十年之后，被丞相司马氏篡了。尤其在魏晋南北朝乱世的时候，你要是做了丞相还不篡位的话，老百姓都替你着急。

隋文帝杨坚也是做了丞相后，篡了北周的位，所以他一当皇帝，就怕这种事儿发生在子孙身上。为了大隋江山千秋万代，怎么办呢？削弱相权。

名义上把相权削弱，说是一分为三，实际上不止。三省的正副长官都是丞相，都入政事堂。而只要可以入政事堂议事的官，实际上就相当于丞相。三省的正副长官大致是这些：中书、尚书两省的长官叫令，副长官叫仆射。中书令、尚书令、中书左仆射、中书右仆射、尚书左仆射、尚书右仆射。门下省的长官叫侍中，副长官叫侍郎。六部的长官叫尚书，副长官也叫侍郎，分左右，兵部左侍郎、兵部右侍郎。这样一来，三三得九，一人之权瓜分为九。当然，并不是每个皇帝在位的时候都设立得那么全，比如李世民做秦王的时候，当过尚书令，所以等李世民继位之后，唐代就不再设立尚书令了，因为当年太宗皇帝做过这个职务，你们谁还配做这个？就此取消。

宰相成了临时工

无论如何，宰相一般也得有四五个、六七个。到了高宗、武则天之后，皇帝设立了一个职务，叫同中书门下三品。这个职务是临时性的，不管你现在是几品官，只要给你加上这个衔儿，你就相当于宰相。皇上若要提拔你，给你加这个衔，入政事堂议事，你就相当于宰相了。如此说来，宰相就由固定的变成了临时的。它的好处是，正式任命的宰相如果要罢免，是有一套严格程序的，现在这个是临时宰相，这个临时工皇上能说撤就撤。

比如说，国家公务员的晋升应该是逐级的：科长、副处长、正处长、副局长、正局长、副部长、正部长，应该这样有序晋升。但是后来你别晋升了，我给你加一个衔儿就完了。假如你现在是处长，我给你加一个同中书门下三品，你就一下子相当于副总理了。优点就是哪天我看不上你，我把这个衔儿一摘，你就又回去接着当你的处长去，特方便。所以之后，既然设立了同中书门下三品，三省的长官就变成了虚衔，甚至设而不授。

中书令该退休的时候，本来要任命一个新的，现在就不任命了，空着不设。即使设了，也都是给那些还有两年就快死的老臣，让他荣誉一下。一把年纪了也不入政事堂议事，也议不了事，连自己姓什么都忘了，老到那个份儿上的，给你个太师中书令，也是位高权不重。

真正掌权的，是同中书门下三品这帮临时替换，来去全由皇帝秉断的人。中国古代的官员一、二品穿紫袍。《红楼梦》里说："昨怜破袄寒，今嫌紫蟒长。"三、四、五品是红袍，六、七品官是蓝袍，也就是青袍（"江州司马青衫湿"），八、九品的官就是绿袍了。中国有一个成语，形容一家全是当大官的。就说他们家满门朱紫，除了红的就是紫的。现在所说的红得发紫，意思也大致相同。

这样的话，充当临时丞相的如果是小官，穿青衫的，给你加个同中书门下三品的衔，你只要换个颜色的官服穿就是了，从青衫变成紫红的。等什么时候皇上不待见你了，这个衔儿一摘，你还回去穿你处长的官服去，红袍的还是紫袍的给脱下来，换青的上去。

说了这么多，就是为了说明隋唐时期皇帝想出来的削弱相权的办法。它不但将相权一分为三，更关键的是后来把丞相之职演变成了临时工，成了皇上的打工仔。中国古代就是从这个时候开始，宰相由一个变成一窝，由独相发展到群相。

天下英雄尽白头

孔子提倡素质教育，现在我们也提倡素质教育，中间这上千年的应试教育是怎么来的，就是从隋唐开始的。

当时随着士族门阀的衰落和庶族地主的兴起，魏晋以来注重门第的九品中正制无法继续。再靠士族地主垄断官职，已经不行了。所以隋文帝开始想别的招儿，废九品中正，开科举士。隋炀帝始建进士科，科举制[1]形成，从隋炀帝开

---

[1] 科举制是中国古代封建统治者为选拔人才资源而设置的一种考试制度。隋炀帝时期科举制正式诞生，到明朝形成了完备的制度，共分四级：院试（即童生试）、乡试、会试和殿试。考试内容基本是儒家经义，以"四书"文句为题，规定文章格式为八股文，解释必须以朱熹《四书集注》为准。

始，整整1300年，一直到1905年，光绪三十一年，才废止科举考试。科举制虽然废止，但这一千多年的卷子已经把中国知识分子考习惯了，所以现在的学生做卷子做得脑袋大是因为隋朝的时候被摆了一道。

虽然说纸上得来终觉浅，但当时这个制度还是十分客观有效的。

唐朝贞观时，以进士、明经两科为主。武则天创武举，不光文的可以科举了，武的也可以。另外还开创了殿试，就是皇上亲自考你。明清两朝，殿试都是在紫禁城的保和殿，像康熙、雍正、乾隆这三代圣主，基本上都是皇帝自己出题、自己监考。

开元年间则是高官主持考试。电视剧《宰相刘罗锅》一演就老是和珅去主持考试，和珅相当于宰相。这样一来，科举制经过隋文帝、隋炀帝、唐太宗、武则天、唐玄宗几代皇帝，就逐渐形成了。

科举制形成的作用有这么几点：

第一，冲破世家大族垄断仕途，以前是王、谢、袁、萧这帮家伙垄断仕途。现在不行了，科举抑制门阀，扩大了官吏的来源，实际上也起到了缓和阶级矛盾的作用。因为庶族地主能够通过科举做官了，不再嫉妒高门大阀里那些一生下来就能当官的窝囊废，以后纯靠本事吃饭。

第二，提高了官员的文化素质。它把读书、考试跟做官联系了起来。原来那种目不识丁的人，再做官的可能性就不存在了。当然唐朝选拔官员实际上还是以士族子弟为主，并不以科举制为主，而且即使科举制也有身份限制，农民就不行。到了宋朝才开始英雄不问出处，谁都可以参加，挖完煤去考一考，考上了照样飞黄腾达。

另外，在唐朝科举考试不是你想考，一考就能考上的，它非常难。当时分进士、明经两科。明经科就是填空，子曰什么时习之，你填一个"学而"就完了。虽然明经好考，但是考上之后也做不了大官。

进士科就特别不好考。诗词曲赋，时务策，国家大政方针，该不该开奥运？你得写一篇论文。唐朝人讲话："五十少进士，三十老明经。"30岁考中明经属于老明经，因为那玩意儿简单，50岁考中了进士却属于年轻的进士，因为那个难。唐朝人平均寿命是29岁，要50岁考中了进士，那是什么概念？得跟人拼寿命吧。等你把别人都拼死了，你活得最长，叼着人参做完卷子考上之后，回顾起来等于是一辈子都在考试。文人一辈子全都去考试了，还有工夫琢磨怎么造反吗？读书人不琢磨造反，剩一帮被人卖了还帮人数钱的文盲，就更别反了！

唐太宗最爱干的事儿就是巡查考场。科举考试不像现在高考似的，年年都考，考进士是三年一考。唐太宗每次去看考场，一看大家兴高采烈地来了，然后垂头丧气地回去；三年后又兴高采烈来了，然后又垂头丧气地回去；三年后再来一次。眼瞅着这帮人黑头发给考成了白头发。唐太宗身心十分愉悦地说："天下英雄，入吾彀中矣！"你们都上当了，掉我的圈套里了。唐朝人写诗："太宗皇帝真长策，赚得英雄尽白头。"你让他考试，让他考不上，给他一个希望，他又考不上，这个哥们儿整天干这个，把头发都干白了。

毕竟像洪秀全这样干了几次没干上就造反的人特别少，因此有人说科举考试的一个重要作用就是牢笼志士。特别是到了后来，宋朝农民都可以参加考试的时候，阶级矛盾就进一步缓和了。农民百姓想当官的话，不用去造反去抢了，只要六经勤向窗前读，干这个就可以了。所以中国的古代传统社会，为什么顽固，为什么那么长时间不可动摇？就是因为统治阶级的力量太强大了。

18世纪欧洲启蒙运动的时候，中国的科举制被介绍到了欧洲，形成了今天欧洲的近代文官制度。再后来又传回到中国，叫国家公务员考试，实际上就是科举制。比如我是学历史的，如果我们党竞选赢了，我就能够担任国防部长。一个学历史的怎么能担任国防部长呢，你懂得业务吗？我不需要懂业务，副部长懂就行，因为副部长是考上来的。考试考得最高就考到副部级，正部就是政治家了，副部往下是官僚，它是职业的。

政治家不专业没关系，国防部长是拿大政策的，底下一帮考上来的专业参谋给拿大政策的提意见就行了。而且国防部长的主要任务是到国会要钱，要经费，不真指望着他去打仗，所以谁都可以干这个。日本的内阁更迭多快，首相一年完蛋，一完蛋部长就全换。这种大换血，国家怎么没事儿？因为副部一级稳定，换再多不专业的部长都没有关系。所以近代文官都是由科举制考上来的，因而政局特别稳固。

06. 红红火火好日子

有地，你就给我缴税

隋朝一开始沿用了北魏的租调制，规定民年五十，免役收庸。以庸代役的制度开始部分推行，但是这个有年龄限制，50岁以后才可以纳绢代役，不到50岁的话，该服徭役的你还得去。

唐朝以轻徭薄赋的思想改革赋役制度，实行租庸调制。谷物叫租，绢和布叫调，在服徭役的期限内如果想不去服役的，用纳绢或布代役叫庸。唐朝的庸不再有50岁的年龄限制，甭管多大的人，只要不想去服徭役，都可以纳绢代役。本来，在农忙季节如果大规模征发徭役，就没有人种地，会误了农时，现在不愿意去的人可以纳绢代役，留着劳动力去种地，多有好处。

租庸调有一个前提，我给你交租、交庸、交调，但是你得给我土地。你不给我地我拿什么交租子，布帛是地里种出来的嘛，得种麻才能纺麻布，种桑树才能有绢子。但是中国古代的土地是私有的，归地主所有，那么国家要给百姓分配土地，这个待分配的土地是从哪儿来的？显然不能把地主的地给没收了再去分。途径只有两个，一个是新开垦的，再一个就是大规模战乱、人口大量死亡后所形成的无主荒地。不过，随着国家承平日久，人口增加，无主的荒地几乎没有了，新开的地也够呛，能开的差不多都开完了，那要去哪里拿土地来分给百姓呢？

这时候，政府有了新的应对措施。它规定，每个成年男子20亩永业田、80亩口分田。20亩永业田可传之子孙，80亩口分田死后得归还给国家，然后国家好拿去再分配。想得是挺好的，问题是到了天宝年间，土地买卖和兼并之风盛行。

土地本是私有的，这些大地主大官僚占有大量土地之后，还兼并农民的土地，没等农民死，他这一百亩地就没了，被兼并了。这一被兼并，国家就找不着口分田再往下分了，新出生的人就没地了。没地了，我的租庸调就交不了了，农民就只能逃亡，逃亡后，政府的租庸调就收不上来，国家就没钱了。整个连锁反应就是，政府直接分配的土地减少，均田制无法推行，租庸调制也无法维持，直接影响到了国家的财政收入。

为了解决财政困难，国家就得想招儿，不能再按照租庸调这种方法来收。公元780年，唐玄宗的曾孙唐德宗接受大臣杨炎的建议，实行两税法。每户按资产交纳户税，按田亩交纳地税，一年分夏秋两次征收，两税指的就是户税跟地税。另外，还有一个意思就是一年收两回。

两税法改变了自战国以来，以人丁为主的征税标准。以资产为宗，不以丁身为本，表明朝廷对农民的人身控制有所放松。原来的租庸调制，收税标准是以人丁计算，每个成年男子授田一百亩，每年为国家交比如150斤粮食、两丈四尺绢布。有你这个人，就有国家的150斤粮和两丈四尺绢布。这意思就是，哪怕当年国家分给你的地已经被兼并了，地都没了，但是只要你人在，照样得交。那你唯一的选择只能是逃亡。

那么被兼并的地到哪里去了？到我这儿了，因为我勤劳致富。我们家八个儿子，你们家就两个丫头，所以你们干活干不过我们家，最后我们家发了财了，把你家的地兼并过来了。但我怎么交税？我还是按照我的人头走，就算我现在有四千多亩地，我还是按照两丈四尺绢布、150斤粮这么交，因为我就一个人，你也是一个人，我交的和你一样。

所以两税法以前是按人丁为主征税，而现在则按照土地财产为主，你有地的你多交，你没地的就少交，甚至不交。没有土地的商人，交总资产的1/30。这就表明国家对农民的人身控制放松了，原来租庸调制下不允许人口流动，你这一百亩地在海淀，你人跑朝阳去，我跟谁要税去，你的地在海淀，人必须在海淀，地在人在。现在无所谓了，你爱上哪儿上哪儿，因为谁占了这一百亩地，我就跟谁征税，你可以随便流动。如此一来，你在这儿没有地，可以上有荒地的地方开发，在海淀的地被兼并了，你可以去昌平、平谷，这就减轻了农民的负担，对生产发展是有利的，两税法实行的好处就在这里。

两税法一实行，国家不再管这个地在谁手里了，这也就意味着土地兼并不受限制了，麻烦也开始出现。从唐朝以后，田制不立，愿意兼并就兼并，农民没有土地就只能去租种地主的土地，一租种地主的土地，地主就把税赋转嫁到农民身上了。比如，我是一个血汗工厂的厂主，是生产圣诞树的，全世界的圣诞树都是我们生产的，我厂里的工人每个月的工资是700块，每天要劳动11个小时，每个月可以歇3天，你看我够仁慈的吧！现在国家提高了我的企业所得税，那我怎么办呢？我只能让你们每天工作12个小时，1个月歇1天，工资600块，3个月不发。实际上我为国家交所得税，为希望工程捐款（我是一个多么有爱心的企业家啊），都是你们出的这个钱。我该坐游艇坐游艇，该环游世界就环游世界。其他所有负担都是你们掏的钱，可想而知，这样一来，国家虽然减轻了农民的负担，但地主又给农民加上去了，客观上还是加重了农民的负担。

经济大繁荣

隋唐时期，国家统一强盛，交通发达，陆上、海上丝绸之路畅通，前期的统治者轻徭薄赋，劝课农桑，让国内各民族交往密切，政府对外开放。这些原因促使隋唐两代成为中国古代经济空前繁荣的时期。

农业的发展表现在：第一，江南地区的土地资源进一步开发。魏晋南北朝的时候，南方经济跟北方的差距缩小，安史之乱以后，经济重心开始南移。但是也有坏处，围湖造田和向山要田，对自然生态平衡有影响，所以中国的生态问题出现得很早。第二，农田灌溉和农具的改进。出现了新的灌溉工具筒车，另外还有用于耕作的曲辕犁。第三是农产品的商品化程度提高。比如说茶叶，魏晋南北朝的时候贵族才饮茶，到唐朝，百姓也开始饮茶了。有的电视剧里，汉朝就让老百姓一进门给你捧出茶来，甚至春秋战国就捧出茶来喝，很好玩，那会儿是没有的。那会儿应该一进门喝酒，不应该喝茶，唐朝才开始大规模饮茶。

手工业发达，具体表现在中国能造当时世界上最大的海船。有的书记载说通过波斯湾时必须换小船，这就有点儿扯了。这船主要是在洪州造，洪州是江西南昌，不靠海，在江里湖里造出来后再拖进海里，这个船能有多大？我记得，美国航空母舰都能进波斯湾，如果那时中国造的船进波斯湾就要卡住，那得多大，你以为波斯湾是北海公园哪？

唐三彩[1]为后代的彩瓷开辟了道路。唐三彩其实是冥器，给死人陪葬的，大量烧制，不计其数，所以不值钱。我如果是唐朝贵族，我生前住的庄园，我骑的马，我用的桌椅板凳，侍候我的丫头，都给烧制成唐三彩，埋到坟里去接着侍候我。所以这个玩意儿在唐朝大量使用，太多了。唐三彩不像青瓷中的秘色瓷，全国就那么几件，你得一件，子孙万代吃不穷喝不穷。秘色瓷只有到了陕西扶风县法门寺的博物馆亲眼看到，才能明白它有多美，当然现在早失传了，做不出来。原来认为唐朝根本就没有，后来从扶风县法门寺地宫挖掘出来了，才看出来是有的。

---

[1] 唐三彩是一种盛行于唐代的陶器，以黄、褐、绿为基本釉色。它吸取了中国国画、雕塑等工艺美术的特点，采用堆贴、刻画等形式的装饰图案，线条粗犷有力。唐三彩的诞生已有1300多年的历史。

唐三彩这种冥器，到了宋朝觉得它浪费，改扎纸人纸马。民国的时候，农民要刨地刨出这个来，就摔了。历史剧《孝庄皇后》里多铎戴着一只大耳环，一看就要吐。你见到过清朝王爷戴耳环的吗？你以为是歌星啊？他还说我这一路到中原来，得了不少宝贝，拿出来一看全是唐三彩。开玩笑，谁把纸人纸马摆家里，应该给你爷爷烧的，你觉得特漂亮弄家摆着，你爸不抽死你才怪。

咱们现在无神论了，无所谓，家里才摆这个。反正我们家不摆，谁给我唐三彩我坚决不要，兵马俑摆它干吗？电视剧里还让太后寝宫里挂一幅柳永的《雨霖铃》，妓院里才挂柳永的词呢！到故宫里看一眼，慈宁宫里应该挂列祖列宗的圣训，弄一个《雨霖铃》挂着，整天让太后"寒蝉凄切"，太后还守得住吗？

当然，唐三彩也有它的好处，因为它相当于唐朝的历史照片。它都是真的，照着生前的样儿做完了埋在里面，挖出来一看就知道，原来唐朝的房子是这样的，原来唐朝的人都长这样，胖乎乎的，跟壁画的作用一样。

唐朝丝织品有波斯的风格，波斯就是今天的伊朗。

中国现在特别常见的作为吉祥物的动物有两种，一种是大象，一种是狮子。衙门口立着的狮子，皇帝宝座两边是象征太平有象的大象，这两种动物全是从波斯进口的。中国最古老的动物形象，是青龙白虎朱雀玄武，东方青龙，西方白虎，南方朱雀，北方玄武。青龙白虎大家都知道，朱雀就是三足乌[1]，玄武就是一条蛇缠在龟上，也叫龙龟。最早中国出现的动物形象是这四种，没有狮子和大象。后来有一段时间倒是有，那是在"文革"以前，之后知识青年上山下乡插队，把大象都插缅甸去了；原来中国境内也有东北虎，现在都跑俄罗

---

[1] 三足乌又名三足金乌，中国古代神话中的神鸟，也称金乌、阳乌，或称三足。据传古代人看见太阳黑子，认为是会飞的黑色的鸟——乌鸦，又因为不同于自然中的乌鸦，加一脚以辨别，又因与太阳有关，为金色，故为三足金乌。三足乌是神话传说中驾驭日车的神鸟。

神鸟三足乌

斯去了。

银行现雏形

隋的钱币，铸的仍然是五铢钱。秦朝的钱叫半两①，汉朝叫五铢②，一直沿用到隋。学历史有一个特别重要的途径是以诗证史，因为古诗里面有大量的咏史诗。

刘禹锡的《蜀先主庙》中说："天地英雄气，千秋尚凛然。势分三足鼎，业复五铢钱。得相能开国，生儿不象贤。凄凉蜀故伎，来舞魏宫前。"光复汉室天下（当然是偏安一隅），归功于诸葛亮，刘禅阿斗是一个笨蛋，所以造成蜀国的灭亡。其中他说的那个"业复五铢钱"，就是汉朝的钱。

唐高祖时流通的开元通宝钱，到现在几毛钱就能买一个，以后历代的货币都以它为范式。开元通宝的"开元"意思可能是国家刚刚建立，开辟新纪元，它不是年号，否则的话开元通宝就成了唐玄宗的钱了。以年号铸钱是从北宋开始的，北宋以前有唐一代，铸的钱都叫开元通宝。

唐朝城市里有固定的交易场所，叫市。市中有邸店和柜坊，设有官员管理。

邸店，兼营旅店货栈、交易场所。电视剧《大马帮》里，他们到哪儿都能住的就是邸店。这个地方还可以存他带来的货——烟叶子，在现场进行交易。

柜坊是我国最早的银行雏形，比欧洲早几百年。银行的出现证明了商品经济发达，货币需求量大。金属货币过于沉重，携带不便，才有了银行。

---

① 秦及汉初铜币名。秦始皇统一六国后，废止战国时各国形制轻重不同的货币，实行币制统一，改币制为二等：黄金为上币，以镒为单位，供巨额支付，如供帝王赏赐、贵族间馈赠等用；圆形方孔的铜币为下币，承统一前秦的币制，文曰"半两"（重十二铢），供日常交易用，禁民私铸。

② 中国古代货币，鉴于币制混乱和铸币失控后引起的吴楚叛乱等严重后果，汉武帝在统治期间先后进行了六次币制改革，才使汉初以来一直未能解决的货币问题得到比较彻底的解决。

电视剧《碧血剑》里面，一个小姑娘背着两千两黄金，从岸上嗖一下就跳到河里的一只小船上，那是不合理的。第一，她背得动吗？古时是十六两一斤（所以有半斤八两之说），那么两千两就是一百多斤，一百多斤背着还跳那么远，开玩笑，奥运会要是在那时候办，金牌就没有悬念了。她武功高强我不怀疑，即使她背得动，但她背了一百多斤的钱从岸上嗖一下跳到河里的船上，那船就跟被大口径榴弹炮命中了一样，不沉有鬼啊！明显违反物理定律。

另外，电视剧里还有很多从袖子里摸出一锭银子的人，说这是50两银子。第一，50两的大元宝只可能是官府的官银，百姓一般不带这样给的，他没有渠道，弄不到。再者，50两银子是三斤多，你搁什么袖子里，走路不打晃都会抽到自己的大腿，没走几步就把袖子扯坏了，除非袖子是用防弹背心材料做的。当时真正掏得出来的银子应该全是碎银子，十两以上就要给银票了，哪儿见过给那么大锭真银子的。《鹿鼎记》里韦小宝动不动就拿几千两银票来送给敌人，用来解围。要是他身上的几十万两银票都换成银子，他得身体倍儿棒。如果这五六千斤他能扛得动，天地会总舵主就改他当了。

所以那时候大笔买卖全是用银票，银票的意思就是我把钱存在一个地方，那地方给我开个证明，跟存款单似的，我拿这个证明到下一个地方把它取出来。发展到北宋，就出现了纸币，我也甭去取它了，我直接给你纸币就完了。随着经济发展，到现在纸币的需求量太大了，携带不便，动辄成千上万，而且容易弄脏弄破，传染细菌，于是开始刷卡。中国还没有大量普及，有些小店买东西的时候先得问能不能刷卡，要在美国的话，买东西之前得先问人家你收现金吗？因为他们一般都用信用卡和旅行支票，很少有地方收现金的，所以欧元、美元，尤其日元，取出来都是崭新的，这就证明它很少流通。中国人民币的纸币太旧，就是流通量太大了，净是拿胶水粘的、胶带粘着的、缺一个角的。

要做生意规矩多

现在你做买卖，想干到几点就干到几点，24小时没人管，那会儿不行。官府不允许，有限定，一些繁华的大城市里才有夜市，农村只有草市。

还有一个特点是胡商遍布。那会儿中国是很开放的，没人抵制这货那货，没人抵制外商，外商来华的特别多，胡商就是外商，也有西域少数民族的，主要是阿拉伯人、波斯人。

隋唐两朝长安、洛阳是全国最大的政治、经济、文化中心，也是商业大都会。长安城内有坊有市，坊市分开。坊是住宅区，相当于我们的居民小区，有围墙，有门；市是商业区，做买卖只能在市里。

市有东市、西市，你只能在这两个地方做买卖，这跟今天的情况一比，又证明了当时的商品经济不够发达。今天如果北京就两个地方能做买卖，一个西单、一个东单，你们家如果在怀柔，想吃饺子买壶醋，打车去西单吧！打车钱都够你吃牛排了。

难道古时候的人吃饺子不吃醋吗？他也吃，自己酿的。那会儿什么都可以自己做，比如像我小时候，家里自己擀面条，自己做包子，自己蒸馒头，自己做花卷，这些玩意儿现在在超市都能买着。这就说明今天的商品经济比我小时候发达，更别说比隋唐时候了。那时候的市场是一击鼓，大家就开始来做买卖，一打锣，就得散。一般太阳一下山就开始打锣，然后就开始打静街鼓，静街鼓800响，鼓声一响，赶紧往家跑。鼓声一停，你还在大街上，鞭子抽。冬天太阳走得早，四点多钟就下山了，那四点多你就回家闷着去吧！古代都是这样，一到晚上就静街了，怕你聚众谋反，不在家的、上街的人都得有腰牌，比如官员才可以上街。在唐朝，晚上上街也没事儿干，因为所有商店都关门了。

长江流域的商业都市，以扬州、成都为两个中心。扬一益二，扬州第一，益州第二，益州就是指成都。

在唐朝，扬州就跟咱们今天的香港地位相似。所以你看唐朝人写唐诗写到扬州的地方太多了，比比皆是。李白的"故人西辞黄鹤楼，烟花三月下扬州"，另外还有"天下三分明月夜，二分无赖是扬州"、"人生只合扬州

繁华看扬州

老"、"宁求死看扬州月，不愿生归驾九龙"。什么都是扬州的最好，月亮也是扬州的圆。那个地方经济之所以如此发达开放，是因为它不像长安、洛阳，有条条框框那么多限制。

07. 条条大路通大唐

收编东突厥

唐朝的疆域三面都靠着水域，东到大海，西到咸海，南到南海，东北到外兴安岭、库页岛，极盛的时候是1600万平方公里，可惜只维持了三年。咸海虽叫海，实际上是一个湖，在今天的哈萨克斯坦和乌兹别克斯坦之间；外兴安岭，今天叫斯塔诺夫山脉，在俄罗斯境内；库页岛今天叫萨哈林岛，也在俄罗斯境内。隋唐时期，中央王朝的统治者，尤其是唐朝前期的统治者，比如唐太宗，比较重视民族关系，实行了开明的民族政策，交通的发达也使得中原边疆往来密切。北方有突厥和回纥，西南有吐蕃、南诏先后建立政权，他们开发了祖国的边疆。

突厥兴起于阿尔泰山，它可能是匈奴的后裔或者别种。阿尔泰山是今天蒙古国跟新疆交界的地方，它又叫金山，产黄金，所以蒙古人一夸你，就说你纯洁得跟阿尔泰山的金子似的。现在估计也没了，都是沙土了。6世纪中期，生活在阿尔泰山的人建立了突厥汗国。到隋朝初年，分为东突厥、西突厥，其中东突厥特别强大。

贞观初期，唐太宗大败东突厥。唐朝名将李靖以三千铁骑，大破突厥于阴山。颉利可汗正喝酒呢，李靖神兵天降，俘虏颉利可汗，东突厥灭亡。

东突厥降众有好几十万人，这要怎么处理？魏征上奏皇帝，突厥狼种，这帮人是狼的后代，因为他们的国旗就是一个大狼头，不可以仁义教，不可以刑法威。这帮人软硬不吃，所以建议杀尽其酋首，分散其子民于大江南北。另一个大臣给唐太宗建议，把他们移到内地来，好监视他们，弄到山东。就像唐朝灭了高句丽，灭了百济，都把人迁到中原内地来了一样。

但是要把他们移到内地来，就产生了一个问题，他们的故地怎么办？把突厥人从阴山移过来，阴山那地方怎么办？派汉族人去驻守，谁都不愿意。如果放弃不要，被别的游牧民族占领的话，如何保证占领该地的游牧民族一定跟唐朝是友好的？所以又有大臣给他出主意，"全其部落，顺其土俗，以实空虚之地，使为中国捍蔽"。这叫兴灭继绝。眼看这个国家已经快灭亡要绝种了，你兴灭继绝是最积德的，在中国古代是最高尚的事儿。唐太宗采纳了他的建议，突厥的可汗、贵族还都是在长安居住，但让当地人任都督，管辖当地自己的部落。我打败了你，我还让你当官，我还让你管辖，就跟诸葛亮七擒孟获一样，以夷制夷。

唐太宗不改变原有部落组织风俗，设都督府管辖，所以这些人对朝廷感恩戴德，尊唐太宗为天可汗。可汗是北方各族对君长的尊称。唐太宗自己讲："自古皆贵中华，贱夷狄，朕独爱之如一，故其种落皆依朕如父母。"我对他们一视同仁，他们才把我当做父母。

李唐王朝大有胡人气，皇帝都有鲜卑语的名字，其实唐太宗本就是鲜卑人和汉人的混血。唐太宗说过这么一段话："汉武穷兵三十余年，疲弊中国，所就无几，岂如今日绥之以德，使穷发之地尽为编户乎？"汉武穷兵三十余年，长城万里尽烽烟，结果也没拿到什么好处，还不如像我一样，以德服人，把落后的少数民族地区收编，全都作为国家的编户，入了版图，我比汉武帝还厉害吧！其实唐太宗这话有点儿大了，你不是先把他打败了才收编的吗？如果不把他打败了，不先以武服人，后面哪儿能那么容易以德服人？没有武力光有德，谁理你呢，那帮人都是缺德人，不打服了不行。先以力，后以德，才能将他们彻底征服。

东突厥处罗部的可汗阿史那杜尔，为叔父所迫，率部投奔唐太宗，配以南阳公主，授大将军，历侍太宗、高宗两朝，一生战功卓著，堪与李靖等名将比肩。他横扫西域，杀得那些突厥同族哭天喊地；灭大小国24个，为唐朝安西、北庭两大都护府的创立者。太宗每天晚上让阿史那杜尔佩刀执槊站在寝宫门口，给自己站岗，他不在那儿站岗，唐太宗睡不着。阿史那杜尔拿着长矛，挎着刀戈站着，如果他心中想起国仇家恨，进去一下子，唐太宗就完了。皇上躺在那儿，一会儿一听，呼噜声响起来了，不是考验你呢！真睡着了。对他这么信任，阿史那杜尔对皇上能不感恩戴德吗？所以，阿史那杜尔为唐朝出生入死，死后陪葬昭陵，也跟皇上埋在一块儿了。

唐王朝，开阔、宏博、多彩，各个民族、各个国家的人，都有在唐朝当官的。突厥人、契丹人、回纥人、朝鲜人、日本人、伊朗人、阿拉伯人，都能在唐朝当官。所以唐太宗一去世，北方各族君长如丧父母。戳瞎自个儿眼的，拿刀割自个儿脸的，脑袋上点香的，自杀殉葬的什么样的都有，无法形容自己心中有多悲痛。由此可见，唐太宗处理民族关系非常开明。

打败西突厥

东突厥灭了以后，还有西突厥，当时在新疆地区，控制着天山以南各国，影响丝绸之路的畅通。唐太宗先征服高昌，置安西都护府。到公元657年，唐高宗派苏定方等征讨西域。苏定方是个猛人，之前曾经和李靖一起灭了东突厥，现在又俘获贺鲁，灭了西突厥。

那个时候朝廷对西域特别重视，因为丝绸之路是中国对外交往的唯一通道。东南都是海，北边是蒙古大沙漠、大戈壁，你翻过去干吗？西南青藏高原你翻得过去吗？陆上只能从西域那疙瘩走。

朝廷在西边设立的管辖机构一般叫都护府，这个就是维护丝绸之路的，用汉族官员担任都护。东边设立的管辖机构一般叫都督府，任用当地民族的人担任都督，实际上是一种怀柔羁縻之策。武则天时置北庭都护府，与安西都护府分治天山南北。

都护府是有品级的，朝廷正式命官。"胡天八月即飞雪……将军角弓不得控，都护铁衣冷难着。""大漠孤烟直，长河落日圆。萧关逢侯骑，都护在燕然。"都写都护，表示那个地方受都护府管辖。北庭都护府，顾名思义，肯定是管天山北边了。安西都护府管南边，主要是今天的新疆地区。安西都护府下辖四镇：疏勒、龟兹、于阗、碎叶。李白就出生在碎叶镇，今吉尔吉斯斯坦托克马克。所以要按出生地定国籍，李白是吉尔吉斯斯坦公民，三岁才回到中原内地。但是吉尔吉斯斯坦好像没人知道李白，也不以这个为骄傲，不然可以申请一下，说李白是他们国家杰出的公民。

突厥人被打败了之后，就往西迁了，其中的一支迁到了今天的安纳托利亚高原，皈依了伊斯兰教。在首领奥斯曼率领下建立了国家，就是奥斯曼突厥帝国，又叫奥斯曼土耳其帝国。土耳其和突厥发音很相似，其实是一回事，"土耳其"是英语发音，"突厥"是突厥语发音，就跟"China"和"中国"是一个国家似的。

土耳其建国，地跨欧亚非，纵横三大洲，盛极一时，但从17、18世纪开始走下坡路。它跟中国一样，比中国衰落得还早，苟延残喘了那么多年，属于西亚病夫。

到了20世纪初，青年土耳其党进行改革的时候，为了重振土耳其的国威，一部分人就提出来，历史上突厥民族曾经统治过从日本海到黑海的庞大领土，使整个日本海到黑海都使用亚洲北部民族的语言，都属于突厥语系。所以他们就认为，凡是讲突厥语的地方，全都应该统一建立成一个国家，等于整个亚洲北边都应该归他们管，这种思想被称为泛突厥主义，属于极端民族主义。后来跟泛伊斯兰主义、极端宗教势力相结合，形成了今天的东突问题。为什么现在这帮民族分裂分子主张建立什么东土耳其斯坦，这个东土耳其斯坦从哪儿来的？就是极端民族主义跟极端宗教主义相结合的产物。

实际上我们知道，维吾尔人是回鹘人的后代，他们并不是突厥人的后代。回鹘语虽然属于突厥语系，但属于突厥语系的语言多了。汉语还属于汉藏语系呢，但是汉语跟藏语有相同的地方吗？

回纥人很聪明

唐朝时期，蒙古高原的民族先是突厥，然后就是回纥，后来改为回鹘。回纥原居色楞格河一带，色楞格河在今天的蒙古国境内。唐太宗的时候，设立瀚海都督府[①]，册封回纥首领为瀚海都督府的都督。瀚海一般指沙漠，"瀚海阑干百丈冰，愁云惨淡万里凝"。

8世纪中期，骨力裴罗统一回纥各部，唐玄宗册封他为怀仁可汗。怀仁这个词明显是汉语，表示回纥可汗是受唐朝的册命。安史之乱时，回纥还助唐平叛过。当然回纥助唐平叛是有条件的，不是白帮你，破贼之日，土地城郭归大唐，金帛子女归回纥。就是说收回来的这些地归你，里面的人和东西我全拿走。回纥连人口都拿走的话，唐朝收回来的都是一座座空城，那有什么用？这就是安史之乱导致唐朝由盛转衰的原因。

唐肃宗时期，开始同回纥的可汗和亲。肃宗是玄宗的儿子，玄宗安史之乱奔蜀地的时候，肃宗于灵武登基，遥尊玄宗为太上皇。唐玄宗的晚年是很凄凉的，因为肃宗怕他复辟，一直看着他。

回纥比较聪明，总结了从匈奴到突厥灭亡的教训，得出一个结论，就是不能与中原王朝为敌，因为中原王朝国力强盛。就是说，除非少数民族武力强大到一战就能把中原王朝给灭掉，如果灭不了，只要中原王朝缓过劲来，他就可以弄死你，因为他经济强大。打仗就是打的经济，北方游牧民族是畜牧经济。

[①] 瀚海都督府，唐朝管理回纥诸族的都督府。公元646年，唐朝联合回纥等，击灭薛延陀。唐太宗于回纥地设六府七州，瀚海都督府由燕然都护府管理，治所在回纥本部（今蒙古国哈尔和林）。公元686年被后突厥攻击，移治漠南。回纥汗国建立后，瀚海都督府废除。

大雪灾一来，你的草全被盖住了，牲畜没得吃，全冻死了；人住的帐篷是靠畜皮搭的，衣服是兽皮做的，喝的奶也好，吃的肉也好，都是靠畜牧。如此说来，一场雪灾或者一阵龙卷风，就能要一个政权的命，就能造成政权灭亡。

所以，他们虽然武装力量强大，但是经济基础太薄弱，离不开中原王朝的支持。回纥就聪明在绝不与中原王朝为敌，唐朝和回纥的关系，大概是历朝历代中原王朝跟北方民族关系最好的，双方在边境都不设防，不以对方为假想敌。回纥一百多年，一共传了十二位可汗，这十二位可汗里面，有十位娶的是唐朝公主，等于回纥的可汗都有汉族的血统。

史书记载"是时，可汗上书恭甚"，回纥可汗给唐朝皇帝上书，非常恭敬。合骨咄禄可汗说"昔为兄弟，今婿，半子也"，原来咱俩是哥们儿，现在我成你女婿了，所以我是半个儿子，对你很恭敬。"陛下若患西戎，子请以兵除之。"你要是觉得吐蕃讨厌，儿子替你打去！

公元8世纪的时候，回纥改为回鹘。

9世纪，回鹘遭到了外族的进攻，又遇到了严重的天灾，所以回鹘汗国瓦解，部分西迁新疆的回鹘人就是维吾尔族的祖先，西迁甘肃的就是裕固族的祖先。

7世纪中期，生活在中国东北地区的是靺鞨人分为黑水、粟末两部，黑水在北，粟末在南。

粟末族在松花江、黑龙江流域，以渔牧为生。其实粟末靺鞨就是今天满族的祖先。

粟末政权始建于公元698年，由大祚荣建立。玄宗封大祚荣为渤海郡王，忽汗州都督。这样一来，粟末靺鞨就变成了渤海政权。今天韩国跟咱们争，说渤海是他们的政权，我们就说是我们东北少数民族建立的，其实应该是两个民族共有的历史。因为当时跨地而居，到底属于哪儿没法评说。渤海国一直存在了将近300年，到公元925年，被辽所灭。但是渤海人一直还有，皇族姓大。当年岳飞抗金，金朝有一员名将叫大托卜嘉，就是渤海人。

南诏的崛起是在7世纪前期，它后来发展成了两个现代民族：彝族和白族。南诏的"诏"是当地语"王"的意思。当时一共有六诏，其中蒙舍诏比较强大，首领皮逻阁在唐玄宗的支持下，统一了六诏，建立了南诏政权。玄宗封皮逻阁为云南王。皮逻阁请封时，唐玄宗念其地悠远，彩云之南，所以封他为云南王，云南这个省的得名，就是因为这次册封。南诏政权极盛的时候，领土不仅包括今天的云南、贵州，可能还包括今天的老挝、柬埔寨、泰国一部分。有学者认为，今天的泰国王室也是南诏的后裔。

两大公主去和亲

吐蕃，就是今天的西藏。

中华虽有56个民族，但不可否认他们的发展程度是不一样的，有些少数民族的发展程度比较落后。1949年时，有的还处在原始氏族阶段。56个民族里面文明程度最高的是汉族，剩下和汉族文明有一拼的，其实就应该是藏族。汉文的书籍有多少，数不清吧？跟天上星星一样多，浩如烟海。藏文书也差不多，当然这是说古籍，藏文古籍非常古老，一直传到今天。藏族的神话传说当中，人是神猴和罗刹女结合生下来的，这个传说是最符合达尔文进化论的。

而这个文明程度很高的藏族，祖先就是吐蕃。吐蕃的王叫赞普，松赞干布就是吐蕃赞普。他统一青藏高原，定都逻些，就是拉萨，拉萨作为西藏的政治中心，到现在都没变过。他仿效唐朝官制，还创制吐蕃文字，吐蕃文字是在梵文字母的基础上创制出来的。唐太宗把文成公主嫁给松赞干布，文成公主入吐蕃，代表了唐朝，吐蕃和亲。金城公主[①]也嫁给了吐蕃赞普，但不是跟文成公主一块儿过去的。金城公主是唐中宗的时候过去的，嫁的是吐蕃的尺带珠丹赞普。

---

① 金城公主（约698—740），唐朝和亲公主之一，生父为嗣雍王李守礼，养父为中宗皇帝，步曾祖姑文成公主之后尘，出嫁吐蕃尺带珠丹赞普（松赞干布玄孙）。

公元9世纪初，唐穆宗在位时，吐蕃与唐会盟，史称长庆会盟。"患难相恤，暴掠不作。"暴掠不作，证明这事儿以前没少做。唐朝、吐蕃打了那么多年的仗，吐蕃四次攻入长安，安西四镇全部沦陷，都被吐蕃给占了。吐蕃帝国极盛的时候，疆域非常辽阔。当时的大食帝国，也就是阿拉伯帝国，在向东扩张的时候遭到了制止，正是由于吐蕃帝国的存在。骁勇善战的吐蕃人挡住了阿拉伯人，避免了中国的伊斯兰化。

身在异乡老想家

隋唐时期，对外交通发达。

陆路从长安出发，可达朝鲜。当然陆路要是往东也只能到朝鲜，再往东就掉海里了。向西经丝绸之路，可达印度、伊朗、阿拉伯及欧洲、非洲的许多国家。海路，从登州、扬州出发，可达韩国、日本。登州就是山东蓬莱，韩国人跟咱们套瓷儿的时候，就说中韩两国隔着浅浅的一道海，天气晴朗的时候，我们能够听到山东半岛的鸡叫声，也不知道什么鸡，叫那么大声。然后从广州出发，经海上丝绸之路，可达波斯湾。海上丝绸之路，在汉朝的时候只能到印度最南端，到唐朝就可以抵达波斯湾了。

唐政府鼓励外商来中国贸易，允许他们在中国居住、任官、通婚。唐朝前期强大的时候，平均每个皇帝在位时做官的外国人多达三千，波斯人官拜宰相；高丽人官拜大将军，当然高丽人我们认为是自己的民族，不过韩国人认为高丽人是韩国人，那就算韩国人吧！高丽人高仙芝是安西节度使，相当于兰州军区司令。

最有名的是一个日本人，阿倍仲麻吕。他19岁来华，唐玄宗非常喜欢他，给他起汉名叫晁衡，在中国官居秘书监监正。用我们今天的话讲，就是国家图书馆和国家档案馆馆长，从三品。这个位置太重要了，你想国家档案归他管，这都是国家绝密和机密。晁衡在中国30多年，娶妻生子，他儿子可能二三十岁才知道父亲是日本人。原来我爹是日本人，日本在哪儿？你给我讲讲日本吧！

晁衡觉得自己年事已高，就向唐玄宗辞行，想回日本。唐玄宗不放，晁卿归国朕不舍得，不让他走。那年中秋节，皇上在兴庆宫大宴文武，群臣赋诗，轮到晁衡的时候，他作诗云："翘首望长天，神驰奈良边。三笠山顶上，想又皎月圆。"我人在长安，心在奈良，我家乡的那座山，顶上的月亮也升起来了，月亮圆的时候人也团圆。玄宗见他既然这么想家，那就回去吧。他这才跟着遣唐使的船回国。

晁衡跟李白、王维都是哥们儿，他走的时候，李白、王维都给送别，依依不舍。王维赋诗《送秘书晁监还日本国》："积水不可极，安知沧海东。九州何处远，万里若乘空。向国惟看日，归帆但信风。鳌身映天黑，鱼眼射波红。乡树扶桑外，主人孤岛中。别离方异域，音信若为通。"晁衡一出海就遇到风暴，传回消息说晁大人遇难，李白都快哭死过去了，挥泪作《哭晁卿衡》："日本晁卿辞帝都，征帆一片绕蓬壶。明月不归沉碧海，白云愁色满苍梧。"后来传来消息没死，给刮到越南去了。那会儿的船是帆船，风一刮，又没指南针，就只好跟着感觉走，登陆之后一看是越南。晁衡说明身份，安南都护一看，原来你是秘书监晁大人，赶紧给送到长安去了，结果绕一圈又回来了。晁衡后来终老长安，客死在中国，终生没能回到日本国。因为你再出海，刮到印尼去就完了，越南当时好歹是中国领土，属于安南都护府管，你要是刮印尼去，当时那边不是中国地儿，麻烦了，再让土人吃了你。

晁衡是中日交流的典范，日本有很多这样到中国来做了官的留学生。

韩国曾经是这样

唐朝朝鲜半岛的主要国家叫新罗。隋朝时朝鲜半岛上还是三个国家：高句丽、新罗和百济。其中高句丽是最大的，今天中国东北都有它的领土，而新罗和百济就是在今天的韩国，半岛的南部。三国鼎立。

隋朝的时候，炀帝三征高句丽无功而返。唐太宗征高句丽也是无功而返，他赫赫武功，征高句丽的下场和隋炀帝相同。可能主要原因就是那个地方太冷，交通不便。唐高宗时，一开始打高句丽也多次失败，曾派唐朝的名将苏定方带领猛将契苾何力多次征讨。以苏定方之能耐，虽然把高句丽军打败了无数次，但最终都因为天寒路远，功亏一篑。于是唐高宗改变了外交策略，远交近攻，联络新罗去攻高句丽和百济。

唐高宗的"娘"兼老婆武则天掌权时，派薛仁贵和李勣最后一次往伐，当时李勣已经73岁高龄了，挂帅出征，终于把高句丽给灭了。灭掉高句丽之后，高句丽的王族勋臣就迁入中原，搁在山东，最终融入汉民族。后来朝鲜历史上又出现一个高丽王朝，那个高丽王朝是当地朝鲜人建立的王朝，跟高句丽完全不是一回事，只不过打着高丽的旗号而已。

唐朝还跟新罗联手灭了百济，唐罗联军一共是19万，其中唐军15万，新罗军4万，所以主要是唐军灭的百济。今天韩国人供奉的民族英雄，一个是李舜臣[1]，那是抗日的，确实值得供奉；还有一个叫阶伯[2]，韩国有很多他的画像、铜像，相当于韩国的文天祥，他就是百济的大将。当唐罗联军19万进攻百济的时候，百济王都投降了，就阶伯率五千勇士抵抗，最后全军覆没，战死沙场。

新罗是在唐王朝的帮助下完成的统一，所以新罗跟唐朝的关系在边界确定后非常友好。新罗王朝的领土，不是今天全部的朝鲜半岛，当时唐朝和新罗的

---

[1] 李舜臣（公元1545—1598），朝鲜海军将领，抗日民族英雄。字汝谐，号德水，能骑善射，32岁武举登科，从此开始军旅生涯。1592年，朝鲜壬辰卫国战争爆发后，日军20多万大军进犯朝鲜并迅速攻陷王京、开城、平壤等地，占领了大半个朝鲜半岛。他指挥朝鲜水师奋起抗击，屡挫日本海军，牢牢地控制着制海权，迟滞了日本陆军的进攻速度。1598年12月在露梁海战中，与陈璘等指挥联合舰队大败敌船队，但在追击逃敌时中弹牺牲。

[2] 阶伯，公元7世纪前叶至中叶时百济将领。公元660年，唐、新罗联军进攻百济，百济国家危在旦夕。阶伯组织了5000名士兵保卫百济国。为了激励士兵的勇气，他宣称宁死不做敌人的俘虏。随后杀死妻子家属，以免他们被俘受辱。最初阶伯打胜了四场小规模战斗，但后来新罗将领金庾信攻打百济首都泗沘城，他被迫前来阻击。两军交战于黄山（今忠清南道论山市），阶伯因寡不敌众，英勇战死，所属5000余人也全部阵亡。

边界并不在鸭绿江，而是在大同江。今天的平壤以北，在当时还是中国的土地。中国皇上一过生日，新罗的女王都给皇上绣衣服，还写赞诗，很恭顺。唐朝的留学生中以新罗的最多，最有名的是崔致远[1]，在扬州当过地方官。关于留学生问题，好像今天也差不多，你看哪个学校一说招外国留学生，基本都是新罗的。在韩国高考，压力比咱们中国更重，所以那帮人哪儿也考不上，只好跑中国混，混好了混一个北大。咱们中国的大学也不值钱，像哈佛、牛津、剑桥、麻省理工，这样的学校会因为你是外国人、你有钱就能让你上吗？北大无所谓，等于是贱卖了，韩国人给钱就来吧！于是出现了现在的状况，新罗的留学生最多，哪儿都有。

新罗立国，参用了唐朝制度，设立国学，教授儒学。要是在古代朝鲜，1910年被日本帝国主义吞并以前，如果不认识汉字，想做官是没戏的，扒拉土疙瘩去吧！直到朝鲜王朝第四代世宗大王的时候，颁布"训民正音"，才有了朝鲜文字，所以韩国人特别崇拜世宗大王。但是他颁布"训民正音"的时候，很多大臣反对，说吐蕃、党项、契丹、女真、蒙古之类的夷狄才自创文字，我们文武制度都跟中国一样，我们是中国人，中国人不应该另外自创一套文字。

新罗还从唐朝引入茶种、印刷术、制瓷、制铜工艺。今天到韩国旅游，它的特产就是铜筷子、铜碗、青瓷。高丽青瓷非常有名，实际上中国的瓷器最早就是青瓷、白瓷，后来才出现了彩瓷、粉彩。韩国可能一直还停留在青瓷这个水平，现在看起来显得很古拙，很古旧，实际上是因为后面的制作技法没学

---

[1] 崔致远，字孤云，新罗末期人，是韩国历史上第一位留下了个人文集的大学者、诗人。他在中国一共待了16年，前面七八年在长安、洛阳求学，后半期则先后在溧水、淮南为官。28岁回新罗，在新罗王朝继续担任要职。一生文学创作不断，曾将自己的作品汇编入《桂苑笔耕集》。由于在文学上的极高成就，被韩国后世尊为"百世之师"。

过。另外，读汉诗、写汉诗也是他们的一大习惯。朝鲜人写诗的水平确实相当高，日本人也能写，但日本人写的没有韩国人纯正；越南人也能写，那基本上就是打油诗了。1910年，朝鲜被日本帝国主义吞并，很多志士流亡中国。其中有一位叫金泽荣[①]，他在江苏南通居住的时候，留下了一首非常有名的诗。他在晚上睡觉时看到天上飞过大雁，一琢磨就写下了这首诗："一声南雁搅愁眠，独上高楼月满天。十二何时非故国，三千余里又今年。"一年十二个月，一天十二个时辰，我都在思念着故国。朝鲜号称三千里江山，又过了一年，还没能光复。"弟兄白发依依里，父祖青山历历边。待到槿花花发日，鸭江春水理归船。"槿花就是木槿花，韩国的国花，等木槿花开放的时候，从鸭绿江回国，就是说我的国家虽亡，但是光复祖国的志向不息。

另外，在姓氏、服装、节令、风俗等方面，新罗也有浓重的中华文化色彩。

仿效，我就仿效

汉朝时日本就和中国有友好往来。后来在日本的本州岛西南部，兴起了一个强大的政权，叫邪马台国。这是汉文书籍翻译的，邪马台实际上就是大和，因为大和日语是YAMATO，我们就把它音译成了邪马台。当时大和的统治者都是女王，半巫、半人、半神的那种，终生不能结婚，靠神神鬼鬼来统治。邪马台国的卑弥呼女王在魏明帝在位的时候，曾遣使到中国，魏明帝非常高兴，册封卑弥呼为亲魏倭王，安东都督府都督。所以，以后甭管中原的政权怎么更迭，日本都向中国称臣。中国魏晋宋齐梁陈六代，皇帝都册封日本的统治者为

[①] 金泽荣（公元1850—1927），朝鲜李氏王朝开城人，他的直系先祖在高丽高宗时任兵部尚书。日韩合并后，他不愿为日本殖民统治效力，1905年后流亡中国，投奔张謇，与严复、郑孝胥有过交往。他在南通著述期间，为保留韩国文脉作出巨大贡献，诗歌成就尤高。1927年客死南通，韩国已出版《金泽荣全集》。

倭王、安东都督府都督、安东将军这样的官衔。

到了7世纪初，就是隋朝的时候，日本的圣德太子进行改革。圣德太子这个人在日本的地位就相当于中国的周公，制礼作乐。他仿效中国的制度进行改革，国名由YAMATO改成了NIPPON（日语音），写成汉字就是日本；并把统治者由大王改成天皇，然后把前面几代的鬼神王都追封为天皇，实际上那会儿都是倭王。圣德太子办的这件事儿要报告给中国，于是遣使到隋朝，那个使臣叫小野妹子，但是个男的。这个妹子来华之后，给隋炀帝递上了国书。隋炀帝打开国书一看，写的是"日出处天子致书日没处天子无恙"，一下子就火了，你原来是臣子，现在敢自称天子，而且你日出处，我日落处，你不咒我吗？隋炀帝非常不高兴，但面子上还过得去，后来就跟官员说，小邦无礼，以后别让他来了，日本人我看着烦。

又过了几年，圣德太子再次遣使来华。这次隋炀帝打开国书一看火更大了，因为国书上写的是"东天皇敬白西皇帝"，中国皇帝称天子，你称天皇，那你不成我爹了吗？所以隋炀帝就派了一个姓裴的侍郎，到日本去骂他们。姓裴的绕道朝鲜去日本，一看波涛汹涌吓得没敢去，于是把诏书递给朝鲜人，劳驾你们替我去骂小日本吧，自己回朝复命。那时候不像今天，说中日两国一衣带水，就隔着那么浅浅的一个海，当年那浅浅的海是难以逾越的天堑，你想那小破帆船，一百多吨，可能几十吨，去横渡大海简直是长征。必须有岛屿停靠，让小船可以一站一站地停，船漏了好补，人也好休息。要是没有，风对着帆一顿猛吹，一停发现到了西伯利亚，也可能是印度尼西亚。基于这个缘故，隋朝两次遣使日本都无果而终。

从贞观年间，日本派出遣唐使，一共是准备了十九次，成行的是十六次，有三次可能是没凑够钱。成行的十六次中，成功到达中国的是十三次，没到达的那三次估计就是吹跑了，去了西伯利亚、印度尼西亚，船散人喂鱼，这都有可能。

日本的大化改新是由留学唐朝的人回国策划的。公元646年，孝德天皇开始大化改新，日本就是从这一年开始有的年号，以前日本天皇没有年号。从大化改新到1868年明治天皇的明治维新，中间这1200多年，日本历史上称为唐化时期。日本一直把中国叫做唐国、唐土，后来日本看不起中国的重要原因，就是他们认为，中国只有在唐朝的时候才可以称中国，唐朝以后中国就不配称中国了。他们认为他们才是中国，因为他们把唐朝的典章文物继承得很好。尤其对于中国宋、明两朝被少数民族灭掉，汉、唐受蛮夷所制这些历史，日本是非常看不起的，所以他们才敢出兵打中国。既然蒙古人可以入主中原，女真人可以入主中原，我们日本人也可以。比如，从甲午战争日本发表的文告来看，都是以中华正统自居，号召反清复明。包括孙中山在日本设立大本营，也是反清复明的感觉，表示日本是中华道统之所在。后来入主中原好几次没成功，他们就恼羞成怒，开始篡改教科书。

中国在唐朝之后跟日本官方的往来就断绝了，私人往来比如商人之间是一直有的。到明朝永乐皇帝的时候，官方往来才恢复。当时日本足利幕府将军，就是《聪明的一休》里面的足利义满将军，派使臣到中国来。明朝皇帝问使臣日本国的风土人情，使臣写了一首诗回答明朝的皇帝——《答大明皇帝问日本风俗》："国比中原国，人如上古人。衣冠唐制度，礼乐汉君臣。银瓮焙新酒，金刀脍锦鳞。年年三二月，桃李一般春。"衣冠唐制度，礼乐汉君臣，礼制风俗完全跟中国是一样的，而且年年三二月，桃李一般春，开花的季节也跟中国一样。所以有良心的日本人讲，中国是日本2600年文化的母亲，且不说日本的文化有没有2600年，中国是母亲、日本是儿子没错。

朝鲜人也是这么认为的，明朝抗倭援朝，帮助朝鲜夺回江山。朝鲜的宣祖大王激动得不得了："中国父母也，我国与日本同是外国也，如子也。以言其父母之于子，则我国孝子也，日本贼子也。"他说，我们和日本都是你们的儿子，但不一样，我们国家是好孩子，日本是贼孩子。

日本大化改新中的制度，以唐制为蓝本，唐朝设立三省六部，日本设立二官八省一台。直到今天，日本的部级单位仍然叫省：防卫省、财务省、文部省，等等。日本都城则完全仿造长安，日本的平安京（京都）就是袖珍的长安城。学校教授儒学，这都跟中国一样。中国的铜钱在日本可以直接当钱花，日本战国时代有一位名将，他的家徽（日本的每个武将都有一个家徽）就是六枚永乐通宝。日本很少发行自己的钱，都是用中国的钱。

对中日交往作出突出贡献的人物是日本的吉备真备和中国的高僧鉴真。吉备真备和日本留学僧空海创立了日本文字：平假名和片假名。日本原来没有文字，没有文字怎么办？用汉字表音，写出来的书虽然每个字咱们都认得，可连一块儿就不知道什么意思了。汉字是单音节，我，发音是WO，一个字一个音，日语是Wataxi（音瓦塔西）。"我是个日本人"这句话写出来就是一大串"瓦塔西××××××"。单纯汉字表音行不通，那怎么办？他的办法是用汉字的偏旁部首，创立了平假名和片假名。日本人很有自知之明，他的字叫假名，而汉字叫真名，一个小学毕业的日本人，也能够掌握一千多个汉字，而且主要还是正体字，不像咱们这种简化字。中国人到了日本大街上，基本上不会有文字障碍。路标上几乎都有繁体字，感觉就像在香港，因为香港和东京都只有语言障碍（这两个地方说的话你全都不懂），但是绝对没有文字障碍。

大和尚东渡

中国高僧鉴真，这个人太了不起了！

我有一年去扬州比赛，当地的教育部门请我们在饭店吃饭，进去看见一条横幅，把我乐坏了！"纪念鉴真大师东渡日本及豆腐传入日本1250周年"，要不说学历史有用，学数理化跟人聊天用不上。吃饭的时候，不会聊人的咬合力和鳄鱼的咬合力有什么区别，为什么鳄鱼生吞河马、人却吃豆腐，谈那个没劲。应该谈历史，豆腐是谁传入日本的？鉴真大师。有学问！

鉴真大师是大菩萨转世，与佛有缘，三岁出家，属于律宗的高僧。中国佛教分为十宗，律宗是持戒律最严的一派，律宗高僧都是过午不食，一天两顿饭，近代著名的高僧弘一大师也是律宗。

鉴真大师55岁那年，日本两位高僧——普照和荣睿，来到中国求法。日本佛教戒律不完备，僧人不能按照律仪受戒。普照和荣睿来到中国，想请鉴真大师东渡扶桑，传播佛法，鉴真大师毅然答应。当时他已经55岁高龄了，今天55岁不算什么，40岁到70岁算中年，70岁以上才算老年。当时是人活七十古来稀，55岁就不得了了。弟子们都劝鉴真大师不要冒这个险，鉴真大师为了弘扬佛法，毅然六次东渡。唐朝的法律是不允许国民出国的，出国都是偷渡，所以鉴真大师六次都算偷渡，头四次都没能成行，不是被弟子告密就是船漏了回来。第五次一出海刮大风，风一停，海南岛。

荣睿去世之后，鉴真大师在双目失明的情况下第六次东渡扶桑，成功！在日本的博多湾登陆，日本天皇动用了好几十万人来迎接鉴真大师。鉴真大师一路就是踩着鲜花进入日本的，一直到了日本国都，他的脚都没有沾到泥土。鉴真大师到了之后，日本天皇封他为大僧都，亲自登坛受戒，皇后也登坛受戒，一起做了鉴真的弟子。天皇还亲自给他撰写碑文，这个碑文一直保存到今天，叫《唐大和尚东征传》，和尚是尊称，大和尚更是尊称，并非是个出家人就叫和尚，就跟大学里不是是个老师就叫教授一样。和尚、喇嘛都是尊称，高僧才能叫和尚，一般人刚出家叫沙弥，还不能算和尚。鉴真是大和尚，天皇写大和尚"戒行高洁，白头不改，远涉苍波，归我圣朝"，出生入死来到日本国，难能可贵。

鉴真到日本不光是传播佛法，还把中华的先进文化传播到了日本（包括豆腐怎么做）。这些都对日本的贡献相当大。日本人说原来的日本文化就是一锅豆浆，中国文化就像卤水，点进去后才能变成豆腐。日本文化基本上可以看做中华文化的一个分支。

三藏佛法高又深

以佛教为纽带，中国和天竺（印度）的交往也增强了。贞观时，天竺遣使来朝，中国的十进位记数法传到了天竺。其中，高僧玄奘和义净[①]的作用非常大。

玄奘就是唐僧唐三藏，孙悟空的老师。玄奘大师也是两岁出家，精通佛法。在诵经的过程中，他觉得佛经有些地方不对，翻译得不准确，所以他就想去西天取经，学习真正的佛经。为了传播正版，他在20多岁的时候偷渡出国，19年游历印度，在印度的那烂陀寺跟106岁的高僧戒贤法师学习。戒贤法师本来要圆寂了，阿弥陀佛给他托梦，说从中土大唐要来一位高僧，跟你学法，你得等他来了把这个法教给他后，你再圆寂。所以他就等等等，等了三年终于把唐三藏盼来了。

三藏指的是什么？就是佛经的三个组成部分：经、律、论。

经就是释迦牟尼生前讲的法。佛经浩如烟海，基督教就一部《圣经》，伊斯兰教就一部《古兰经》。但是佛跟不同的人讲不同的法，跟天人怎么讲，跟凡人怎么讲，跟阿修罗怎么讲，各有说法。

律是他给僧团指定的戒律，其中最高级的是具足戒。和尚有三百多条戒律，尼姑更多。

论是后来高僧大德对经的阐释，唐三藏主要就是学《瑜伽师地论》，是弥勒菩萨在兜率天宫讲的法。精通50部，所以才被称为三藏。佛经穷尽一生都很难精通一部，精通50部的人太了不起了！

印度各国的国王看唐三藏这么神，就劝他别回去了，你的学问太大了，就留在这儿吧！他说我必须弘扬正版的佛法，所以要回到东土大唐。于是他满载

[①] 义净（635—713），中国唐代僧人，旅行家，中国佛教四大译经家之一。他曾从海路到印度求取佛法，带回佛经400余部。义净是继法显、玄奘之后最有贡献的代表人物。

玄奘求真经

600多部佛经回到中国、这时候，皇上也不追究他偷渡了，专门给他盖了大慈恩寺，建起了大雁塔，让他译经。佛经其实是一种文化的传承，今天的汉语，两次大规模引进外来语，其中一次就是佛经。比如说，心心相印、大千世界、一刹那、一弹指、醍醐灌顶、天花乱坠，全是佛经里的。

顺便说一下，另一次语言引进就是20世纪初的日语。那时候我们也大规模地把日语引进汉语中，我们今天说的话，比如军事、经济、文化、政治，这些词基本上全是日语。什么积极、消极、干部这些词还是日语，现在说的物理、化学、生物这些词也全是日语。它和佛经的引进属于两次大规模的语言引进。所以愤青应该不说这种词，愤青抵制日货不够，应该抵制日语，他们应该说古汉语才对。

翻译这些佛经，穷唐三藏一人之力是翻译不完的，所以他得收徒弟。他收徒弟不是孙悟空、猪八戒什么的，他们只会打架。很多僧人想拜三藏为师，但佛家最讲缘分，一看咱俩没缘，我就不收你。皇帝都有点儿着急了，意思就是你再不收徒弟，回头你歪过去，这事儿怎么算？但也不能催他，你看你收谁合适？三藏大师就去找徒弟，他时常漫步长安街头，慧眼炯炯。一天，他在闹市中看见一位魁梧少年，眉清目秀，安详而行。蓦然间若觉似曾相见，前缘有识。又回想起在印度计划回程时，曾在尼犍子占得一卦，说他东归必得哲嗣，便连忙打听这少年家世。后来打听出来了，原来是当朝开国公尉迟宗的公子。玄奘感叹道："如此灵慧的孩子生在将门，不可思议！也是有缘，我的衣钵可以传下去了！"即刻前往国公府拜访。

尉迟宗得知法师来意，虽然不忍骨肉分离，但想到一代高僧如此器重，也颇为得意。那时代，佛教不仅是清庙净僧的空寂之事，还是一种普遍的信仰、鲜活的事业。所以虽贵为国公，一见大法师器重儿子，自然大为高兴，便答应了玄奘的要求。只不过三藏法师看上的那哥们儿死活不肯出家，都气晕了，你说我堂堂将门之后能出家吗？但是父命难违，这哥们儿最终还是出家了，出家时、带着一车酒、一车肉、一车美女进的大慈恩寺，人称三车和尚。三车和尚后来成为一代高僧，就是窥基大师。

三藏大师圆寂之后，他的遗体火化，形成了舍利子。今天有人说这个舍利子是结石，扯！你烧一个！有结石的人多了，你烧完了有这个吗？黑的是发舍利，白的是骨舍利，红的是肉舍利，谁的肉烧完了能结石？玄奘圆寂于长安玉华宫，葬于白鹿原，后迁至樊川。墓地毁于黄巢之乱，灵骨迁至终南山紫阁寺，公元988年被僧人可政带到南京天禧寺供奉。

1942年，日本侵略军在原大报恩寺三藏殿遗址处，挖掘出一个石函，石函上刻有文字，详细记载了玄奘灵骨辗转来宁迁葬的经过。由于玄奘灵骨名声显著，各地都想迎请供奉，致使玄奘灵骨一分再分。

1943年12月28日，玄奘顶骨舍利在"分送典礼"后被分成三份，分别保藏于南京汪伪政府、北京和日本。

此后，汪伪政府把掌握的这部分又分别供奉在鸡鸣山下的伪政府中央文物保管委员会和小九华山（今南京玄奘寺的所在地）。而文物保管委员会保管的这部分，在1973年后被迎至灵谷寺佛牙塔中供奉。

北京迎请的那部分被分为四份：一份供奉在天津大悲院，1957年被转赠给印度总理尼赫鲁，安放在印度那烂陀寺的玄奘纪念堂中；一份供奉在北海观音殿，"文化大革命"时被毁；第三份则被供奉到成都文殊院；最后一份被供奉到广州六榕寺，亦在"文革"中被毁。

被日本请回的那份，先是安奉在东京增芝上寺，后被移至慈恩寺。1955年，从这份舍利中分出一份，被迎请到台北日月潭玄奘寺供奉。而后，日本的那份又被分出一份，迎请到日本奈良的三藏院供奉。第八份玄奘舍利供奉在台湾新竹玄奘大学，1998年迎请至南京灵谷寺。2003年，西安大慈恩寺又从南京灵谷寺迎请了一份玄奘大师灵骨舍利，安奉在新建的玄奘三藏院大遍觉堂中。

目前，玄奘舍利在南京玄奘寺、南京灵谷寺等全世界九个地方被供奉。相对而言，南京九华山的那份舍利，自1943年封存后，就一直留在三藏塔下，没有动过，最为完整。如今，南京在九华山原青园寺、法轮寺遗址，重建了玄奘寺，玄奘大师的灵骨舍利成为该寺镇寺之宝。

四面套交情

隋朝时，中国和波斯互遣使节。

到了唐朝，波斯被大食侵扰，国王和王子来中国求援。大食就是阿拉伯，波斯请求中国出兵，帮着他们打大食。当时唐玄宗在位，觉得这个事儿没法干，就没派兵去，波斯就被大食所灭。波斯要是不亡，其实是挡住阿拉伯人入侵的最佳屏障。

波斯人信奉拜火教，就是明教，所以金庸先生的《倚天屠龙记》里关于明教那部分就是虚构了。因为公元7世纪波斯就被阿拉伯给灭了，已经伊斯兰化了，不可能明朝的时候还有拜火教。后来波斯的国王贝鲁斯和波斯王子就留在长安定居，今天，他们的后代还在中国。

唐高宗时，大食开始与中国通使。

当时阿拉伯帝国向东扩张，唐王朝为保卫自己的属国不受蹂躏，出兵抵抗。两国在怛罗斯开战，这是中国古代史上很少有的对外战争。怛罗斯在今天的哈萨克斯坦，当时唐军四万，大食军七万，唐军统帅就是安西节度使高仙芝，大食军统帅叫优素福。唐军里面汉族士兵只有一万多，剩下的都是西域各附属国军队。虽然大食军队里也有附属国军队，但不幸的是，开战时唐军是迎风列阵，大食军是背风列阵，一打起来，唐军迎面被风吹，睁不开眼，渐渐不支。唐军一不支，属国军队就叛变了，跟着大食军一块儿打唐军。高仙芝只好率几十名骑兵退守安西。他退守安西后又招募了一支军队，准备跟大食再战。但是"安史之乱"爆发，朝廷调安西精兵去平叛，所以这事儿就不了了之了。很多唐军士兵在怛罗斯之战中被俘，被俘的唐军士兵里面有很多工匠，中国的造纸术就传入了大食。

另外，唐朝和拜占庭帝国（东罗马）有使节往来。东罗马的皇帝、贵族都特别喜欢唐朝的丝绸，同时把一些医术和杂技传到了中国。

唐朝和非洲也有来往。不仅史籍上有记载，更关键的是考古证据。唐墓里的唐三彩，出土的小黑脸、小卷毛，就是非洲人。唐朝的时候，很多富裕的家庭大量使用黑奴劳动，黑奴在当时被称为昆仑奴，因为咱们中国人认为昆仑是最西面的，从那儿来的就该叫昆仑奴。所以唐朝传奇小说里，有很多描写昆仑奴的。

08. 先进文化的代表

书生亦豪杰

隋唐时期，中华文化辉煌灿烂，光照四邻。原因在于国家统一强盛，经济繁荣，其次是因为唐朝统治者开明兼容的文化政策。还有，国内各民族的交往也为中华文化增添了刚劲豪爽、热烈活泼的多民族色彩。

李唐王朝大有胡气，所以李唐王朝的特点是成为中国历史上开阔、宏博、多彩的王朝。当时的社会风气是非常开放的，有的公主下嫁，生活了一段时间，回去跟她爸说，这个驸马不好，给我换一个，那就换一个。寡妇再嫁、女子离婚这些事儿很普遍，妇女裹小脚这种规矩从宋朝才开始。唐朝的时候女的出门都骑马，当时最流行的体育活动是打马球，女的也都能参加。女的如果要打马球，能裹小脚吗？裹小脚连道儿都走不了。

唐朝的书生也不是文弱书生，书生文弱都是宋朝以后的事儿了。由边塞诗人所说的"将军角弓不得控，都护铁衣冷难着"可见，他也是穿上了都护铁衣，才能写出这些句子，相当于随军记者。要是没有两下子，当不了边塞诗人。那时候没有汽车，没有防弹背心，一个文弱书生到战场上去，你不作死吗？所以这帮书生都挺了不起的。

李白是诗仙、酒仙、剑仙。他十年学剑才得来剑仙之名，这家伙一个人云游天下，不怕劫道的。你劫他一个试试？你看李白诗里面有很多"愿将腰下剑，直为斩楼兰"之类的句子。而且那会儿唐朝人的风尚是"宁为百夫长，胜作一书生"，书生都特别想建功立业。像他们这种文人的秉性脾气，跟当时多民族色彩和文化政策有关。

科技发展的春天

那时候的科技，第一个要说的就是雕版印刷术和火药。

我国是世界上最早发明印刷术和火药的国家。隋朝时，雕版印刷术的出现和中国古代的两种传统文化有关，一个是篆刻，再一个就是拓片。

篆刻就是用篆书刻成的印章。最早的时候，中国人用刀在龟甲上刻字，后来发展到在竹子、铜片、玉石上面刻。

所谓拓片，就是先把文字刻在石头上，做成石碑。然后在石碑上刷一层墨，拿纸往上一贴，揭下来后就等于把碑文都复印了，这张纸就叫拓片。就是这两样传统文化促成了雕版印刷的出现。

当然，那个雕版印刷在我们今天看起来是很麻烦的，因为书有多少页，就要制多少块版，刻错一个字就废了。要是你觉得有新的构思了，要改稿子，就得重刻。即使是这样，雕版印刷也比手抄要强多了，所以它是一项很了不起的发明。

和印刷一样重要的发明是火药。

火药一开始其实是炼丹家发明的，想成仙的道士们在那儿炼丹，练着练着炉子炸了，所有的道士一下都成仙了。一次两次，他们就总结经验，怎么老成仙呢？最终明白了，硫黄、硝石、木炭千万别搁一块儿炼，一块儿炼就爆炸。这样就发明了火药，这个与X射线和青霉素的发明道理差不多：意外。火药发展到唐末的时候，开始用于军事。

第二，天文历法。唐朝的高僧一行制定了《大衍历》，一行是密宗的高僧。中国古代佛经被翻译成汉语，主要靠四大译经家，除了唐三藏之外，剩下仨全是外国人：鸠摩罗什、金刚智和善无畏。一行和尚就是金刚智的弟子，他制订了《大衍历》。他的另一个成就是世界上第一个用科学方法测量地球子午线长度的人。子午线就是经线，他测量这个是为了编历法，编历法是为了指导农业生产。前面我说过，任何研究都要坚持做下去，大和尚如果坚持研究经纬线，说不定就能发现地球是圆的了，那么哥白尼和麦哲伦就歇菜了。中国古代的很多科技就因为没有深入研究，最后都为人做嫁衣，成了别人的研究经验。

第三，医学进步。孙思邈著的《千金方》，全称叫《肘后备急千金方》，意思就是肘子后面备用的紧急千金药方。古人什么东西都往袖子里装，他们不怕袖子一抖把东西都抖出去吗？其实他们后面系着一个口袋，有东西都是装在口袋里的。

所以肘后备急，就是把《千金方》装在这个口袋里，跟那个手机、钱包、IC卡、公交卡搁一块儿。把《千金方》和那些重要东西搁一块儿是为了救急。中暑了，赶紧翻，吃什么，按照方子说的赶紧买去。别买错了，中暑买黄连素那不管用。孙思邈活了101岁，人称神仙。他从北周一直活到武则天时代，所以魏征写南北朝和隋朝的历史时，就把他叫去问，老孙，当时怎么回事儿？老孙就开始说，犹如亲睹。他都经历过这事儿，可不犹如亲睹嘛。唐朝人平均寿命29岁，他101岁，所以唐朝人都说他是神仙。这也证明了人家的招儿管用，你把《千金方》天天带肘子后面，照他这个做，也能活到101岁。

除此之外，吐蕃的元丹贡布著的《四部医典》也有一定的贡献。这是藏医，今天的好多藏药都叫元丹贡布牌，元丹贡布就是著《四部医典》的吐蕃医学祖宗。还有，唐高宗时，朝廷20多个人一起编的《唐本草》，是世界上最早的由国家颁行的药典。

唐诗甲天下

唐朝是古典诗歌的黄金时代。

文学上把唐诗分初、盛、中、晚四个时期。诗坛四大天王王勃、杨炯、卢照邻、骆宾王，被誉为"初唐四杰"。山水田园诗人有孟浩然和王维，王维的名句"明月松间照，清泉石上流"开创了诗中有画、画中有诗的境界。"行到水穷处，坐看云起时"特别有禅意。王维外号"诗佛"，字摩诘，他取的字出处是一个大菩萨：维摩诘菩萨。

边塞诗人有高适、岑参、王昌龄，多描写边疆战场幽怨苍凉，将士勇武豪气，以及战争给人带来的苦难，文学成就很高，比现在口号似的军歌歌词写得好太多了。

盛唐出现了"诗仙"李白、"诗圣"杜甫这两个传奇人物。俗话说，韩柳文、迁光史、苏辛词、李杜诗是中国文学的象征。作为一个读书人，如果要学习写文章，就看韩愈和柳宗元，学完走遍天下都不怕了；如果学历史，就学司马迁的《史记》或司马光的《资治通鉴》，学完你可以去当政客；如果学宋词，就跟苏东坡和辛弃疾学，学好了可以干掉方文山和林夕；如果学写古诗，一定是学李白和杜甫。

李白和杜甫的创作水平是不一样的，李白是浪漫主义诗人，杜甫是现实主义诗人，因为他们所处的时代不一样。李白的黄金创作期是国家最强盛的时候，到处莺歌燕舞，他写他看到的东西，大部分就是花、酒、剑、歌、月，洒脱无极限。杜甫最有名的那些诗，创作的时间就惨了，"安史之乱"八年，一年没差全赶上了，所以特别忧国忧民。他说"剑外忽传收蓟北，初闻涕泪满衣裳"。收蓟北关你啥事儿，他心系国家，看到这个仗终于打完了，高兴到哭。李白一写诗就特别浪漫，"飞流直下三千尺"，高兴！杜甫一写就"卷我屋上三重茅"，郁闷！总的说来，李白的诗虽然也发过牢骚，但基本上都是写自己高兴的，这小子没什么发愁的事儿；而杜甫就是动不动伤感到掉眼泪，见到老同学了，也掉眼泪，见到花瓣落了，也哭。这就好像现在的人喝酒喝醉了，有文醉武醉，李白是一醉就乐，乐了就掀桌子；杜甫一醉就愁，愁了就哭。

但是，这两个人厉害的地方并不是个人情绪，而是那种气度。并不是任何掀桌子和掉眼泪的诗人都能写出这些诗来。李白"天子呼来不上船"的俊逸洒脱，杜甫"会当凌绝顶，一览众山小"的胸怀抱负，一般人哪儿及得上！

中唐代表作是白居易的讽喻诗，讽喻诗要损人，你要损人的话，最起码得让他能听得懂。你损了半天他都不懂，你有什么劲儿？我刚在中学教书的时候，特别搞笑。一帮孩子特淘气，我骂他们寡廉鲜耻，孩子们一个个睁着眼睛看我，什么意思老师？我说臭不要脸，这下才明白了！老师不能骂脏字，好不容易找个文词儿来表达心情吧，他们还听不懂，搞得我特郁闷。而白居易的诗用的都是劳动人民的语言，但语言虽俗，意境不俗。

白居易去给李白扫墓，六句诗："采石江边李白坟，绕田无限草连云。"第一句能当导游图使；"可怜荒垄穷泉骨，曾有惊天动地文。但是诗人多薄命，就中沦落不过君。"就这六句，谁敢说我写李白比白居易写得好，你看着都是大白话，把要点都说出来了：别看这破地儿，破坟，埋这么一个伟人。所以，白居易的诗意境很高，在日本、韩国广为流传（因为太复杂，他们学不会）。

晚唐杜牧、李商隐的咏史诗很出彩。我个人认为，杜牧和李商隐把律诗发展到了极致，尤其是李商隐。"沧海月明珠有泪，蓝田日暖玉生烟。此情可待成追忆，只是当时已惘然。"这些句子的情感很细腻复杂，没人能说清楚。别相信书上的注解，都是胡说八道。他感叹自己一生的境遇，不是感叹找对象没找着，小李子都是借事儿来说自己的事儿。

唐朝知识分子，感叹自己做不上官，写了一首诗："蓬门未识绮罗香，拟托良媒益自伤。"就是说一个穷女孩嫁不出去。"谁爱风流高格调，共怜时世俭梳妆。敢将十指夸针巧，不把双眉斗画长。"你把眉毛画长了没用，没有人娶你，你只能给人缝衣服。"苦恨年年压金线，为他人作嫁衣裳。"每年辛辛苦苦做的漂亮衣服，都是给别的新娘子穿。表面上看起来是写服装行业的，其实就是写他自己，因为他做不上官。古人写诗没有直说"我当不了官很痛苦"的，都是托物言志。比如说，那姑娘做衣服很痛苦，所以我很痛苦；那哥们儿电脑又蓝屏了，所以我很痛苦，都是这样表达象征意义的。李商隐也一样。

李商隐的咏史诗写得非常好，他写杨贵妃跟唐明皇："海外徒闻更九州，他生未卜此生休。空闻虎旅传宵柝，无复鸡人报晓筹。此日六军同驻马，当时七夕笑牵牛。如何四纪为天子，不及卢家有莫愁。"你唐玄宗做了四十年皇帝，国破家亡连媳妇都保不住，你算什么玩意儿啊！"如何四纪为天子，不及卢家有莫愁。"他不是损这个皇帝，但是意境在那儿摆着。所以，诗歌写得好不好，就看意境。

这个历史
挺靠谱

第五章

长江后浪推前浪

（五代，辽、宋、夏、金、元）

01. 什么都缺，就不缺皇帝

以前吃大米，现在吃大葱

宋元时期是我国历史上第三个民族融合的高峰期。

先秦是第一个民族融合的高峰，第二个是在魏晋南北朝，匈奴、鲜卑、羯、氐、羌，五胡乱华的时候，把五胡都给胡进来了。

第三个就是在宋元时代。中华民族五千年来一脉相承，其他国家很多古老民族都灭亡了，为什么我们中国这些民族发展到今天能够薪火相传、子孙不绝？一个重要的原因就是中华民族是不断融合的产物。我们的民族比较庞杂，比较杂就意味着相互学习的机会和各自文化交换的概率比较高，这样整个中华民族的人就都比较聪明，遗传基因越来越优秀。

中国最大的民族汉族，本身就是一个不断经历民族融合的产物，先吸取少数民族更合理的知识和优点，然后再用自己的文化把他们同化。就像南方人来我们小区住仨月，我学习你优秀的地方，学完了之后顺便给你同化了，你以前吃的是米饭，我把你弄得和我一样吃面条烧饼，吃香菜大葱和包子。中国经过前面两次大规模的民族融合，现在迎来了第三次香菜大葱同化法。

53年蹦出14个皇帝

公元907年，李唐王朝被他的藩镇宣武节度使朱温所灭。朱温灭唐之后，建立了梁。17年后，梁被后唐代替。后唐之后是后晋、后汉、后周。黄河流域53年的时间换了5个朝代。梁、唐、晋、汉、周这五个朝代最长的是后梁，17年；最短的是后汉，只有4年，还换了俩皇帝。

后人写诗说："朱李石刘郭、梁唐晋汉周，都来十四帝，播乱五十秋。"53年14个皇帝，那你想这些皇帝大多数都是怎么死的？都是非正常死亡，被人做掉的。如果是盛世王朝，汉武帝在位就长达54年，比五个朝代加起来还多1年；康熙爷是61年，乾隆爷要算上太上皇是63年；辽朝还有好几个皇帝在位四五十年的，西夏也有。一朝的一位太平天子就堪比五朝，可见这五朝有多乱。

为什么这么乱？就是因为五代每一个开国皇帝都是前朝的大将、藩镇。手握重兵，打仗的货全在手里，干吗不抢位子？成德军节度使安重荣公开讲："天子宁有种耶？兵强马壮者为之尔。"这不是说当皇帝的没种，而是说，当皇帝的难道天生就是当皇帝的吗？还不是谁胳膊粗、谁拳头大，谁就当老大呗。这样一来，国家不像个国家，倒像个帮派，谁能打谁当头儿，当然更替得就很快了。

禁军大将成了皇帝佬

公元960年，后周禁军大将赵匡胤在今天的河南陈桥兵变，建立了宋朝，年号建隆，都东京。这个东京不在日本，而是指开封。宋朝有四个首都：西京洛阳、东京开封、南京应天（商丘）、另一个是北京大名。

赵匡胤就是宋太祖。

赵匡胤建立宋朝的时候，中国还在五代十国这种分裂局面下。北宋建立之后，宋太祖削平了南方。宋太祖也是因为做了禁军大将，手握重兵，才能篡权换代，削平南方。

削平南方之后，公元979年，宋太宗消灭北汉，结束了五代十国。

太祖皇帝驾崩之后，皇位采取兄终弟及，由他的弟弟赵匡义（后改为光义）即位，就是宋太宗。北宋经过太祖、太宗两代皇帝，才算把五代十国的分裂局面结束，但是并没有完成中国的统一。

与北宋并存的政权有北边的辽、西边的西夏、云南的大理，另外还有回纥和吐蕃。

这些政权里边，地盘最大的实际上是契丹人建立的辽。今天俄语里边"中国"这两个字，就是发契丹的音，KIDAYI，念不好就听成是"你大爷"。北宋连传统中原王朝疆域的主体部分都没有占全。

02. 开国元勋纷纷辞职

赵普的"治国策"

宋太祖陈桥兵变之前是后周禁军的最高统帅，他篡权的时候那叫一个水到渠成。

当时正好后周世宗柴荣驾崩，柴荣英年早逝，儿子恭帝柴宗训即位，年仅七岁。赵匡胤是欺负人家孤儿寡妇，篡夺政权的时候几乎兵不血刃，没有遇到什么障碍。当然，他篡权之后得保证自己的政权长久。自己是造反派，当然怕造反的人，所以他就问宰相赵普，之前的政权为什么不能长久。

赵匡胤本人是高干子弟，他爸爸和他爷爷都是军区司令一级的干部，曾祖也是知州、知县，就是地委书记或者县长之类的干部，他是军区大院里长大的孩子。

赵匡胤从小就不好好念书，整天打架，打到进公安局。公安局一看这是军区赵司令的儿子，不敢管，把他放了出来。他又是一个比较豪爽的人，精通武艺，今天中华武术里还有太祖长拳、六十四路盘龙棍，这都是当年赵匡胤发明的。

赵匡胤认定了一个谋臣叫赵普，这老哥天资聪颖，是一个典型的无师自通型知识分子。怎么个无师自通？赵普这哥们儿不看书，据说一共就看过半本《论语》，所以人们才常说半部《论语》治天下嘛。物尽其用的话，天才看半本就够了。一天，赵匡胤跟赵普聊天，问："自唐季以来，帝王凡易八姓……甚放何也？"为什么自从唐朝末年以来，帝王换了八个姓。"吾欲息天下之兵，为国家计长久，其道何如？"你给我出个主意，咱们怎么才能将国家政权维持得久一点？赵普一听非常高兴，马上跪下回答："陛下言及此，天地人神之福也。此非它故，方镇太重，君弱臣强而已。"老大，你说这话是天下所有人的福气，前面的政权更替那么快，其实没别的原因，就是藩镇权力太大的缘故。他们比皇帝的权力还重，故而助长政权更替。"今欲治之，惟削夺其权，制其钱粮，收其精兵，则天下自安矣。"你现在要想治他们，就是夺他们的权，控制他们的钱粮，收他们的兵，天下就肯定没事儿了。宋太祖听到这儿非常高兴："卿勿复言，朕已喻矣。"你不用再说了，我听明白了。所以他就开始这么做，从三个方面入手治这帮人：权、兵、钱。一个藩镇没权、没兵、没钱，能干个甚？谁还听你的，这不就完了吗？问题解决了。

我当皇帝是被你们逼的

宋太祖决定改变唐以来藩镇割据的局面。

唐前期实行府兵制，府兵制的意思就是，没有职业军人。唐朝以前中国的兵都哪儿来的？就是农民，平时种地，到打仗的时候你就上，不用为了打仗成天在那儿练兵。府兵制的基层组织叫折冲府①，一个折冲府是1800人，由一名折冲都尉管辖。如果有战事爆发，朝廷临时选将率领折冲府的部队去打仗，打完仗之后兵散于府，将归于朝。比如这次打突厥，皇帝调山东的折冲府，由左卫大将军指挥。下次可能打回纥，还是左卫大将军指

---

① 折冲府是唐代府兵制基层组织的名称，其所属的兵士通称卫士。每府置折冲都尉一人，左右果毅都尉各一人，别将、长史、兵曹参军各一人，这是府一级的组织。府以下，300人为团，团有校尉及旅帅；50人为队，有队正、副；10人为火，有火长。

挥，但可能调的是陇西的折冲府了。这样的话，兵不识将，将不识兵，相互有了短暂的感情也能转瞬分开，就不会造成叛乱。

折冲府的士兵是职业农民、业余士兵，平时种地，打完就散，兵和将之间没有长期的磨合，大将都不知道派给自己的军队有没有战斗力，这样的军队战斗力肯定不强。所以到唐朝中期就开始搞募兵，将领自己招募军队，招募职业军人。职业军人一存在，战斗力是上去了，问题就是谁招的兵他就听命于谁，容易对中央构成威胁。

安史之乱其实就是这么一回事。安禄山身兼范阳、河东、平卢三镇节度使，管辖今天的河北、山西、辽宁三省，麾下精兵十五万，中央军才十二万，典型的君弱臣强，所以他一下就能掀起长达八年的叛乱。后来唐朝灭亡，就是亡在藩镇的手里。宋太祖一明白这个事儿，还能好吗？马上开始动手，从权、钱、兵这三个方面把叛乱的可能性降到了最低。

首先是要集中军权，要解除禁军将领们的兵权，这就是中国历史上著名的"杯酒释兵权"。跟太祖皇帝一块儿打天下那帮人都是他哥们儿，什么政治处主任的儿子、参谋长的儿子、后勤部长的儿子，这么一帮人，原来都是军区大院的。公元961年7月，一天晚朝结束，赵匡胤将石守信、高怀德、王审琦等禁军将领留下来喝酒。喝到正开心的时候，赵匡胤一看喝得都差不多了，就让左右伺候的人退去，然后语重心长地对他们说："我若不是靠你们出力，是做不了皇帝宝座的，为此我从内心念及你们的功德。但做皇帝也很难，还不如以前做节度使快乐，我整个夜晚都不敢安枕而卧啊！"

石守信等人很惊讶，心想皇帝都让你做了，你还睡不好觉？于是赶紧问原因，宋太祖心想就等着你们问为什么呢，于是继续说："这不明摆的事嘛，我这个皇帝位谁不想要呢？"石守信等人听了，都吓了一跳，知道这话中有话，连忙叩头说："陛下何出此言，现在天命已定，谁还敢有异心呢？"宋太祖说："因为当初你们贪图富贵把这皇袍披我身上，让我当皇帝。你们想做开国元勋，才把我逼到这份上。你们虽然没有异心，但是你们的部下呢？如果有人想要富贵，也把黄袍加在你们身上，你们即使不想当皇帝，到时也身不由己了。"你说这话多不讲理，我当皇帝是被逼的……

一席话，软中带硬，这些将领知道自己受到了皇帝的猜疑，弄不好还会引来杀身之祸，一时都惊恐得哭了起来，恳请宋太祖给他们指一条明路。

宋朝的皇帝宅心仁厚，贵族出身的皇帝对大臣一般都不错。穷棒子出身的皇帝全不行，像刘邦、朱元璋，洪秀全就更甭说了，要搁明朝这些人就全被干掉了。

赵匡胤长叹一声，继续说道："人生很短暂，就像白驹过隙。你们不如多攒点儿钱，到地方上多置良田美宅，为子孙立些不动产。同时多买些歌儿舞女，日夜饮酒相欢，以终天年。朕同你们再结为姻亲，君臣之间，两无猜疑，上下相安，这样不是很好吗？"

石守信等人一听这话，稍稍喘了口气，原来不是要我们的命啊！不但不会"飞鸟尽，良弓藏，狡兔死，走狗烹"，还能有钱、有房、有地，颐养天年，于是赶紧磕头谢恩，说："陛下能这样为我们着想，真是给我们了一条生路啊！"

结果第二天，石守信等曾经去喝酒的人都声称自己生病了，我不能骑马了，脚有问题，骨裂了，或者前列腺出毛病了，纷纷要求解除兵权。宋太祖一看，心里这个高兴啊，瞧我的臣子多听话，让交兵权就交兵权，赶紧答应了他们的请求。于是，下了一道旨意：石守信等人各为大镇节度使，去掉军职。这帮大将悠闲在家，全得善终。

虽然他们到外地做节度使，但节度使的实权也被剥夺了。岳飞也是身兼三镇节度使，十二道金牌一调，还不是乖乖地回来？回来就被干掉。所以宋朝的节度使只是一个虚衔，没有任何实权。

杯酒释兵权

03. 翻着花样儿巩固政权

收其精兵再分权

宋太祖"收其精兵"的第一步是把军区大院一块儿长大的哥们儿都办了；第二步呢，就是把禁军统领权一分为三，对皇帝直接负责；第三步是设立枢密院；第四步，实行更戍法；第五步，地方精壮编入禁军，强干弱枝。

枢密院的设立是为了和禁军统领互相牵制，调兵的不指挥军队，指挥军队的不调兵。禁军是什么？大家都认为这个禁军就是禁卫军，其实不是。北宋军队由四个兵种构成：禁军、厢军、乡兵、藩兵。禁军就是正规军，相当于中国人民解放军。禁军在中央和边境；地方上的兵被称做厢军，相当于各地的武警部队；乡兵，相当于民兵预备役。藩兵一般就是在边境上招募的少数民族士兵。

正规军的禁军统帅叫殿前都点检，相当于总司令。赵匡胤之所以能够篡权，就是因为他之前做的是这个殿前都点检，正规军总司令造反，那不是易如反掌？而且那时候他妹夫高怀德①是副点检，他们俩就能轻易把这江山给篡了。

赵匡胤深知禁军统领的厉害，所以他做了皇帝后首先就把这个职务给废了，变成了三衙：殿前司、侍卫亲军马军司、侍卫亲军步军司。这就是把禁军统领权一分为三的过程，总司令由一个变成了仨。他们仨都对皇帝负责，但是

---

① 高怀德（926—982），北宋初年著名将领，字藏用，五代时常山真定（今河北正定）人。宋太祖妹夫，以拥戴有功，宋初为殿前副都点检，曾参与平定李筠、李重进之乱，后与石守信等秉太祖意图自请解除兵权。太宗时，官武胜军节度使兼侍中，死后追封渤海郡王，葬于永安县（今河南巩义）。

你能统率军队，调兵却不归你，归枢密院。

枢密院有点儿像我们今天的总参谋部，调动军队都由它负责，是宋朝最高的军事机构，长官为枢密使、枢密副使，执掌"兵籍、武官选授及军师卒成之政令"。与政事堂分掌文武大权，号称东、西二府，直接对皇帝负责。三衙只在平时负责对禁军管理、训练，却无权调遣，没有发兵的权力。禁军的调动权归枢密院，这样可以让二者互相牵制，利于皇帝对兵权的控制，枢密院又直接由皇帝指挥。

比如说，你统领一支部队，但你能调动这支部队吗？我调一帮人帮我回家盖房子去，那不可能，你调一个人都得上报。你能指挥这支部队但调动不了这支部队，枢密院可以调动但不直接指挥。统兵的不调兵，调兵的不统兵，这样军权才能分散，要不然就容易造反。这样，禁军将领就好像是雇用司机，派不派车不归你管，车不是你的，但你能开。

而且，枢密院的长官一定是文官。北宋多半是文官治军，这个有点儿跟今天的西方国家相像。今天西方国家的国防部长一律穿西装，称呼起来也是什么什么先生，不是什么什么将军，而且西方审判战犯的时候，战犯一般也都是穿西装，很少有穿军装的。用文官治军，就是怕武将来干预政治。中国北宋的时候就已经这么做了。

名将调零心郁闷

实行更戍法，就是将禁军一分为二，一半留守京城，一半远去边境或者地方，二者每一年或两年必须换防一次。这样一是为了习惯劳苦不懒惰，二是为了防范兵变发生，推行"将兵分离"政策。因为，第一，根据宋朝的官制，有实权统军的将领一半都是皇帝临时指派的，并没有固定的人选；第二是因为统帅并不随地易防，皇帝让他在哪儿守着，他就必须在哪儿守着，士兵可以换地方，统帅却不可以。于是这样就造成了"兵不识将，将不识兵"、"兵无常帅，帅无常师"、"将不得专其兵"的局面。

如果禁军要外出作战，则由皇帝派遣将帅，并由皇帝亲自制定作战方略，将领还不能擅自更改，也就是说，这仗怎么打，战略、战术之类的都是皇帝预先制定好的，将帅只是一个命令的执行者，不能随意变动，也不许随机应变。为了监督将领按照皇帝的意思行事，宋廷还派监军随同前往，监军就相当于皇帝的眼睛，监督将领按皇帝的计划进行，并且还授予了他生杀大权。如果这个将领擅自做主，不听话的话，就可以直接就地正法。难道说，赵匡胤就能保证他以后的每个皇帝都是"运筹于帷幄之中，决胜于千里之外"的军事家？带兵的将军不能擅自修改作战方略，但他的敌人就是手中的棋子，可以任他随意摆放吗？可见，禁军的选练、驻守、出征、行军、作战等一切权力都集中于皇帝，而赵匡胤对军队的控制欲达到了一个空前绝后的程度。

赵匡胤即位之后，还从各方面加强禁军的实力。他派使臣去各地征兵，挑选精壮的士兵补充禁军，还经常亲自训练、校阅，给予很高的待遇。为了挑选合格的士兵，赵匡胤还挑选强壮士兵作为模范，送到全国各地，让地方照样招募。后来发现这样很不方便，于是改用木偶，按照规定尺寸制作木偶，将做好的木偶再下发给地方官，让他们按照模型来挑选，非常严格。可见宋太祖对于禁军的身体素质要求是多么高。

最强壮的人都被皇帝选去做禁军了，那剩下实力不强的人就只能留在地方上，地方的实力就变得很弱，只能捕盗，根本不能打仗，捕盗还经常被盗贼累死，基本上是一帮老弱病残。于是"诸镇皆自知兵力精锐非京师之敌，莫敢有异心者"，于是都乖乖地听命于皇帝，再也没有想藩镇割据的力量了。史籍记载："藩方守臣，统制列城，付以数千里之地，十万之师，单车之使，尺纸之诏，朝召而夕至。"

所以后来少数民族政权，辽也好，金也好，元也好，跟宋朝打仗只要一突破边防，马上就能打到京城。因为中间这些州郡都没用，中间州郡全是老弱病残，贼都抓不到，不能抵御游牧民族的军队。

而且从北宋开始，中华民族绵延了几千年的尚武精神越来越萧条。

中国的对外战争在近代以来屡战屡败，除了制度腐败、装备落后，最关键的一个原因就是缺乏尚武精神。好男不当兵，好铁不打钉，秀才去背弓拉箭，什么玩意儿啊！为什么日本几十万人能纵横中国？人家那读书人腰里是插着两把刀的，咱们读书人是插着扇子的。

西班牙皇家马德里武器博物馆在北京故宫办过一个展览，看完之后我真的觉得震惊。你看人家皇帝玩什么玩意儿——盔、剑、盾牌，整天玩这个。你看咱们皇帝整天玩什么——蝈蝈、蛐蛐，高雅一点儿的是笔墨纸砚。一个民族尚武精神的集体缺失，从宋朝就开始了，原因就是宋朝怕被造反，把武将的地位压得太低了。

八十万禁军教头豹子头林冲，让高俅欺负成那样。你说八十万禁军教头不是很牛嘛，练武术的怎么能被一练足球的欺负？不是的，八十万禁军教头不是八十万禁军的武术总教练。当时禁军教头有5700多个，林冲只不过是1/5700。教头上面是都教头、虞侯、都虞侯、指挥使、都指挥使，都指挥使是正五品，教头从八品下。古代官品每品分正、从两级，四品以下的官，每级又分上、下两阶，他是从八品下。县令正七品上，这一比较，搁今天的话讲是连排级干部。

宋朝的士兵经常逃亡，防止士兵逃亡的办法是在脸上刺字，但是脸上刺字是犯人，这就等于毁容嘛。在脸上刺上"第八营第一连第二排"，跟肩章似的。宋朝只有北宋的狄青①、南宋的岳飞是武将熬上枢密副使的，挺不容易。狄

---

① 狄青（1008—1057），字汉臣，北宋汾州西河（今山西汾阳市）人。面有刺字，善骑射。出身贫寒，宋仁宗宝元元年（1038年）为延州指挥使，勇而有谋。在宋夏战争中，他每战披头散发，戴铜面具，冲锋陷阵，立下了累累战功，以功升枢密副使。卒于嘉祐二年（1057年），嘉祐四年（1059年）归葬于北宋西河县（今山西省汾阳市）刘村。嘉祐七年，追赠为狄武襄公。

青当枢密副使的时候脸上还有字。皇上给他药水要他洗下去，他说我留着，要激励将士，跟他们说我这样脸上带字的也能当上枢密副使。但是就你这一个，没别人了，激励不着将士。

可就是这么一位受人爱戴的将军，做了枢密副使，依然受到大臣们的诽谤。宰相文彦博请求罢免狄青时，宋仁宗维护狄青说他是忠臣，可文彦博立即反驳道："宋太祖难道不是周世宗的忠臣吗？"这个就算假设成立吧。最可笑的理由编造者应该是欧阳修，他向宋仁宗上书希望罢免狄青，一本奏章洋洋洒洒几千字，举不出一条有力的罪证，写的全是狄青的好话。估计欧阳修写着写着也觉得自己这不犯病嘛，怎么替狄青写起好话了，可实在找不出狄青的过错，最后一咬牙，把发大水的罪责安在了狄青身上，说："水者阴也，兵亦阴也，武将亦阴也"，今年发大水就是老天爷因为狄青任枢密副使而给的警告，这个理由可谓是莫名其妙。而从欧阳修的嘴里说出来，更让人觉得荒唐至极。

不管理由是假设还是荒唐，都表示出朝廷对狄青越来越深的怀疑。早在狄青被拜为枢密副使时，宋仁宗生了一场大病，后来慢慢康复了，知制诰刘敞趁机上书说："天下有大忧者，又有大疑者，今上体平复，大忧者去矣，而大疑者尚存。"这里面说的大忧者就是广源叛贼侬智高，而大疑者就是狄青。侬智高已平，狄青就成了朝廷最大的威胁，大有狡兔死、走狗烹的意思。就在这种猜忌下，对狄青的怀疑达到了登峰造极的地步。有关狄青的各种绯闻层出不穷，而朝廷狗仔队更是无时无刻不盯着狄青的一举一动。只要狄青一家有任何风吹草动，他们就能编出各种版本的神怪八卦。

比如说狄青家养了一只狗，可能这只狗不小心碰了头，脑袋只是肿了个包而已，可到了谏官的嘴里就变成这条狗头上长出了角；有一次，狄青家晚上焚烧纸钱祭奠祖先，事先忘了通知负责消防的厢吏，结果厢吏看见火光连夜报告开封府。虽然当府吏迅速赶到时，"火"已灭了许久，但第二天，城中就开始盛传狄青家晚上有怪光冲天；甚至连京师发大水，狄青家宅被淹，被逼无奈只好暂时先住到地势比较高的相国寺，他在大殿上拜拜佛，也被说成是他要夺取皇位的行动，引起人们的怀疑。任何人也不能阻止关于狄青造反称帝的谣言，宋仁宗被逼无奈，为了保全狄青，只好罢免了狄青枢密副使一职，加宰相头衔，出知陈州，离开了京城这块是非之地。

在狄青前往陈州之前，他就对人说："早听说陈州有一种梨，叫青沙烂，我这次去陈州，必定烂死在那里。"后来，果然一语中谶。狄青已经远离朝廷，但朝廷并没有远离他，每半个月就派人上门看看狄青干吗呢，还美其名曰抚问。这时，狄青已经被谣言整得惶惶不安，一看朝廷使者上门，狄青就要"惊疑终日"，生怕朝廷再想出什么招数折腾他。巨大的心理压力压垮了这位昔日猛将，被贬到陈州的第二年，年仅50岁的狄青因为"疽发髭"，嘴上长了毒疮，暴病而亡。现在人一般上火了，嘴上就会长几个泡，狄青嘴上都长了毒疮，可见他心中的火有多大，他的内心多郁闷。

他曾驰骋沙场，浴血奋战，为宋朝立下汗马功劳，可他既没有在兵刃飞矢中倒下，也没有血染疆场，马革裹尸。身为一名武将，却在同僚们猜忌、排斥的打击迫害中死去，心中是何等冤屈。

就因为宋朝把武将的地位压得这么低，所以对外战争老打败仗，没人尚武，打仗都让文官去。文官又不会打仗，皇帝手里握着兵权，可总不能有点儿啥事就御驾亲征吧，那朝里的事还管不管？有人说，那边打仗边处理政务呗。先不说这样做，当皇帝的身体累不累，能不能吃得消。要是这仗打个三年五载的，而且地方还挺多，皇帝一天没事干，就带着军队到处跑了，既耽误国事又浪费钱粮。于是赵匡胤又想到办法了，需要带兵打仗的时候，就直接指定一个将军或者元帅带兵出征，反正你打完仗回来，这兵权还得交回我手里。解决完带兵将军的问题了，赵匡胤还要事先制定好作战计划，要不怎么说皇帝这差事不是谁都能做得呢，太辛苦了。画好行军布阵图，然后交给出征的将军，让他照着自己制定的计划去打仗，还不能随便更改作战计划。这样还不够保险，再派一个文臣做监军。监军监军，顾名思义就是监督军队，其实也是监视领兵将军的一举一动。你要是不按照皇帝给的作战计划打仗，我就报告给皇帝，你就等着被皇帝治罪吧。

皇上给你一个阵图，照着打。你拿着阵图到了前线，打开就傻眼了，按皇上的布置根本没法打，再请示皇上吧。没等你请示到，敌军到眼前了，下辈子再请示吧。

赵匡胤应该没有想到，他自己是能文能武，会行军打仗，排兵布阵，可他的子孙后代会吗？这不是光读读兵书就能补足的，加上赵匡胤觉得安内重于守外，所以纵观有宋一代，文臣名相不计其数，可能征善战的武将屈指可数。

只要不造反，生活很美好

赵匡胤集中军权的同时，还集中行政权，这就是"削夺其权"。

首先是中央，虽然在中央设置了中书、门下、尚书三省，但职权实际上都归中书省，而名称也叫中书门下，又称政事堂、都堂，听这全称也可以知道，这其实是将三省之职合归一处，就是处理日常政事的地方。它不同于前代的中书省，不是设于禁中的决策机构。三省及六部长官非经特许，一般是不能管理本司事务的，于是就成为一种闲职了。

赵匡胤还将官、职、差遣分离开，这是一套真正奇异而又复杂无比的干部制度。简单说，就是上至宰相、下到相当于县里科级干部的主簿官儿，一般都不担任与官职名称相符的职务。换句话说，就是本部门的官员并不一定管理本部门的事务。于是，官就是用于确定官位及俸禄的，或者称为正官、寄禄官，实际上只是个虚职。例如以前管事儿的尚书、仆射、侍郎什么的，现在就只是一个摆设，没有实际权力。职是专门授予文官的荣誉头衔，又称贴职，也没有实际权力，如直阁、学士之类。而差遣才是官员担任的实际职务，也称职事官，这些都是临时指定、派遣的，例如枢密使、三司使、转运使等。也就是说，如果朝廷真有什么事需要有人去管了，皇帝就从刚才所谓的"官"里挑选一些人，然后给他们安排差事，在所任职务名称前加上"判、知、权、管勾、提点"等名目。只有这个时候，官才有具体工作可以去做，手上才有实权。这时候，就有人说了，你直接给官安排事情多好，什么官就干什么活多省事，把官、职、差遣分开太混乱了。可也正是这种官、职、差遣的分离，才能使各级官员有其名而无其实，更不能专其权了。只有皇帝将手中的权力下放，让你干什么工作时，你才有实权。所以，这权力还是皇帝说了算。

大家都知道，在古代，经常说"一人之下，万人之上"，这个"一人"指的就是宰相，可见宰相的权力有多大。宰相是中国古代最高的行政长官的通称，平时处理军国大事、发布政令等都是宰相的日常工作。赵匡胤在初得天下的时候，为了抚慰后周旧臣和百姓，稳定政局，依然任命后周范质、王溥、魏仁浦等人担任宰相。通过与赵普的对话，赵匡胤觉得藩镇太重不过是中唐以来君弱臣强的表现之一，解除藩镇权力也不过是三大国策付诸实施的一方面成效而已。而相权的强弱消长是直接影响到君权的安危存亡的，"挟天子以令诸侯"这类例证在中国历史上更是屡见不鲜。于是赵匡胤只要一有机会，除了在权限制度上消减宰相的权力之外，在礼仪体制上也刻意予以打压。

秦汉时期，宰相地位极为崇高。拜相时，皇帝要施以大礼，因此才有"拜相"一说。在朝廷上，宰相有时甚至与皇帝一起接受百官的叩拜。皇帝如果在街上遇见宰相，双方需要下车相互施礼；宰相生病时，皇帝应该到相府探视；宰相见皇帝商量政事，是要赐茶看座的，即所谓的"坐而论道"。但是，到了赵匡胤时代，看到宰相们坐在他面前说话，他心里就开始不舒服。于是，有一天，他招呼宰相们说："我眼睛昏花，看不清楚，你们把奏折拿到我面前来。"几位宰相不知是计，便走上前来。结果，事先安排好的内侍们趁机把宰相们的椅子撤掉了，从此，宰相们就只能站着奏议朝政了，并且成为定制。

赵匡胤为了分割宰相的权力，还另设参知政事，实为副相，分掌民政；又以枢密使主管军政；再以三司使总领财政。所以在宋朝，但凡拥有宰相这一官称的人，只意味着他拥有宰相的资格和可以领取宰相的俸禄，并不意味着他真的就是宰相了。只有皇帝差遣他为同中书门下平章事时，他才能算是实际的宰相。这种绕山绕水的干部制度，常常会使我们在碰到大宋帝国的官职称谓时，一头雾水，完全找不到北。比如，尚书右仆射兼中书侍郎判中书省事这个称谓，实际表示的是真正的宰相。但在字面上，它的意思是尚书省副首长兼中书省副首长，然后代理中书省首长。因此，名为"百官之长"的宰相，实际上并没有什么权力。

然后在地方上，正所谓"普天之下，莫非王土；率土之滨，莫非王臣"，这王臣指的就是地方官，做皇帝的就只有一个人，就算他精力再旺盛，也不可能事无巨细，管完中央的事，又管地方各州县的事，所以这就需要地方官去替他管理。但是对于热衷于将权力收归自己手上的赵匡胤来说，对地方州郡一级的长官也不放过，采取了"罢领支郡"的措施。

什么是"罢领支郡"呢？原来自中唐以来，节度使一般统辖若干州郡，其驻地以外的州郡称为支郡，这样一来，节度使的权力过大。到了赵匡胤这里，这种现象是绝对不允许的，一个州郡的地方官只能统辖本州，不能兼领他地。而且还派文臣管理州事，并设置了"通判"来牵制地方官。所谓通判，就是州里有什么事，地方长官都要与通判共同商量、决策和管理，其地位稍稍低于地方官，但通判既不是二把手，也不是下属，其职权范围与地方官相同。凡州内发生的重大事件或重要政务，通判可以直接上奏，州郡发布公文，还须知州与通判"联署"；知州处置公务，也必须与通判协商，因而通判又称"监州"。

这样看来，宋朝掌管地方事务的领导是有两位，虽然通判的地位稍稍低于地方官，但行使的权力一样，任何事情只要其中一位不答应，那这事就没办法解决。试想，如果有一件紧急的事情需要两位领导作出决断，但两人意见相左，无法达成共识，要是再时不时地喊着"我是监州，皇上让我监督你"，这得耽误多少事情啊！

太祖赵匡胤设计出这么一套制度的本意，就是要让各级、各类、各地的官员们统统找不到北，甚至不知道自己究竟是谁，不管你是多高的官、拥有多荣耀的职，只有当皇帝的差遣下来了，你才能明白自己是干什么的，这使得所有人对于自己未来可能履行的实际职务都一片茫然。而在任职时间上，规定了文官只有三年、武官则为四年的限制，并且在执行时也非常严格。例如青州北海县升格为北海军后，杨光美被派去担任知军。他在任期间为政清廉，官声极佳，深受百姓爱戴。三年任期满后被朝廷召回，北海军数百名百姓来到京城请愿，要求留杨光美继续担任北海地方长官。可赵匡胤不允许，下诏让百姓们回去；百姓们不肯。于是，赵匡胤下令："笞其为首者。"就是鞭打领头的人。结果，把一件喜事活活变成了丧事。可见，赵匡胤对此限制之严。而且，后来他还下令，地方官任期满后，当地百姓不得上朝廷请求地方官留任。这种限制造成了"名若不正，任若不久"的现象和感觉：每个人都觉得自己在目前的位置上，只是个临时工而已。因而，客观上增加了大宋帝国官员们利用职权，在一个地区、一个部门、一个系统中培植自己势力的难度；主观上，也在一定程度上减少了这种故意。于是，自然难以危害朝廷。

太祖皇帝抑武重文的原因，在他对赵普的一段话里道出其中玄机："五代方镇残虐，人民深受其害。我让选干练的儒臣百余人，分治大藩，即便都贪浊，也抵不上一个武人。"在太祖看来，任用文士仅仅因为他们可能产生的危害远不及武人来得大，更不会向武人那样危及政权的根本。一百个文官贪污也不如一个武将造反对国家的危害大。所以你愿意贪你就贪，只要你不造反。可见他自己是造反得的江山，就很害怕别人造反。

文人跨马抡刀不行，种地不行，可他们会算计，搞经济建设是强项。短短几十年间，全国耕地扩大了将近一倍，农作物种类和产量也成倍增长，人口也有所增加。

赵匡胤除了对中央、地方政权的完全掌控外，对于法律判决权也不放过。由于五代藩镇跋扈，以致不顾法律而随意杀人。建隆三年（公元962年），赵匡胤下令，各州判决的死刑必须由刑部进行复审，并且还恢复了县尉，由县尉执掌一县司法治安的权力。开宝六年（公元973年），赵匡胤明令，禁止藩镇以牙校审断州府刑狱的陈规陋习，任命科举出仕的文官来断案，剥夺了藩镇对州府一般案件的审理权。死刑要报请中央，一直到今天都是如此。比如，在安徽杀了人，判死刑，须最高人民法院核准。当然一般不会被驳回，准能核准，但是一定要把死刑报给中央。古代死刑都是由皇帝亲自批准。

比如在清朝，就有懋勤殿勾到。皇帝在懋勤殿用朱笔将死囚姓名勾去，表示核准，又称"勾决"或"勾到"。勾决咨文下达便可执行死刑。勾一个人，大臣就要下跪三次给他求情，上天有好生之德，请皇上恩准。皇上说这家伙太坏，勾了，但大臣还是每一个人要请求三回，别杀他，上天有好生之德。其实也就是做个样子。因为一般判死刑的都是大奸大恶之人，勾了就完了。

同时，还有就是"制其钱谷"。武将出身的赵匡胤，尝到了手握军权带来的甜头，但他也深深明白军队除了将领和士兵，更重要的是要有钱、粮支撑。试想如果没有军饷，哪个士兵愿为皇帝在战场上厮杀呢？中唐以后之所以藩镇割据，是因为藩镇节度使掌管地方钱、粮，并以此招兵买马。因此赵匡胤觉得要防止藩镇割据现象再次出现，就要从地方的钱、粮下手，从根本上消除形成割据的经济基础，极力削弱地方官府的财权。

乾德二年（公元964年），朝廷颁布政令规定，每年各州赋税收入，除度支经费外，其余"悉辇送京师"。凡以"留州"、"留使"等名目截留的财物，一律上缴朝廷。随着政权机构建设的逐渐完善，地方财权通过路一级的转运使、州一级的通判、县一级的主簿，最终统归中央。赵匡胤还派京官监督各地场务，场务就相当于现在的税务局，征收各种商税、专卖税。他们制定条禁，整齐文簿，将有关税收直接纳入国家财政，税收与地方官再无关系。这些措施无异于釜底抽薪，将准备养兵自大的本钱都搜刮到朝廷的腰包里。

中央则以三司总掌财政，号称"计省"，下设盐铁、度支、户部三部。三司长官为三司使，号称"计相"，地位仅次于宰执，其实就相当于现在的财政部长，把握着国家的经济命脉，可见其地位的重要性。

北宋不仅收缴了地方的财权，还限制藩镇享有的商业特权，严禁官员买卖货物，更不允许将经商当成第二职业，利用官职之便赚取外快。由于"外州无守财"，朝廷便得以控制全国财政，致使宋朝的"天下支用，悉出于三司"。

不过，宋朝还是很可爱的王朝。知识分子最幸福的时代来临了，只要不造反，干吗都行。汉唐很可敬，但是一将功成万骨枯，活在那样的朝代很惨。明清就更崩溃了，尤其是明朝，生活在那种朝代真是生不如死。明清的可怕和可恶，反衬出了宋朝的可爱。

宋朝的财政总收入很吓人。北宋是明朝的十倍，南宋是明朝的六倍。直到《辛丑条约》那会儿，清朝的财政收入才赶上南宋。你想两宋得富裕到什么程度，都是重商主义发展的，特有钱。如果宋朝不是被蒙古人灭掉了，咱中国早就按部就班地发展到近代社会了，可惜历史是不能假设的。

太祖皇帝有遗训，刻在碑上。此碑立在宫中的一座秘殿里面，每一位新登基的皇帝都要去看。"靖康之变"后，人们才知道碑上刻的内容：

第一条，不得杀害柴氏子孙，咱的江山是从柴家抢来的。这要搁在别人，我从柴家抢了江山，我得把柴家连根刨。宋朝规定不得伤害柴氏子孙，有罪不得加刑，何况他也不可能有罪。《水浒传》里面有个逼上梁山的柴家后人：小旋风柴进，那个是虚构的，不能算。

第二条，不得杀害士大夫，上书言事者无罪。在宋朝，你只要是读书人就没有死罪。文官没有被判死刑的。这一没有死罪，你说贪污怎么办？杀还是不杀？祖宗家法是不许杀士大夫，那就流放吧，他又说士可杀不可辱。流放就是一种侮辱，还不如杀了。皇上说，那只能无罪释放了，一件快意事儿我也做不得。宰相说，这种快意事儿你不做也罢。

不能杀士大夫，士大夫给皇上写信说事，无罪。宋朝文官地位不仅很高，而且生活待遇之好更是现代人不敢想象的。除了工资薪水，还有茶酒钱、职钱、给券（差旅费）、厨料，乃至仆人的衣食等各种各样的杂费，此外还有"职田"，依官阶高低可得田四十顷至一二百顷不等。哪怕退休了，也会给一个管理道教宫观的名义，借此还能领取俸禄。

总之，宋代文官就算吃定朝廷了，是真正的"铁饭碗"。宰相的工资一年差不多折合今天三百万人民币，是当时两万四千亩土地的总收入。除此之外，你还可以贪污呢，那三百万是小头，大头在后边呢。所以，宋朝就是再清廉的官员，生活也是很豪奢的，包括我们知道的寇准、欧阳修，这帮人都特讲排场，到了可劲造、花不完的地步。如果换了你，也一样花不完。宋朝厚待士人，知识分子的生活很好很强大，所以才会有空去研究理学，去写宋词，这个宋词和唐诗的风骨就完全不同了。

宋朝的官多，待遇丰厚，责任却很小。只要不出大错，会通过政绩考核"磨勘"，一路绿灯地上升，真是文人的理想时代。俗话说"伴君如伴虎"，在中国古代，对于皇帝身边的人来说，不论你是谁，一旦今天皇帝心情不好或者自己做错了什么事情，随时都会有性命之忧。但宋代的文官不会。不杀文人是宋太祖赵匡胤留下的"祖宗家法"，北宋的每一位新君即位之前，都要在他留下的"誓碑"前发誓，宋朝是中国古代文人的天堂。

知识分子有钱，皇帝可够惨。宋朝皇帝惨到都没钱给自己修坟的份上。皇陵特别简陋，在河南巩县，跟汉唐那种跨山连谷的皇陵没法比，跟明清也没法比。别的朝代都是皇上一登基就开始修坟，皇上不死这坟不能修完，不能说我完工了，你入住吧，那哪儿成。皇上活着的时候工程不能停。而宋朝是皇上活着不能修坟，皇上死了之后七个月内必须完工，只要别豆腐渣，尽快干完就是了，要不然皇上的尸体都烂了。所以那皇陵都很简陋。

祖训的第三条是不加田赋。当然这一点就没做好，要是不加田赋。皇上和文武百官吃啥？何况他们还得吃得好！

冗官冗兵效率低

这么一来，朝内朝外和地方上的权、兵、钱全都没了，中央集权得到大大加强。

藩镇割据的基本铲除，维护了国家的统一安定，有利于经济的发展。强干弱枝又把地方都给削弱了，所以除了清初特殊的三藩之乱，宋朝以后确实没再发生过地方反叛中央的事儿，这个问题解决得很好。但官员冗滥，财政开支庞大，又是伴随而来的弊端。官员冗滥到什么程度？前面说了，枢密使虽然管军事，但是三省六部不能变成三省五部呀，兵部还是有的。三司使管财政，户部也还是在的。如此一来，兵部和枢密使、户部和三司使的机构就重叠了嘛，重叠就会产生扯皮呗。这事是你干还是我干，所以这效率反而低下。而且由于北宋朝廷厚待士人，这帮大爷脾气大，一般人都不好弄他们，官员冗滥造成机构重叠，还不好处理。

再有一个毛病，就是军队的战斗力下降了。当兵的脸上刺字，当官的昨天晚上才开始看《孙子兵法》，你想想天亮了这仗怎么打？

要说财政困难，积贫积弱，它并不是真的贫，真的弱。它有钱，它是中国历史上最有钱的王朝，只不过这钱都花得不是地方。所以说北宋初年加强中央集权那些措施有利有弊，《朱子语类》中朱熹总结道："本朝鉴五代藩镇之弊，遂尽夺藩镇之权。"兵也收了，财也收了，赏罚刑政一切收了。"州郡遂日就困弱。靖康之役，虏骑所过，莫不溃散。"就说啊，你什么都收了，造成的结果就是地方的军事力量薄弱，没人有能力去抵抗，最后被外族一打就垮。

北宋灭亡，就是因为这些看起来可以巩固江山的政策。

想当官？努力读书吧

相对于唐朝，宋朝选拔官吏的方法有所变动，科举制度得到了发展。

考试分为乡试、省试、殿试三级。

省试就是后来的会试。有些外行的书写成会考，高中毕业才会考呢。这些书说康有为在北京参加会考，康有为哪个中学的，高三几班的？后来，科举又分为院试、乡试、会试，会试就是省试和殿试。院试是最低的，中了的叫秀才，没中就是童生，古代没有毕业这一说。

小孩五六岁进学，进学之后你就可以考秀才去了。你要是七岁考上就是神童，不过你七十岁考上也可以，范进不是五十多岁才考上举人的吗？老考老不上，老没名分的，就是老童生。洪秀全为什么造反？就是他考了好几次秀才都没考上。你想，他那学问要能考上有天理吗？他没考上说明大清不腐败，他就是考不上，搁哪个朝都考不上，从十八岁考到三十多都没达到小学毕业水平。

院试考中了秀才的可以去参加乡试。乡试在省城举行，中试的统称为举人。举人的第一名叫解元，唐伯虎就是唐解元嘛。这边你又考上了，你就可以去参加会试。三年一次由礼部主试，中试的都叫贡士。贡士的第一名叫会元，不是汇源果汁。你PK了三次都没被淘汰，中了贡士，于是你就可以去参加殿试。所有的贡士去参加殿士肯定都能中，只不过就是分成三等，第一甲赐进士及第，一共三人，第一名叫状元，然后榜眼、探花。第二甲赐进士出身，上榜人数若干。第三甲赐同进士出身，上榜人数也是若干。

你如果乡试以上的三次考试全中第一，就叫连中三元。干吗不连中二十六元或者七十元两毛五分？它不是连续中奖可以兑换三元牛奶的意思，三元的意思是解元、会元、状元。科举制1300多年，连中三元的只有明朝的商辂等极少数人。这些哥们儿一人能连中三元，实在太难了，哪儿那么巧都是你呀。有的最后拿了状元，但前面考的不一定是第一名，考场还有状态问题和发挥问题嘛。所以，连中三元的哥们儿很了不起。

殿试的录取权由皇帝掌握，所以进士及第者叫做天子门生。

以前是高官主试，高官决定录取，这帮新科进士一旦被录取就对高官感恩戴德，容易跟高官结成朋党。你们都是我录取的，你们就是我的门生嘛，所以都得听我的。现在不一样，录取权由皇上掌握，你跟皇上结党去吧，不碍事。

明清两朝殿试多在保和殿，尤其清朝，康熙、雍正、乾隆，那真是亲自出题，亲自监考。那考试从早晨起来一直考到天黑，点着蜡接茬儿考，皇上也跟那儿坐着监考。到后来有的皇上，像咸丰，就到考场转悠一下，说声"同志们辛苦了"就撤了，意思意思。

宋朝科举实行糊名法，糊名就是我们现在的密封，你的姓名、年龄、籍贯、性别都挡上，严格保密。到了明清还得誊卷，考官看不到你的亲笔卷子，由十个中书舍人给抄一遍，考官看到的笔迹全都一样，以免万一我的学生我认识他字迹，就给个高分。当然，那作弊的方法也多了去。

在录取名额上，宋朝比唐朝增加了。特别是宋太宗在位二十一年，录取的进士超过唐朝三百年的。唐朝一次录三四十个，三年一次，宋太宗是一次录五六百，年年考。三年一考很难，全国好几千万人，读书的就算有几十分之一的人也好几百万，三年一考录取那么几百人，很难办。结果宋太宗在位的时候老开恩科，今年我生了一个胖儿子，我高兴，今年科举开恩科。明年我又生一个，再开。后年娶一个小媳妇挺好，接着开。再后年我们家那树上长灵芝了，他老有事儿。恩科一般都皇上整寿的时候，今年不应该科举，但我整寿，就开一个恩科。比如1894年本不应科举，但慈禧太后六十大寿，朝廷就开了恩科。这就为各阶层读书人进入仕途开辟了道路。

唐朝都是官宦人家的孩子能科举，白丁子弟不行。到了宋朝，农民都可以去参加科举，商人子弟也可以参加。只有犯人的孩子和倡优的孩子不行。

过去小孩念私塾，老师教你念："朝为田舍郎，暮登天子堂。将相本无种，男儿当自强。""天子重英豪，文章教尔曹。万般皆下品，惟有读书高。"说的是读书就能科举当官，读书的品格是最高的，那你还能造反吗？所以真宗皇帝御制《劝学篇》，劝士子们"六经勤向窗前读"。你干吗要读书呢？因为"书中自有黄金屋，书中自有颜如玉，书中自有千钟粟，书中车马多如簇"。你只要念书，什么玩意儿都有：黄金屋、颜如玉、千钟粟、车马簇。

今天也一样，也是"六经勤向窗前读"。英、语、数、理、化、生、史、地、政，改成这些科目。你要连大学都没上，就看超市缺不缺扛货的吧。大学没毕业工作都找不着。读大学的，黄金屋、颜如玉、千钟粟、车马簇；不读，铁皮屋、柴火妞、棒子面、自行车。

赵匡胤将文人摆到了国家统治这个金字塔的顶尖。有宋一代，文士地位的显赫尊崇是历代都不曾有过的。宋代将"与士大夫治天下"的治国理念，实际化为文官政治，而文官政治的基础是科举取士。"取士不问家世"，军功和门荫等其他渠道较为次要了，形成了"满朝朱紫贵，尽是读书人"的局面，大批文人得以通过科举考试进入政坛，从此便"赫然显贵"。宋太祖还采用"特奏名"的办法笼络人心，以吸引更多的知识分子参政，开宝二年即公元969年，宋太祖规定，凡举人参加过15场科举考试而未及第者，一律特赐进士出身。

立国之初，赵匡胤在权力集中的同时，更广泛地吸收知识分子参与政权，通过科举制度，不断扩大政权的阶级基础。宋朝的科举"有进士，有诸科，有武举。常选之外，又有制科，有童子举，而进士得人为盛"。与强大一时的唐朝相比，宋朝的科举取士具有规模大、制度严谨等特点。

宋朝的科举制扩大了政权基础，那么多人都被吸入朝廷中来。但是，官本来就够多了，你还把那么多人都招来，招来你就得让他做官，做官你就得给他钱，北宋的知识分子待遇那么优厚，给钱还不能少。所以造成了一个结果——冗员，官吏多而杂。

04. 朝廷允许吃闲饭

当兵有饭吃

到了北宋中期，发生了很严重的社会危机。

唐以后田制不立，百姓有多少地就给国家交多少税，没地的就甭交了。到了北宋，太祖皇帝是高干子弟出身，他当上皇帝是因为趁着人家孤儿寡妇篡的权，不了解民间疾苦，也没见过农民起义的伟大力量，所以不给老百姓分地。

北宋皇帝有这样的一个认识，宋太宗说："富室连我阡陌，为国守财尔。"有钱的人越多越好，正因为有钱的人多了，国家可以征税呀。你说的那是美国，美国个人所得税的60%是年收入十万美元以上的大款们交的。中国的个人所得税主要是工薪阶层交的，你说让那些公司老总交个人所得税，他交什么呀？他把自己的工资定到1600元/月，不够交税标准。你坐飞机头等舱，你月工资1600元坐得起吗？他肯定花什么钱都走公司账，我月薪1600元，不交个人所得税。这在国外是非法的，比尔·盖茨每月工资400美元，你信吗？

为富者不仁，不可能指着有钱人为国家出力，北宋也是这样。

这样就出现了社会危机，具体是：

第一，贫富分化越来越大。富者有弥望之田，穷人无立锥之地。到了这种地步国家还不管，最后矛盾就指向了政府。

第二，百姓被地主剥削得饥肠辘辘，就得造反。农民没得吃那行吗？他肯定反抗。

第三，冗官，冗兵，冗费。冗官就是养的官太多。冗兵，北宋养兵的目的是为防止内患，宋太祖认为"可以利百代者，唯养兵也。方凶年饥岁，有叛民而无叛兵"。我养兵的目的就是让你别叛乱，有叛民而无叛兵。每逢荒年，政府都派人到灾区去募饥民当兵。部队根本就没有战斗力，兵全是饥民构成的。过去有这么一个口号叫："竖起招兵旗，自有吃粮人。"我一竖旗就有人来吃粮，不是来保家卫国的。要吃不着粮，就哗变了。

所以北宋的军队爱哗变，你想他能吃得着粮吗？长官怎么着都得克扣军饷吧。他看长官坐着奔驰600，他连自行车都没有，长官一顿饭鲍参翅肚，他煎饼果子都吃不起，于是这帮人就哗变了。岳家军为什么打仗那么棒？"冻死不拆屋，饿死不掳掠。"老百姓支持人民子弟兵嘛。别的北宋军队老百姓不支持，觉得他比辽军、金军还混蛋，就会抢老百姓。见着老百姓如狼似虎，见着敌人就耗子见猫那种感觉，御敌无方，扰民有术，这部队哪儿行？

冗费就好理解了，80%的钱花在养官、养兵上，这就叫冗费。

05. 谁能理解我呢

王安石变法

鉴于出现的社会危机，宋神宗就任用王安石变法。北宋一共九个皇帝，太祖、太宗、真宗、仁宗、英宗、神宗、哲宗、徽宗、钦宗，神宗是第六代皇帝。

王安石变法有三方面内容。

第一，理财措施。理财措施的核心就一句话："民不加赋而国用饶。"不增加老百姓的负担，但要增加国家的收入。不打老百姓的主意，国家又要拿钱，这摆明了就是从有钱人身上动刀子。所以，他这个改革既属于调整阶级关系，也属于调整统治阶级内部的关系。

首先是青苗法。每年青黄不接时，分两次贷款给农民，收成后加息20%还官，免受高利贷盘剥，增加政府收入。相对于现在来说，20%利息太高

王安石变法

了，现在都是千分之多少。你嫌高你可以不借，但是你要不跟政府借，只能向高利贷和地主借，那就是200%的利息。这样一来，"民不加赋而国用饶"这句话就把官僚地主搞惨了，这些人想盘剥百姓却没法盘剥了。

其次是募役法，政府向应服役而不愿意服役的人收取免役钱。雇人服役，不服役的官僚地主也要出钱，减轻农民差役负担，保证生产时间。这样一来，原来可以不服役也不交钱的官僚地主，现在不服役就得交钱了。

再次，农田水利法。这就不用解释了吧。

复次，方田均税法。政府重新丈量土地，按每户土地的多少肥瘠收税，官僚地主不得例外。官僚地主的土地肯定又多又肥，农民的土地又少又瘠，那就肥的多收、瘠的少收。

最后，市易法，政府设置市易务，出钱收购滞销货物，市场短缺时再卖出。这就限制了大商人控制市场，有个成语叫囤积居奇，本来是商人的敛财之道，现在等于政府在干这个事儿了。这有利于稳定物价和商品交流，又减轻了百姓的负担，增加了政府的收入。政府在夏季收购羽绒服二百块钱一件，免得你积压仓库，所以商人都把羽绒服卖给政府了。到冬季，政府以六百块钱卖出，政府挣四百。但如果商人卖，可能卖八百、九百、一千。因此这样的结果是政府得了钱，老百姓物价也能便宜点儿，商人吃亏了。

王安石变法的第二方面，是军事措施。

首先是保甲法。政府把农村住户组织起来，每十家（后改为五家）一保，五保为一大保，十大保为一都保。一家有两个男丁的，出一人为保丁。农闲时练兵，平时种田，战时编入军队抵御辽夏进攻，减少军队开支。这实际上就是民兵，是保卫本乡本土的，中国最适合这样的军队。因为有人说中国人轻家国而重乡土，勇于私斗，怯于公战。打架勇敢着呢，你看我媳妇一眼我跟你没完。外敌入侵就胆小，异族打过来了，我躲着。中国人有强烈的乡土观念，一出国，你北京的我也北京的，你上海的我也上海的，没有说你中国我也中国的，组织的也是北京同乡会，不是中国同乡会，缺乏国家概念。所以民兵非常适合，你保卫的是你媳妇、你家乡。

然后还有将兵法。禁军驻地固定，然后用固定的将官加以训练，充实边防。

变法的第三方面是教育措施。

改革科举，废明经，设明法。明经就是死记硬背的东西，没用。整顿太学，使学校成为为变法造舆论、育人才的地方。所以王安石的作用是通过变法，一定程度地扭转了社会危机。可惜最后还是失败了，失败的原因是用人不当，危害百姓。更主要的原因是触犯了大地主、大官僚的利益。小时候砸缸的那个司马光当政，王安石的新法就被废除了。

用人不当，变法失败

王安石变法为什么用人不当？

王安石干这事儿压力很大呀。因为中国一直是以儒家思想为主导思想，而儒家的政治主张是法先王。要尊重先朝和先王的规矩，你要改革，一般就被认为是离经叛道，大逆不道。所以王安石是顶着雷变法。他明确表示，变法是本着这么一个原则——"天变不足畏，祖宗不足法，人言不足恤"。

"天变不足畏"，因为你王安石变法，你看地震了，7.9级，属于天变。王安石说，我不相信，我接着变，你给我弄个8.3级看看。

"祖宗不足法"，祖宗之法以守祖宗之地，今祖宗之地不守何谈祖宗之法。

"人言不足恤"，大家都埋怨你，他们越埋怨证明我越正确，真理往往掌握在少数人手里。

这三条宗旨，往好听里说是大无畏，一往无前，往难听里说就是这老哥太愣了。一个人应该常怀敬畏之心，孔圣人说："君子有三畏：畏天命，畏大人，畏圣人之言。"王安石谁都不怕，天、祖宗、同僚，没人能降得住他，那他往往就容易走极端。这就奠定了用人不当的基础。

很多人并不见得赞成新法，但是因为王相公坚持要用新法，所以我就假装支持。我为了求官假装赞同新法，因为那时候支持王安石的人很少，所以我一下子就当官了。当官后，我把这新法作为敛财的手段。明明青苗法应该是收20%的利息吧，我收30%。"提举使复以多散为功。"应该是老百姓需要借钱，我才借给他们，现在是我逼着老百姓，你借也得借不借也得借。如果借了还不上，富户为穷人作担保。你们村有地主吧，有地主就给所有的农民作担保，还不上我找你要。最后村里不但农民跑干净了，连地主都跑了。

孔圣人曾经说过："君子喻于义，小人喻于利。"所以杀身成仁、舍生取义是君子，逐利的是小人。所谓士农工商，商人居四民之末的一个重要原因就是逐利。《琵琶行》里说："商人重利轻别离，前月浮梁买茶去。"人家不轻别离没法养活你，白居易很瞧不起人家，商人重利轻别离，而王安石整天琢磨的也是这个。民不加赋而国用饶，你整天逐利吧，你就是小人，小人怎么能治国呢？

中国古代一个最突出的特点就是官不与民争利。你当官了，不能做买卖跟老百姓争利。其实今天很多国家都是这样，我当了市长，我们家人要开公司，你能竞争得过我吗？你一点儿辙都没有。所以官不能干这个，不能与民争利。而王安石干的这些事就是与民争利，民不加赋而国用饶。那些地主难道不算民？你这就算与民争利了。这些就成了保守派攻击他的口实。很多保守派讲王安石变法有种种弊端，并不是人家凭空编的，确实存在这些问题。

王安石变法之后，朝中的大臣分成了新党和旧党。新党上来就打压旧党，旧党上来打新党，党同伐异。这样的结果使得北宋大臣间的党争越来越激烈，也是造成后来亡国的一个重要原因。

事实上，王安石在很多地方都是被写入奸臣传的。历史对他的评价不是很高，天下骚然，党同伐异，党争势如水火。原来朝廷的矛盾没这么厉害，现在一下子各种矛盾都被王安石激发出来。所以他的变法最终还是失败了，甚至有人说北宋灭亡都是王安石惹的祸。

06. 宋辽同台大PK

辽的崛起

北宋只是结束了五代十国的分裂局面，并没有完成国家的统一。同北宋并立的少数民族政权，有契丹的辽、女真的金、党项的西夏。

契丹是一个游牧渔猎民族。唐末势力开始发展，汉族农民迁到长城以北，契丹人学会了种植、建城、农耕。

公元10世纪初，契丹首领耶律阿保机①统一契丹各部，提倡农业，接受汉族文化。耶律阿保机明显是契丹语，他建国之后改名叫耶律亿，名字也改成汉族的了。公元916年，耶律阿保机称帝，建立了契丹国，定都上京，他就是辽太祖。少数民族的领袖都有各自的称呼，匈奴叫单于，突厥叫可汗，吐蕃叫赞普，他们只有入主中原之后才会建立帝号。像五胡十六国时期，五胡也是入主中原才建立帝号。而契丹人在草原上就建国称帝，一切都跟中原一样。

辽有五个首都，整个民族和他们的皇帝就在五个首都转着住，上京是临潢府，也就是今天内蒙古的巴林左旗。

契丹人创制了契丹文。它是在汉字的基础上创立的，但比汉字复杂得多。契丹文现在已经变成一种死文字，没有人会读了。契丹文常用的是3000多个字，我们现在能够认出来的是500多字。因为辽朝书禁甚严，跟北宋的往来全是

---

① 耶律阿保机（872—926），姓耶律，名亿，字阿保机，辽开国君主，勇武，善射骑，明达世务，庙号太祖。

汉文，所以连北宋人都不认得契丹文。

汉字是单音节字，契丹语是多音节，所以用汉字记述是很不方便的。比如说天，咱们写出来就是个天，念作tiān。契丹人要念成腾格里（音），写出来也非常麻烦。一个字念仨音很别扭，所以等辽一灭亡，契丹文也就随着辽的灭亡退出了历史舞台。电视剧《天龙八部》里萧峰他爹被人误杀了，临死前在峭壁上刻字。香港拍的剧，萧峰他爹刻的是蒙古文，没吃过猪肉也没见过猪跑，但我还是很佩服导演，没让他刻英文。大陆拍的，刻的就是契丹文。

耶律德光①时期契丹得到了燕云十六州②，改国号为辽。

耶律德光就是辽太宗，辽的第二代皇帝，德光这名字已经完全是汉字了。燕云十六州的幽州就是北京，今天的宣武、丰台两区。辽不是五个首都嘛，南京叫析津府，就是北京；辽的西京是云州，就是山西大同；东京是辽阳，在今天辽宁；中京大定，就是内蒙古宁城，出宁城老窖那地方。他们的五个首都，俩在燕云十六州，这是后晋皇帝石敬瑭割让给辽的。他让辽帮他灭后唐，他就把燕云十六州割让给辽，然后45岁的他拜36岁的耶律德光为义父，他就是中国历史上有名的儿皇帝。辽得到燕云十六州后受益匪浅。

一城两制很和谐

燕云十六州在长城以南，农耕发达。

原来少数民族打不过中原王朝，一个重要原因就是经济不行。游牧经济，那玩意儿没谱，一场大雪灾就能造成你举族灭亡。现在，游牧民族也会种地了，而且我在长城以南。过去修长城就是为了挡住这些少数民族，现在这些少

---

① 耶律德光（902—947），辽太宗，耶律阿保机次子。20岁时已任天下兵马大元帅，在阿保机各处征战时，耶律德光都跟随出征，立功甚多。

② 燕云十六州，是指中国后晋天福三年（公元938年），石敬瑭割让给契丹的位于今天北京、天津以及山西、河北北部的十六个州，使得辽国的疆域扩展到长城沿线。

数民族都在长城以南，长城天险尽失。骑兵从北京出发，骑着马往南跑全是平原，就中间黄河挡了一下，别的无险可挡。宋辽的边境在雄州、霸州，就是北京往南300里而已，这个优势对辽有重要作用，却要了中原王朝的命。

这样一来，辽就面临着很多新情况和新问题。

主要是对新扩充的地盘，新增加的人口，怎么进行管理。中原王朝有这么一个认识——胡虏无百年之运。但是，辽很好地解决了这个问题。"胡虏无百年之运"吗？辽一共210年，只换了9个皇帝，每个皇帝在位的时间都很长。五代53年却换了14个皇帝。相比之下，辽很生猛吧。

辽能这么生猛，是因为一国两制，实行藩汉分治，设立南面官、北面官。南面官统治汉人和渤海人，北面官统治契丹人和其他少数民族。《天龙八部》里，萧峰就是南院大王。

辽的上京临潢府已经被金人毁掉了，但因为在蒙古草原上，遗址保存得非常好。在遗址里，明显能看到上京是由两部分组成的，南部叫汉城，北部叫宫城。南部汉城有街道、房屋遗址，有坊有市，跟隋唐时的长安非常相似；北部是契丹人住的地方，除了宫殿什么都没有，说明契丹人住的还是帐篷。不能让汉族人住帐篷，契丹人又不习惯住房子，最后的协调结果是不协调，汉族人住房子，契丹人进城还搭帐篷。以国制待契丹，以汉制待汉人，一城两制。

这仗打得真郁闷

契丹建立之后，跟北宋接壤了，两者之间难免会产生矛盾。

宋太宗统一中原和南方后，为了夺取燕云十六州，向辽进攻。公元979年，高梁河激战，宋军大败。高梁河就在现在的北京紫竹院公园附近。10万宋军在这个地方同辽军激战，辽国名将南院大王耶律休哥率9000铁骑把10万宋军打得全军覆没。耶律休哥所带人马不多，又赶上是傍晚，太阳落山了。耶律休哥就下令，属下的骑兵、步兵，每个人都双手各拿一把火炬，边走边挥舞手中的火炬。因为天黑，宋军看不清有多少辽兵，看见那么多火把以为有很多辽兵，都很害怕。

很快，耶律休哥就与随后赶来的耶律斜轸会师，一左一右，两翼包抄，向宋军杀奔过来。在夜色中作战，辽军精骑手中钢刀飞舞，火炬乱飞，宋军从心理上就害怕了，而辽军却越杀越猛。在辽军的猛烈攻势下，宋军大败。第二天黎明时，宋太宗赵光义也在混战中腿上中了两箭，一看已经打不过辽军了，于是急急忙忙自己先逃到涿州，又因为腿上箭伤没办法骑马，最后只好狼狈地换乘驴车继续向南狂逃。而宋军因为失去主帅，皇帝自己都坐驴车跑了，而且也不知道跑哪儿去了，于是军心大乱，为了保命也四处溃逃。此次高梁河大战，宋兵被斩首的就有一万多，而辽军则获得"匹敌兵仗、符印、粮馈、货币不可胜计"，得到的战利品非常丰富。

赵光义被追赶到涿州时，当时宋军的败兵还没回来。已是惊弓之鸟的宋太宗怕辽军继续追捕他，又绕过涿州城，直奔到金台屯。等到了金台屯，听说辽军已经北撤了，不会再追过来了，这才敢停住"车驾"（其实就是一辆驴车）观望。太宗皇帝的箭伤年年复发，最后就是死于这个箭伤，其实他真正的死因可能是死于心病。高梁河一战在他心里留下了永不磨灭的阴影，10万宋军被9000辽军打得几乎全军覆没，天天想着都来气。

北宋这次可是挟灭北汉之余威来攻辽，结果惨成这样。四年以后，辽景宗耶律贤病逝，辽圣宗耶律隆绪即位，年仅12岁。他的母亲萧绰就是萧太后，开始执政。宋朝趁着人家主少国疑，于是，雍熙三年春天，宋太宗又一次亲征北伐。他任命平定江南的大将曹彬为幽州道行营前军骑水陆都部署，向雄州、霸州方面推进；任命米信为西北道都部署，率军出雄州（今河北雄县）；以田重进为定州路都部署，出飞狐（今河北涞源）。同时，宋太宗又以潘美、杨业为正、副统帅，率领云、英、朔诸州宋军出雁门伐辽。

杨业就是评书演义里常说的杨老令公。辽朝听说宋朝发兵北上并不惊慌，决定利用骑兵和平坦广阔的有利地形，集中主力先消灭宋东路军，再逐个击

高梁河激战

破，于是便下令让南京留守耶律休哥率军迎曹彬，以耶律斜轸为都统，率兵迎击潘美、杨业的宋军。萧太后还带着自己的儿子辽圣宗亲征，驻跸于驼罗口（今北京南口）。

历史总是惊人的相似。雍熙北伐一开始，宋军一路顺利：曹彬一路攻克固安南城，田重进于飞狐北破辽兵，潘美在西陲痛击辽军，克辽朝寰州。不久，曹彬又克涿州；潘美克朔州，下应州，破云州；米信方面，宋军又于新城大败辽军，可以说是一鼓作气，势如破竹。由于先前吃过几次败仗，宋太宗在诸将出发前，千叮咛万嘱咐"要持重缓行，千万不要贪小利以要敌"。不久，宋军捷报频传，宋太宗不喜反忧，他担心辽军会切断宋军的补给线。没想到宋太宗的忧虑成真，曹彬十万大军在涿州待了十几天，就把军粮吃光了，于是决定退兵等待补给。宋太宗听说之后，吓了一大跳，说："哪里有敌军在前却不顾，反而退军等待军粮的道理？"他立即派人阻止曹彬，并告诫曹彬不要再向前进军了，率领自己的军队沿白沟河与米信会和，为西路军壮声势。宋太宗的本意很好，想等潘美等人取得胜利，田重进再东下与曹彬、米信会合，全师制敌，与辽军决战。但是，曹彬的下属求功心切，没有等到中、西路会师，就孤军进攻涿州。

当时正是夏天，天气炎热，曹彬率军又遭遇耶律休哥的沿途阻击。宋军边急行军边迎战，路上足足用了四天时间才到达涿州。曹彬先遣人率涿州百姓退走，他自己率大军殿后。将士疲惫不堪，又缺粮少水，宋军战斗力极剧下降，连个像样的殿后军阵都组织不起来。这时，耶律休哥率领骑兵一路追杀，一直追到岐沟关。辽军发起总攻击，宋军被打得落花流水。曹彬收拾残兵，连夜抢渡拒马河，在易水南岸扎营，刚准备休整一下喘口气，辽军又追杀上来。数万宋军或被杀，或掉入河中溺死，或被俘，损失巨大。

由于宋军东路主力大败，宋太宗合围幽州的战略意图再难实现。辽军开始反扑，耶律斜轸统10万大军赶至安定西，与宋朝雄州知州贺令图相遇。双方大战，宋军又败，一万多人被杀。辽军乘胜又攻陷了蔚州、寰州等地。深知西路军已经无望，宋太宗下诏指示潘美，让他与杨业一起引兵护送云、朔、寰、应四州百姓内迁。得知辽军已攻陷寰州，杨业建议应该避免和辽军正面交锋，分兵应州引诱辽军主力，然后让千名强弩手埋伏在石竭谷口（今山西朔州附近），这样就可以保全数州军民的安全。

潘美一听，低头考虑一番。但监军王侁不同意杨业的计策，他还讥讽杨业："你领着这么多兵，你有什么好怕的！"他认为宋军应该急行雁门北川。杨业身经百战，深悉敌情，反对道："这样绝对不行，一定会打败仗的！"王侁冷笑："你一直号称'杨无敌'，现在敌军在前，却停滞不前，难不成你有什么其他的想法？"杨业个性刚直，被人一用激将法，就冲动了，瞪大眼睛怒视王侁："我杨业不是怕死的人，只是现在不是进攻时机，白白让士兵们去送死，也不一定成功。既然你们怕我不死，我先带兵杀敌表个态！"于是，杨业率兵从大石路直接赶往朔州。

临行前，杨业跟主帅潘美边哭边说："我这一去估计是有去无回了，我本来是北汉的降将，皇上施恩不杀我，还让我当将军，我一直想立大功报恩。现在有人说我避敌怯懦，我杨业一定战死沙场以自明！"杨业伸手指着陈家谷口（今山西宁武）说："希望你们能在谷口两边埋伏下强弩手，等我率兵转战到这儿，你们就用强弩射敌，否则的话，我率领的军士肯定会全军覆没。"潘美觉得杨业说得很有道理，就立即指挥诸将在谷口设伏。

耶律斜轸接到情报，得知杨业率军前来挑战，忙派副将在路边埋伏精兵。两军刚开打，耶律斜轸就假装打不过，掉头就跑。而一心想杀敌求死的杨业早已置生死于度外，明知是圈套，硬着头皮往上冲。辽军伏兵四起，耶律斜轸又掉转马头，挥兵杀回。杨业一路力战，自中午杀到傍晚，最终撤退到陈家谷口。可潘美和王侁不讲信用，先撤了。看见谷口两边根本没有人影，杨业"拊膺大恸"。当时，他见手下还剩士卒百余人，便说："你们都各有父母妻子，不要与我一起战死！"军士们都被杨业的忠义感染，没有一个人逃走。紧追不舍的辽将远远望见杨业的袍影，张弓一箭，射中杨业。辽兵涌上，生擒了这位英雄。杨业长叹："皇上对我恩重如山，本想杀贼立功，却反被奸臣所嫉，逼我赴死，导致王师败绩，我还有何面目活在世上！"于是，杨业被俘之后，绝食而死。至此，宋三路大军皆败，之前收复的州县又回到辽朝手中。

雍熙北伐失败后，对宋朝最大的打击还是心理上的，举国上下患了一种"恐辽症"。宋统治者确立了"守内虚外"的政策，把主要力量转向对人民的防范和镇压。宋对辽失去了战略上主动进攻的能力，被迫转向战略防御阶段。但是你不打人家，人家可就要来打你了。

07. 打仗伤和气，花钱买太平

澶渊之盟

宋真宗景德元年（1004年）闰九月，辽国萧太后和圣宗亲率大军南下，辽军来势汹汹。先锋大将兰陵郡王萧挞凛和六部大王萧观音奴，率军攻破了遂城（今河北徐水），而后，与萧太后、辽圣宗会合，在阳城淀（今河北望都）扎营，号称有二十万大军，伺机行事。

而宋廷这边，"辽师深入，急书一夕五至，寇准不发，饮笑自如"。其实宰相寇准早就想好了，让宋真宗御驾亲征，但他怕宋真宗不答应，故意把前线战报扣留起来，先不让真宗知道，等积多了一并呈给真宗看。第二天，宋真宗一见这么多急报，就慌了手脚，忙把寇准找来问该怎么办。寇准提议宋真宗亲征澶州（河南濮阳），万般无奈之下，宋真宗只得同意御驾亲征。辽军南下的消息传到朝廷，朝野震惊。寇准不惧辽军，可不代表其他大臣也不怕，这时候就分成主和、主战两派，两派各持己见，莫衷一是。当时的参知政事、职位相当于副相的王钦若和金署枢密院事、职位相当于副参谋总长的陈尧叟是主和派代表人物。这两个人一听辽军攻来，吓坏了，不想着怎么率军抗辽，反而想的是劝宋真宗一起逃跑。王钦若是江南人，他密请皇帝逃往金陵（今江苏南京）；陈尧叟是蜀人，主张宋真宗前往成都。宋真宗被这两个胆小的人说动了，当时就把寇准唤至内殿，询问寇准的意见，看自己"幸"哪个地方好，把大宋的都城搬到哪里比较好。

寇准一看王、陈二人站在真宗身边，心里已明白了八九分，便厉声问："这是谁给陛下出的这主意？"宋真宗不好"出卖"王、陈二人，就说："爱卿你也别问是谁出的主意，就说朕外出避敌是否可行？到底去哪里才安全？"寇准瞅瞅王钦若和陈尧叟，继续说："陛下实在是应该斩杀了出这种馊主意的人！皇帝神武，将士同心，倘若你御驾亲征，辽军听到消息肯定会落荒而逃。即使陛下你不亲征，只要下令我军坚城固守，以老敌师，无论如何都到不了皇帝你弃城逃跑的地步！"宰相毕士安、大将高琼等人听说这事，也反对宋真宗南迁。宋真宗听了主战派的意见，连连点头，再不提南迁的事了。没有了主和派出坏主意，宋真宗确定了亲征的相关事宜，于十一月二十日出发亲征。

景德元年十一月二十三日，宋真宗一行抵达韦城，但前方战况不明，真宗开始犹豫，是否按原计划继续北上。此时随行的官员中，有人主张尽快撤退到金陵，也有些人主张撤回京城。宋真宗耳朵一软，又召寇准商量："朕南巡如何？"寇准坚决反对，他对真宗说："群臣懦弱无知，真如乡老妇人一样。陛下现在只能前进，不能后退！河北诸军日夜盼望陛下到来，必定士气百倍。若是现在撤退，军心必然大乱，辽军趁势前来攻打，恐怕到不了金陵就成了辽军的俘虏。"宋真宗低头不言，良久，表示说自己再考虑考虑。

寇准出了御帐，遇殿前都指挥使高琼，忙上前拉住对方的手，问："高将军世受国恩，何以报国？"高琼答："我本来就是武将，愿以死报国！"于是，寇准又拉着高琼重进御帐，对依旧犹豫不决的宋真宗讲："陛下如不信为臣之言，请问高琼。"高琼马上进言跪禀："随驾军士的父母妻子都在京师，他们肯定不愿意独自南下，估计中途都会逃走。希望陛下前往澶州，我们必竭死力，打败辽军！"宋真宗从小爱玩打仗，长大之后其实是个彬彬帝王，真让他上战场还是很不容易。此刻，他又扭头看自己的贴身侍卫王应昌。王应昌也是武将，马上回答："陛下奉将天讨，所向必克。如果我军逗留不进，臣恐敌势益张。"至此，宋真宗才下决心赶赴澶州（今河南濮阳）。

与此同时，辽军继续南下，主力早于真宗到达澶州城下。宋朝大军行动迟缓，十一月二十五日才到达澶州南城。澶州以黄河为界，分南、北两城，南城相对较为安全。真宗看到河对岸烟尘滚滚，就想留在南城，不去北城。寇准又劝真宗："宋军的主力都在北城，陛下如果不去北城，亲征就没有任何意义了。再说各路大军已经陆续到达澶州，不会有什么危险的。"皇上说，北城的军民能看见我，辽国人也就看见了，弄个狙击手给我一下子，我就玩儿完了。寇准说没那事，赶紧把钢盔、防弹背心给皇上准备好，金盔金甲，外罩锦袍。金甲武士里三层外三层围着你，保证没问题。

高琼也劝真宗过河，站在真宗皇帝身边的文臣冯拯斥责高琼无礼。高将军怒道："冯公你以文章得官，今敌骑逼近，犹斥我无礼，你何不赋诗一首以退敌？"不待冯拯回嘴，也不等真宗同意，他就催促卫兵们护送真宗前进。皇上穿得跟未来特警似的，勉强到城上转了一圈。宋军将士一看到金瓜、钺斧、朝天镫、黄罗伞盖，连呼万岁，士气大振。巡视完毕，真宗就把军事大权交给寇准。他相信寇准的能力，但生性懦弱的真宗内心还是颇为忐忑，生怕出现意外。其实，寇准等人内心的忧虑绝不亚于真宗，只是不能表露出来。为了稳住真宗，寇准每日与同僚饮酒作乐，装出毫不在意的模样。真宗得到密探关于寇准动静的汇报后，以为寇准胸有成竹，情绪才逐渐稳定下来。

剑拔弩张之际，辽军步步为营，三面包围了澶州。宋将指挥得当，在城四周关键部位布置了许多劲弩，它的威力相当于现在的重机枪。辽朝统军萧挞凛想在萧太后面前露脸，仗着自己勇猛，领着亲兵在澶州城下转悠，巡视作战地形。当时，宋军中一名小校日夜备战挺累，正坐在一张巨大的床子弩上发呆，忽然他看见萧挞凛骑着一匹高头大马，身上黄金甲、大红袍，显然是个大头目。于是，这位小校脚踩踏板，床子弩上的数支大头箭应声而发。也真巧，一支大弩箭不偏不倚，正中萧挞凛脑门，登时就把这位辽朝统军射于马下，辽军士气一落千丈。萧太后唯恐腹背受敌，秘密派人前来求和，而宋真宗也没有与辽军一决胜负的决心。辽朝主动提出议和，正中真宗下怀，于是派遣曹利用前去议和。

寇准雄心勃勃，以他当时所计，是想逼迫契丹方面向宋朝称臣，归还燕云十六州，"如此，则可保百年无事，不然，数十年后，虏又生他念！"但急于求安的宋真宗没有这种远略，他不想在和议方面进行"拉锯战"，便推托说："几十年之后，肯定会有能抗辽的人，我现在不忍心百姓受苦，就先接受了和议吧！"于是，宋真宗告诉曹利用，可以接受的岁贡底线为百万。这事被寇准知道后，就把曹利用叫到自己帐内，威胁他说："皇上虽然说可以给一百万，但若超过三十万，回来我就砍你的头。"曹利用就与萧太后讨价还价，最终议定宋朝每年给辽国十万两银、二十万匹绢以为"军饷"；宋与辽结为兄弟之国，宋真宗为兄，辽圣宗为弟，真宗皇帝称萧太后为叔母。说实话，从面子上讲，宋朝还真没吃什么亏，宋真宗比辽圣宗大两岁，称兄可也，比起当年后晋皇帝石敬瑭管小自己十几岁的辽太宗叫爹，不啻天上地下。

曹利用回澶州，宋真宗正吃饭吃到一半，没有立刻接见他。但是他又关心岁币数目，就边吃东西边派内侍去询问曹利用到底许了多少钱。曹利用对宦者说："如此机密事，只能当面对皇上讲。"宋真宗一听生气了，嘴里含着饭，又催问："姑且问个大概数！"曹利用也倔，就是不讲，最后没办法伸出三个手指示意。小太监立马回去告诉真宗："曹利用伸出三根手指，估计是三百万吧！"宋真宗闻言，手中筷子都掉到了地上，惊叫道："太多了！"但想了一会儿，又自我安慰道："既然能结束战争，三百万也可以了。"等到召见时，曹利用连称："为臣该死，为臣许辽人银帛过多！"宋真宗其实已经接受了三百万，但还是问曹利用："到底多少？"曹利用说："三十万！"听曹利用报出这个数，宋真宗太高兴了，心想这比三百万少多了，于是重重奖赏了曹利用。

宋辽和议，至此大告成功。和约规定：宋朝每年输给辽绢二十万匹、银十万两；双方为兄弟之国。因该盟约在澶州签订，西有湖泊曰澶渊，澶州亦名澶渊郡，故史称为"澶渊之盟"。

文化认同最重要

澶渊之盟后，宋辽维持和平，边境安定，贸易兴旺，使者往来。这个钱跟晚清对外赔款的意思是不一样的，因为契丹族也属于中华民族。今天这个民族已经没了，但根据基因鉴定，今天的达斡尔族①跟契丹人的基因是最接近的，达斡尔人有可能是契丹人的后代。末代皇后婉容就是达斡尔族的。契丹是中国的民族，给他岁币不能叫屈辱，谈不上什么丧权辱国。另外，每年给辽的岁币相当于北宋两个县的财政收入，北宋有多少个县，得有一千多吧，花两个县的财政收入买一个天下太平，挺值。要是打起仗来，兵连祸结，烽火频年，那可不是这两个县的钱能够解决、搞定得了的。

所以对游牧民族采取的政策最合适的就是两宋，两宋立国三百多年。像汉唐那样对付少数民族是不可取的，因为彻底消灭他根本就不可能。你消灭了他

---

① 达斡尔族主要聚居在内蒙古自治区和黑龙江省，少数居住在新疆塔城市，"达斡尔"意即"开拓者"。

之后，还有新的强大的游牧民族兴起，那打起仗来没完。

他们来中原，不就抢点儿东西嘛。你别抢，哥们儿给你。我给你的钱是白给吗？我往你那卖书、卖瓷器、卖茶叶，贸易一往来，很快把那钱就赚回来了，你还得倒贴呢。你拿什么给我呀？你不就给点儿牛马、骆驼、毛皮嘛，那值几个钱？我这儿一只瓷瓶就能换你几匹马。你不愿意的话家里就摆马吧，这瓷瓶我不给你。你说这玩意儿不平等，平等不平等我不管，这瓷瓶你做不出来，只能跟我买。所以很快这贸易往来就把钱赚回来了，而且双方关系和好了，119年没有战争。

宋辽澶渊之盟签订之后，边境上"生育繁息，牛羊被野，戴白之人，不识干戈"，意思是头发都白了的老人，一辈子没见过打仗的。这样一来促进了民族的融合、友好。后来，北宋联金灭辽，属于北宋背盟。

辽的统治者自己说："吾修文物，彬彬不异于中华。"这里文物指的不是出土文物，而是典章制度。我的典章制度跟中华是一样的，你不能把我视做蛮夷，我也是中华。他要是认可了自己是中华，他待的这块地就是中华的了，就并入我们中华版图，成为中华大家庭了。所以中国领土的扩张，跟美国、俄罗斯是不一样的。他们是靠军事扩张，咱们是靠民族的融合、文化的认同，用先进文化和先进的生产方式向边疆地区扩张。

群殴对谁都没好处

西夏是羌族的一支党项族建立的。

党项族原来在宁夏、甘肃、陕西西北游牧。1038年，党项族首领元昊[1]称

---

[1] 元昊，党项族人，少年时身型魁梧，勤奋好学，手不释卷，尤好法律与兵书。1038年自立为帝，脱离宋朝，国号"大夏"，定都兴庆府。建国后多次与宋、辽交战，于三川口、好水川及定川砦等战中击败北宋，并于辽夏第一次贺兰山之战中大胜辽国，奠定了西夏在辽、宋两国间的地位。晚年沉湎于酒色，好大喜功，被其子所弑，死后葬于泰陵。

帝，都兴庆，史称西夏。

元昊建立的西夏其实叫大夏国，因为它在宋朝的西边，所以这个大夏就被称为西夏。兴庆就是今天宁夏回族自治区的首府银川。元昊并不是开国皇帝，在他父亲德明、爷爷继迁时，夏朝的政权基本上就形成了。元昊死后庙号景宗，并不是太祖、太宗。他爸爸是太宗，爷爷是太祖，以前都称王，到他这儿才正式称帝，往前都是追封的。

西夏仿效唐宋建立政治制度，推行科举制，创制西夏文字。西夏文字也是在汉字基础上改造的，笔画比汉字复杂得多。西夏文也是一种死文字了，无人能念。1908年，在内蒙古额济纳旗的黑城遗址，俄国考古学家发现很多西夏文物，全给打包运走了，所以这是敦煌第二，吾国文化之伤心史。今天中国的学者如果要研究西夏学，必须去俄罗斯留学。后来在考古时发现了一本西夏人骨勒茂才编的西夏文跟汉字对照的字典《番汉合时掌中珠》，这才能够看懂西夏文，但音还是不会读，没有人会说西夏语。

元昊称帝，与宋交兵，双方损失重，当然，宋更重。

只不过宋不怕，我们有的是人。地域广大，人口众多。三川口之战，宋军全军覆没，统帅都被活捉了。好水川之战，宋军又是全军覆没，主帅任福战死。

但是西夏损失也很大，西夏全国也就不到三百万人口，不像宋朝好几千万可劲儿造，西夏死一万人就不得了。所以元昊请和，双方和议，夏对宋称臣，宋好歹闹了一个形象工程。因为夏虽然对宋称臣，但人家关起门来照样，南面称孤当皇上，他只不过就是给宋朝个面子，你厉害，你人多，群殴不是对手，我称臣。

然后宋要反过来给夏岁币，只不过宋给这个岁币也是嘴上占了便宜，我每年赐给你，你是我的臣子，所以我每年给你25万压岁钱，玩去。于是每年给白银7万两、茶叶3万斤、绸缎15万匹，每年都赐，谁让你穷得不开眼。

这个岁币的作用跟辽相似，也是促进了民族融合。史籍上说："自契丹取燕蓟以北，拓跋自得灵夏以西，其间所生英豪，皆为其用。得中国土地，役中国人力，称中国位号，仿中国官属，任中国贤才，读中国书刊，用中国车服，行中国法令。是二敌所为，皆与中国等。"那不用说，这些地方也是中国了。

08. 冷兵器战史上的奇迹

崛起于白山黑水之间

宋跟辽澶渊之盟后对峙100多年，双方势力均衡，谁也吃不掉谁。100多年后，在东北白山黑水间崛起了一个强大的民族——女真族，建立了金国，把北宋和辽全都给消灭了。

女真族由黑水靺鞨发展而来。唐朝曾经在黑水靺鞨的地盘上建立黑水都督府，粟末靺鞨建立了渤海国。公元925年，渤海国被辽太祖耶律阿保机所灭，渤海国的地盘就并入到了辽，黑水靺鞨地盘后来也归辽统治，就是松花江、黑龙江流域。

女真分为很多部落，其中完颜部在11世纪中后期统一了女真各部，但统一之后的女真族也受辽的统治。当时女真人是非常强悍的一个民族，根据《大金国志》记载，说女真人"俗勇悍，喜战斗，耐饥渴苦辛，骑马上下崖壁如飞，济江河不用舟楫，浮马而渡"，他们喜欢打仗，耐饥渴辛苦，这些困苦别想难住他们，骑马上下崖壁如飞。不但人厉害，马也厉害，会轻功。济江河不用舟楫，过江都不用船，浮马而渡，马都能过去。这些人要参加奥运会得多厉害！在辽统治女真的时候有一句话叫"女真不满万，满万不可敌"。女真人，不能满一万，满一万就无敌于天下，当然是指成年男子，但也可见其战斗力之强悍。所以，这样的民族，是不可能永远受别的民族压迫的。

为了反对民族压迫，完颜阿骨打抗辽。完颜阿骨打的爷爷完颜乌古乃完成了部族统一，他爷爷传给他父亲，父亲传给哥哥，哥哥传给他，到他的时候时机已成熟，遂起兵抗辽。

完颜阿骨打抗辽在中国冷兵器战争史上，乃至世界冷兵器战争史上都是一个奇迹。冷兵器时代，打仗完全是靠双方士兵的体力，完颜阿骨打抗辽的时候只有800人，起兵对抗一个幅员万里的帝国。辽帝国比北宋大多了，"东临于海，西抵流沙，北逾胪朐河，南至白沟，幅员万里"。东到大海；西抵金山，今天的阿尔泰山；北逾胪朐河，在今天蒙古国境内；南抵白沟，小商品集散地。幅员万里的大帝国，人口怎么着也得成百上千万，结果800名女真人起来造反。辽军也没拿他们当回事，来了2500人镇压，3∶1，被杀得只剩下一两个，跑回去报信。

女真人的部队发展到了2500人，辽国来了2万人，8∶1，又给杀得只跑回去几个。他们的部队发展到了3700人，辽国枢密使驸马萧十三率10万大军来镇压，当然这10万可能是虚称，怎么着也得五六七八万吧，40∶1。两军一开战，完颜阿骨打一箭把萧十三射死了，辽军统帅没有了，队伍就乱了，又被打得大败。这时候，女真的部队发展到了1万多人，将近2万。女真不满万，满万无敌于天下。

因此，阿骨打称帝建金，都会宁，阿骨打就是金太祖，年号收国。金史上有一段记载，为什么要以金为国号？"辽以宾铁为号，取其坚也。宾铁虽坚，终亦变坏，惟金不变不坏。"所以以大金名之。也有一种说法，完颜部出处是按出虎水，按出虎汉文的意思是金，这是用民族的发源地做国号。

完颜阿骨打推行猛安谋克制，兵农合一。这种制度非常像后来的女真人的八旗制度。女真人出则为兵，入则为民，既是老百姓又是当兵的，可以做到全民皆兵。

09. 尽露虚实于眼前

大辽就此覆灭

辽国末代皇帝天祚帝耶律延禧，听说女真建国之后非常生气，亲率70万大军前来征讨女真。当然这个70万也是虚的，估计二三十万人应该有，女真是一两万人。两军激战于黄龙府，也就是今天的吉林农安。天祚帝耶律延禧只率几十名骑兵逃离战场，基本上全军覆没。因为他这个部队里面，契丹人并不多，主要是渤海人、汉人，渤海人认为自己跟女真是同族，同出靺鞨，所以在战场上不愿意卖命，汉人更不愿意为辽人打仗，这样一来导致辽军大败。

辽一败宋特别高兴，你小子也有今天，你老欺负我，老向我敲诈压岁钱，岁币这时候已经涨到50万了，你要那么多岁币，看现在你倒霉了吧！于是宋徽宗就派使者渡海，到金境内跟金国签订了海上之盟，说咱俩一块儿联手对付辽，灭辽之后我收回燕云十六州，每年该给辽的岁币我给你。金听了当然特别高兴，白得一笔钱。这燕云十六州谁知道在哪儿，反正也不是我的地盘，你收回燕云十六州就收回去呗，钱你给我，我还能得到中原大国相助，这事能办。

金知道宋是大国，比辽还要强大，当然除了军事力量，其他确实比辽要强大。他们可不知道宋朝腐败虚弱到什么程度，觉得挺好，同意了，双方约好了去打辽。结果一打起来，北宋的表现应了老百姓的话："有多大脸现多大眼。"辽是五个首都，金军负责占领上京临潢府、中京大定府、东京辽阳府、西京大同府、南京析津府在燕云十六州里面，所以宋朝负责占领。说好了一块儿出兵，结果宋朝出兵日期一拖再拖。凑不齐人，刚把兵凑齐了，南方方腊造反了，军队得镇压方腊。金国不高兴了，你怎么老违约啊，你们说话算数吗？金军势如破竹，把辽那三个首都给占了，实在按捺不住了，人家把西京也占了，打到燕山脚下，就等着看宋朝怎么去打南京。

宋朝这次终于出兵了，15万大军进攻辽的南京，指挥官是枢密使宦官童贯，一个太监领兵。南京的辽军是1万多人，一看宋军就火了，同仇敌忾，你都敢欺负我？我打不过关张，还打不过刘备？于是辽军发动突然袭击，15万宋军大败300里。也就是辽国不愿意跟宋朝彻底撕破脸，所以追了一阵就不追了。

宋军退回到境内，接着整军，15万人又来了。辽国派使臣跟宋朝谈，我你打得过吗？宋说好像够呛。辽说，我你都打不过，一个比我还强大的挨着你有好处吗？现在来看应该是咱俩联合对付他，你怎么和他联合对付我，你这是不义的行为，他是我的臣子，他叛乱，叛乱的臣子能不镇压吗？童贯说，我们大宋皇上主意已经定了，你给我滚吧，我不听你这一套。辽国使臣站在院里哭："辽宋两国，和好百年。盟约誓书，字字俱在，尔能欺国，不能欺天。"回去后一报告，7000辽军趁夜劫营，15万宋军又败了300里，神宗皇帝以来累朝储积扫荡无余，王安石变法攒下的那点儿钱这两仗全打光了，刀枪甲杖堆积如山。而且他是带着很多金银财宝去的，准备收复了燕云十六州之后赏人，结果金银财宝都被缴获了。先赏辽人，后赏金人了。

北宋一看这形势，就跟金说，能麻烦你替我打一下吗？我们皇帝有好生之德，不愿意杀伤人命，干脆你帮我打一下吧。金国人早就看明白了，你除了会练嘴什么都不行，你练嘴练得都不怎么样，说话也没溜儿。金军马上越过燕山进攻南京，辽军一看金军来攻，没抵抗就开城投降了。宋朝打我我跟你玩命，第一次1万破15万，第二次我7000人破15万，等金国人一来，那就反过来了，他能1个灭我100个，别抵抗，开城投降吧。

童贯见南京攻下了，就跟金国说，能还给我吗？谢谢您帮我打了，你能还给我吗？金国说拿100万赎城费。北宋又凑了100万赎城费交给金，这样一来总算把南京六州收回来了。西京就别想了，谈都不和你谈，我占了凭什么给你？关键是在这次战争当中，北宋把自己的虚弱表现得淋漓尽致。

金与北宋联合夹击辽，1125年辽亡。从916年太祖耶律阿保机建国到灭亡，享国210年，传了9代皇帝。

金人纵马攻宋

辽灭亡之后，下一步金国开始打宋了。

宋朝在和辽国的战争中，把自己的虚弱暴露得淋漓尽致，我就是无能。而且宋朝净干没溜儿的事，双方约好了，咱们灭了辽之后各守疆界，不许招降纳叛。

因为燕云十六州的居民主要是汉人，而这些汉人不愿意受金人的统治。辽比金的文明程度高多了，好歹辽已经汉化了，金基本上是野蛮人，刻木结绳。汉人不愿意受他统治，就都往宋朝跑。但这是不允许的，双方约定好了谁也不许招降纳叛。

宋朝是怎么办的呢？你来我就接受，等金国一要我就把你送回去，这样的结果就是他的虚弱暴露得更明显，而且燕云十六州的汉人全失望了，本来以为我跑到祖国，祖国会保护我，结果金人一要就给送回去，要人给人，要脑袋给脑袋，心一死，燕云十六州的汉人就彻底离开了宋。

之前北宋收复燕云十六州的时候说的是"念旧民涂炭之苦，复中国往昔之疆"，结果中国往昔之疆也没收复成，旧民的涂炭你也不管。这个时候金国大军兵分两路南下，一路出西京云中，一路出南京，摧枯拉朽，很快就打到了东京。当时，宋朝的皇帝是中国历史上著名的书法家、画家、词人、文物鉴赏家宋徽宗。这个人除了不适合当皇帝，其他地方都非常完美，现在他的画拿出来拍卖，一幅画就6000多万人民币，还不知道是不是真的，就值那么多钱。他的艺术成就很了不起，当什么都有前途，就是当不了皇上，金国人一打来，他第一个反应就是逃跑。

宋徽宗派了一个大臣——给事中李邺，到金营去看看虚实。李邺回来后，说金国"人如虎，马如龙，上山如猿、入水如獭，其势如泰山，中国如危卵"。我们打不过人家，肯定完蛋了。宋徽宗一听这太厉害了，忙传位给他儿子宋钦宗。他儿子是骂着娘哭昏过去登基的，你不登基就是不孝啊！宋徽宗说，我到镇江，白娘子许仙那地界，撞钟祈福，国家长治久安。儿子说你扯吧，开封不能念经？你非跑那儿念经去。宋徽宗带着人就跑了，宋钦宗也没办法，接过这烂摊子死守开封，在李纲的领导下打退了金兵的进攻。

金国人一看毕竟汴京城池高阔，百万军民不是太好打。于是放下话来，行了，我饶你一马，但是我有条件，你们要报销我的军费，我来了一次不能白来，你们要给我500万两黄金、5000万两白银、1万头牛马，割让太原、河间、中山三镇，以宰相、亲王为人质，我就撤军。

哪儿去凑那么多钱？宋朝马上就开始动手四处搜刮这些钱，宰相、亲王也给送去了。割让三镇也在紧锣密鼓的操作当中，金军就退了。金军一退，宋徽宗就回来了，你瞧我念经管用吧，灵验了吧。结果没想到，他刚一回来，金人再度南下，又来了，因为你钱没交齐。可是500万两金子，你就是把宋朝砸了卖掉也凑不够啊，三镇也没割，因为三镇居民誓死反对。所以金军再度南下，又是兵分两路，打到黄河边上。

过黄河的金军有几万人的样子，守河的宋军是14万。金国人把羊绑在柱子上面，让羊用腿敲了一夜战鼓，做出一副要渡河的架势。第二天金国人一看，14万宋军跑得一个不剩，于是金国人就用小船运兵过河，一人一马这小的船，从从容容十几天就过了黄河。金国统帅完颜斡离不得意扬扬："南朝可谓无人矣，若以一二千人守河，吾辈岂得渡哉？"有一两千人守着放两箭，我也不至于这么容易，跟自驾游一样就过来，打到东京汴梁了。

10. 宋帝国的伤心事儿

北宋时的畅销书

东京汴梁百万军民，勤王之师据说不下20万，可围城的金军不到8万人。8

万金军里面、女真人就一两万，剩下的是汉人、渤海人和契丹人。8万人城都围不严，围严了人不够使，只能围两面，但是百万军民的东京汴梁城居然沦陷了，徽、钦二帝都做了俘虏。这是1127年，北宋灭亡，史称"靖康之变"。

因为那一年是宋钦宗靖康二年，为什么《神雕侠侣》、《射雕英雄传》里有郭靖、杨康，"靖康耻，犹未雪，臣子恨，何时灭。"指的就是这"靖康之变"。两位皇帝、3000多名宗室加上大臣都被俘虏，太祖开国以来100多年的积攒，金银财宝、图书文物全都被扫荡一空。大冬天，他们这些人乘坐860多辆牛车北上。

金人对两位皇帝百般侮辱，金国士兵甚至往皇帝身上撒尿，尿厚厚地结成了一层冰，皇上真有忍性。睡觉的时候，几个人绑一块儿，而且我的手绑你的脚，省得你逃跑，过山的时候就把皇帝横着担在马上，这么给绑过去。父子俩忍到了上京会宁府，也就是今天黑龙江的阿城。路上，徽宗皇帝的妃子，包括宫女，很多都被金军侮辱瓜分，钦宗的朱皇后不堪侮辱，年仅26岁，投环自缢，上吊自杀了。

这两位皇帝一直忍忍忍忍，经过一年多的艰苦卓绝的长征，终于到达了金国的都城上京会宁府，更大的屈辱又开始了。金太宗让这俩皇帝去给金太祖完颜阿骨打谒陵，怎么拜呢？把两个皇帝的衣服剥光，所有的宋朝大臣都要祖露上身，现场宰杀两只羊，把血淋淋热乎乎的羊皮扒下来，披在这俩皇帝身上，让他们俩绕着完颜阿骨打的陵寝一步一磕头。金国君臣哄笑，宋朝宗室大臣痛哭。仪式完成以后，金主下令，册封宋徽宗为昏德公，宋钦宗为重昏侯。这两个人虽然有公侯之封，但他就是为了侮辱你，你不可能享受公侯之位。于是，给这俩皇帝造了两个半地下的小屋，让他俩居住，东北冬天很寒冷，有人说那俩皇帝坐井观天，像井一样，实际上不可能把俩皇帝搁井里，那零下40度，搁井里就冻死了。还是小屋，但是条件很简陋，后来把他俩关到了五国城，也就是今天黑龙江的依兰县。现在依兰县还复原了宋徽宗当年被关的地方，起名叫

"坐井观天"。给他们几十顷地，自己耕种，两个皇上成了农夫，下场非常凄惨。金国皇帝开宴会的时候，地上铺上一层烧得滚烫的沙子，让那俩皇帝带一个狗脑袋、拴一条狗尾巴，光着脚在沙子上踩，一烫就来回跳。金国君臣哈哈大笑，南朝皇帝给咱们跳狗舞，多好玩。

金朝的皇帝有时候要赏赐宋徽宗一些饮食、衣物，每次宋徽宗必然要写谢表。随着宋徽宗的女儿们一天天长大，公主们一个个出落得如花似玉。金太宗就下令，六个成年公主赏赐给金国大将们做妾，宋徽宗还要为这件事写个谢表，他的谢表怎么说的呢？他的谢表说："臣佶（宋徽宗叫赵佶）奉宣命，召臣女六人赐内族为妇，具表称谢。"你把我的六个女儿分给皇族做妾，我太感谢了。瘦金体写得都走样了，因为他是跪在地上写的。

就在这样的环境下，宋徽宗又活了7年，47岁被捕，死的时候54岁。宋钦宗活了34年，巨能熬，为人学得乌龟法，得缩头时且缩头，宋钦宗的乌龟缩头功天下第一！

金朝人把宋徽宗所有的谢表、贺诗、贺词集成一集，出版了一本书，在跟南宋交接的互市上卖，卖了四五十年。这本书成了畅销书，据说南方士子人手一册，谁都有这本书。当年太上皇北狩的时候，就这么低三下四。气节之低，令人瞠目。

北宋公元960年建国，到1127年灭亡，历经168年，这个数还挺吉利。

要比逃跑我第一

1127年，北宋的康王赵构称帝，都临安，史称南宋，赵构就是宋高宗。

赵构是因祸得福，他母亲是宋徽宗的嫔妃里面出身最低的一位，宋徽宗有三十多个儿子，他排行第九。老爸并不喜欢他，哥哥也不喜欢他，因此金国要人质的时候，先把他送去做人质。但金国人看到赵构气宇轩昂，武艺高强，能当禁卫军军官，本事非凡。金国说我不要你，你太横了不好管，容易越狱或者带人造反，你回去，换一个稀泥软蛋来。他们点名要宋徽宗最宠爱的第三子郓王赵楷。这个人跟宋徽宗一样，是一个绣花枕头，金人就点名要这个小白脸，不要赵构。

这样赵构就被放回去了。等到金军二次南下，赵构主动请缨去金营议和，走到半路，被人拦下，以天下兵马大元帅的名义招兵买马，起兵勤王，但他招来的军队并不去勤王。等到东京一陷落，宋徽宗和他儿子全被俘，他是唯一幸存的皇子，于是大臣们就劝他正大位，他这才即的皇帝位。

当时中原好多地方双方还在反复拉锯，金国没有信心也没有能力占领中原，因为不会治。不会种地，汉人说的话也听不懂，书也看不懂。一开始想扶植傀儡，先扶植了张邦昌建立伪楚，后又扶植刘豫建立伪齐，总之他们不想直接统治这个地方。所以这个时候北方的义军就起来抗击，义军就是民兵，不是北宋的正规军。

义军里面最著名的是王彦率领的八字军，据说结营联寨100多处，发展到70多万人。当然毕竟是人民武装，跟正规军还有差距。八字军每个人在脸上刺着"赤心报国，誓杀金贼"。脸上刺字就是毁容了，不要脸了，而金国人最怕跟不要脸的人打仗。这帮人太厉害了，脸都不要，只要杀金贼。

如果这时南宋官军跟八字军联合起来，趁着金国立足未稳，光复故土也不是没有可能的。但高宗皇帝一门心思想逃跑，由应天奔扬州，扬州奔建康，建康奔杭州，杭州奔越州，越州出海，到海上漂着去了。金国大将完颜宗弼，就是评书里常说的金兀术，以四千轻骑，从长江边一直追到海边，因为金军不习水性，只能望海兴叹。金军一撤，他就从海上回来了。

含冤风波亭

皇帝不思抵抗，但大将们还是很善战的，最典型的就是岳飞。

岳飞的军队被称为"岳家军"，"岳家军"最精彩的战役是郾城大捷，那里离开封已经很近了。当时的金军统帅是完颜宗弼，金熙宗的叔叔，太祖第四子，封梁王都元帅，相当于金国军队的总司令。他率大军南下，在郾城跟"岳家军"主力遭遇。

宋军跟辽军、金军打仗总失败的重要原因是宋朝只有步兵，而辽、金都是骑兵。平原作战骑兵打步兵简直就是猫戏老鼠，除非在山区。完颜宗弼的部队是三千铁浮屠、一万五千拐子马，铁浮屠就是铁塔，救人一命胜造七级浮屠嘛，浮屠就是塔。三千铁浮屠就是重甲骑士，跟欧洲中世纪的骑士似的，人马都披重甲，人就露着俩眼，马就露着尾巴和四个蹄子，为了冲击起来力量大，还把五匹马拴在一起，一块儿冲锋。马上骑士手持长刀、大斧、狼牙棒，攻击力是非常惊人的。

打仗时三千铁浮屠正面冲击，一万五千拐子马左右两翼包抄。拐子马就是轻骑兵，人马都不披甲，精于骑射。北方民族跟汉族的士兵打仗，很少肉搏，主要靠弓箭射和马的冲击力把你干掉。平端战刀，马往前一冲，速度十分快，快到刀都不用挥，只要拿稳了，等脑袋自己凑上来就切。

以前，宋军遇到这种对手无计可施，只能任人宰杀。岳飞一看，这好对付，你不就是靠骑兵冲击力吗？挖壕沟，一道一道壕沟挖起来，然后把金军引诱到既定阵地。等金军开始冲锋，一冲发现地上有沟，赶紧勒马，一勒马速度没有了，壕沟里藏的宋军马上用麻扎刀砍马腿。由于金军五匹马绑一块儿冲锋，所以只要砍掉一条马腿，五匹马全倒。铁浮屠一身盔甲好几十斤，倒下就起不来。马本身还有几百斤呢，一倒能把人压死。

如此一来，铁浮屠、拐子马几乎全军覆没，金军无敌于天下的神话就此被打破。趁着这个形势，宋军继续进攻，准备收复开封。当时中原父老给岳飞敬酒，岳飞说："直捣黄龙，与诸君痛饮耳。"不着急，这酒留着喝，我去系统里把他的CPU拆了再和你们庆祝。但宋高宗命令岳飞班师，解除兵权后将他杀害。

宋高宗为什么要杀掉岳飞呢？因为外患未灭先惧内忧，害怕抗金力量壮大对他的统治不利。岳飞那么得民心，万一打完金国一个回马枪，把宋也给挑

风波亭遇害

了，那不是养虎为患吗？这个事情看起来很荒诞很缺心眼，但一结合北宋初年的政策就很好理解了。北宋初年自太祖皇帝以来，一直对武将是不信任的。在皇帝眼中，每一个武将都是潜在的反贼，不能给他兵权。重文轻武，守内虚外，要保持这样一种局势。

现在岳飞的部队居然被称为"岳家军"，而不是"赵家军"，这就太可怕了，两姓旁人能好吗？况且岳飞的"岳家军"几乎占了宋军一半，宋军当时40万，"岳家军"就有20万，要造反简直不费吹灰之力。而高宗皇帝在南渡初期，经历过多次武将造反兵变，像郦琼叛变，带4万多人投降伪齐。所以他对武将的不相信更是根深蒂固，由来已久。

岳飞这个人可能没受过正规教育，不太懂得跟君主打交道。有才能的人往往脾气比较大，岳飞脾气就比较大。有一次上朝，他跟皇上说，早立太子，东宫虚悬不好。皇上还不到30岁呢，春秋正盛，着什么急立太子？皇上非常不高兴，说这种事不是你应该说的，武将不该管这个，宰相都不管这事，你管得着吗？打你的仗去。岳飞一听，你不听我的，爷不玩了，退休不干。皇上就派人请他，对不起我说错了，你回来吧。一次两次老这么干，皇上能不生气吗？

原来国家危如累卵的时候用用你，现在金军被打得节节败退了，金也知道宋朝的厉害了，而且宋朝能打的武将也不只你岳飞一个，韩世忠、吴玠、吴璘，这些人都特别能打。特别是吴氏兄弟镇守陕西，金军根本别想从那儿进四川，非常厉害。

这样一来，岳飞就被剥夺军权杀掉了。表面上是秦桧害的，实际上是皇帝授意的。因为如果岳飞真把金打败了的话，徽宗虽然已死，钦宗还活着呢，岳飞直捣黄龙，那宋钦宗就有可能被接回来。钦宗要是活着回来了，高宗该怎么办啊？后来宋金议和的时候，高宗跟金说，你把我爹的遗体还给我，把我妈还给我，根本就没提到他哥的事。

当时金国的看守都把宋钦宗从井里捞出来了，给他盖房，跟他讲对不起啊，别跟我一般见识，等你回去做皇帝的时候，每年别忘了给我寄点儿压岁钱，我对你还不错。金主封他为天水郡公。宋钦宗心里知道，回国肯定没戏。果然宋朝的使臣一来，要徽宗的棺材，要韦后，就不要钦宗。当韦太后车驾起程南下的时候，宋钦宗跑过去抱着车轱辘痛哭，你回去告诉九弟，他只要把我接回去，我愿意出家做道士，三间草屋、两亩薄田，我绝不跟他争皇位。结果一直到他死也没回南宋，更不能归葬南宋，后来金在北方把他安葬了。爸的尸体高宗还要，哥的尸体连要都不要，根本不提了。正是出于这个缘故，岳飞能成功北伐的可能性几乎为零，你要打，你特别想打，但我绝不让你打，十二道金牌召回，岳飞在风波亭被干掉。

称臣纳贡

1141年，南宋与金和议，东起淮水、西至大散关以北的土地归金统治。陆游写有《书愤》一诗："早岁那知世事艰，中原北望气如山。楼船夜雪瓜洲渡，铁马秋风大散关。"瓜洲渡、大散关，为什么提这两个地方？因为该处已经是两国的边界了，正好是中国南北方的分界线，秦岭淮河，所以这就是中国历史上典型的第二次南北朝。

可笑的是黄河流域在金的统治下，而北宋的七帝八陵都在河南巩县，以后南宋皇帝要想祭祖得申请签证。我要去贵国看望我的祖宗，麻烦你给签证。

另外南宋皇帝要向金称臣。原来北宋跟辽交往的时候，国书这么写："大宋皇帝谨致书大契丹皇帝阙下"，还不至于太窝囊。现在写书，得说"臣宋如何如何"，南宋的皇帝得由金国皇帝册封，就跟朝鲜国王得由中国皇帝册封的感觉一样。宋使使金，递国书时都是跪着，金国皇帝坐着；而金使使宋，递国书时是站着的，宋朝皇帝也得站着，上国来使当下国之主。

今天韩国说汉字是韩国人发明的，历史上中国是韩国领土。可是明朝的时候，行人司的行人才出使朝鲜，正八品。行人司的郎中都懒得去！咱去一个八品官，见朝鲜国王的时候，朝鲜国王得给咱们作揖，作三次，大哥你来了。咱的行人还爱答不理，懒得理你。中国要去一个二品官，他们全国跟开奥运会似的。

宋朝的情况和朝鲜也差不多，人家金国随便来一个使臣跟你皇帝平级，所以宋朝皇帝都不想接见金使，派宰相去接。金国也能理解，双方也很有默契。

每年宋朝要给金岁币50万，后来一度降到40万，之后又涨到60万，银绢各半。

当时宋高宗的年号叫绍兴，所以这次和议称"绍兴和议"①。

绍兴和议使南宋与金对峙的局面确定。双方力量均衡，对峙了七八十年。这时候，金把都城迁到了燕京，改名中都，就是今天的北京。辽、金两国汉化程度是相当高的，金朝到第五代皇帝世宗的时候，基本上贵族都不会说女真语了，也不认识女真文，完全汉化了。后来清朝吸取了教训，乾隆爷一再下令兴骑射，讲满语，可是也没撑多久。金迁都燕京的时候是金国第四代皇帝，中国历史上有名的暴君，海陵王完颜亮。

完颜亮迁都用的着儿狠到了什么程度？金国的贵族不愿意南迁，我就把你家祖坟刨了，把坟迁到中都，你跟不跟着来？太祖太宗的坟全给刨了，金朝皇帝的皇陵全在北京房山，民国时候还有遗存，今天连地宫入口都找不着了。其实找到也没用，蒙古人太恨金国，金帝陵都被盗了。

北京有两个王朝的皇陵，一是金一是明，金在房山，明在昌平。清皇陵不在北京，在河北。金中都的范围主要是今天的宣武和丰台，北京三环路上有很多地名都是从金中都延续下来的。比如丽泽桥，来自金中都的城门丽泽门；丰

---

① 绍兴和议是南宋与金订立的和约。和约内容主要有：（1）宋向金称臣，金册宋康王赵构为皇帝。（2）划定疆界，东以淮河中流为界，西以大散关为界，以南属宋，以北属金。宋割唐、邓二州及商、秦二州之大半与金。（3）宋每年向金纳贡银、绢各25万两、匹，自绍兴十二年开始，每年春季搬送至泗州交纳。

益桥来自于金中都的正门丰益门，丰益门往南五里有一个台祭天，相当于天坛，所以这个区叫丰台区。这样，金朝的统治中心完全转移到了中原，基本上被同化成中原民族了。

宋金两朝对峙了90年左右，谁也不能吃掉谁，直到蒙古高原上兴起了一个更强大的游牧民族。

11. 上帝之鞭

横扫世界的蒙古骑兵

12世纪中后期，铁木真统一了蒙古草原，这是蒙古草原第一次得到统一。铁木真在蒙古语里是"精钢"的意思，很贴切。蒙古草原上有很多部落，蒙古部只是其中之一。此外还有塔塔尔部、汪古部、篾儿乞部等，但是铁木真后来把这些部落都灭掉了，所以草原上的民族统称为蒙古族。

1206年，铁木真称成吉思汗，蒙古汗国建立。成吉思汗的意思是拥有四海的汗。蒙古的对外战争，西到中亚俄罗斯，南到印度河，然后还打西夏和金。他们的西征一共进行了三次，是野蛮民族对人类文明的最大摧残，当然客观上也使东西方进行了物质文化的交流。

第一次是成吉思汗本人指挥20万大军灭掉了中亚的回教大国花剌子模①，花剌子模大概在今天的乌兹别克斯坦及土库曼斯坦。蒙古军攻城有个规矩，如

---

① 花剌子模，是一个位于今日中亚西部地区的古代国家，位于阿姆河下游、咸海南岸，在今日乌兹别克斯坦及土库曼斯坦两国的土地上。公元12世纪末至13世纪初叶，其领土广阔时包括今日伊朗、乌兹别克斯坦、土库曼斯坦、塔吉克斯坦、阿富汗、哈萨克斯坦、吉尔吉斯斯坦、伊拉克东部及以色列等地。1231年，被蒙古所灭。

果这座城没抵抗就投降的话，破城后超过车轮高的男子一概杀死，妇女儿童工匠留做奴隶。如果这个城市敢抵抗，破城之后，鸡犬不留，全城夷为平地，播种牧草。像玉龙杰赤、撒马尔罕这些古城就是因为这样而找不到了，因为他们抵抗了，都被后来播种的牧草所盖。蒙古人在战场上每杀死一千人就倒吊一具尸体用来计数，一场战役下来，战场上倒吊的尸体比比皆是，极其野蛮残忍。

蒙古人的货币上印的是成吉思汗，但是今天蒙古跟我们不是一个国家，我们没必要把他当做祖宗，更没必要把他的所谓西征看做中国人的骄傲。假如当初日本人征服了中国，我们还要歌颂日本天皇吧？虽然中国也有蒙古族，但成吉思汗出生在外蒙古，埋葬在外蒙古，跟咱不是一回事。中国历史上第一次亡国，没有什么可值得纪念的，更不能把它当做骄傲。你被别人灭了，还说真好，属于恬不知耻。成吉思汗第一次西征，主力一直打到印度河，今天的巴基斯坦，但那儿太热了，所以成吉思汗班师回去了。

西征的另一支偏师由蒙古名将哲别和速不台指挥，打到了太和岭，也就是今天的乌拉尔山脉。后来成吉思汗在攻西夏时死掉，他死的时候，密不发丧。如果西夏知道他死了就该抵抗了，西夏的皇族也因此全被杀掉。成吉思汗的遗体被运回到蒙古老家，叫起辇谷，这个地方不知道在哪儿，因为他们走了一条没人知道的路，沿途见一人杀一人，不能让你看到大汗出殡。到了地方埋葬后，万马踏平，不起坟头，播种牧草。仪式完成后杀一头小骆驼，让母骆驼眼睁睁看着。来年祭祀的时候，赶上这头母骆驼，母骆驼走到这个地方自然很痛苦，哀号不已，大家就知道这是成吉思汗的陵，于是就举行祭祀。母骆驼一死，再也没人知道他埋在哪儿了，肯定是在外蒙古，但找不着。今天内蒙古伊金霍洛旗的成陵是成吉思汗的衣冠冢，不是他的尸身所在地。

成吉思汗是靠着一棵大树死的。所以蒙古人把那棵树锯下来，抛成两半挖成槽搁里面，三道金箍一围就是他的棺材，陪葬金盔金甲金盘子金碗金筷子。蒙古人很环保，我来自草原，死了要做养料，不能占用草地，不修坟。每一个元朝皇帝都这么安葬，所以元朝的皇陵在哪儿根本就找不着。

成吉思汗死后，到了1240年左右，蒙古人进行了第二次西征。这次西征是由成吉思汗的几个长孙领导的，就是术赤汗的儿子拔都、察合台汗的儿子哈剌旭烈，还有其他两个长孙，所以这次西征叫长孙西征。一直打到了多瑙河，占领了波兰和匈牙利，兵锋直指维也纳。此时蒙古的第三代贵由汗病逝，蒙古人不像汉族有嫡长子继承制，是谁拳头硬谁当老大。贵由汗一死，这些蒙古贵族就回到草原上抢汗位去了。留下的偏师被欧洲的联军击败，避免了整个欧洲的灭亡。

这次蒙古人确实占领了半个欧洲，特别是俄罗斯，被蒙古统治了100多年，俄罗斯人身体里每个毛孔都融入了蒙古基因。

第三次西征由蒙古第四代大汗蒙哥汗的弟弟旭烈兀指挥的，部队打到了西奈半岛，马上就踏上炎热的非洲土地了。1258年，蒙古军队攻陷了巴格达，把当时赫赫有名的阿拉伯帝国灭掉。旭烈兀在阿拉伯帝国领土上建立了他的伊儿汗国。

旭烈兀本人是一个虔诚的基督徒，如果他的功业完成，弄不好伊斯兰教就没了。可他打到这个地方的时候，蒙哥汗在跟南宋作战的过程中被南宋军民击毙，按照《神雕侠侣》里面说，是被杨过拿石头砸死的。忽必烈和阿里不哥抢汗位，旭烈兀就班师，结果蒙古兵在西奈半岛被打败，退兵原因和上次一样。

三次西征，不到100万蒙古人统治了4000万平方公里的陆地面积，占地球陆地表面积的1/3。地球陆地表面积一共1.1亿平方公里，还得除去南极。就是说，当时几乎有人居住的地方都被蒙古人占领了。

元朝的诞生

当然，蒙古除了西征外，还在中国大力经营。

1234年，蒙古灭金。蒙古建国后不断地跟金打仗，当年英武绝伦的完颜阿骨打子孙经过100多年的汉化已经很衰落了，赫赫有名的马上民族变得文弱不堪。1219年，金中都被攻陷，成吉思汗一把大火把金中都烧为白地，之后忽必烈营建元大都的时候就得避开金中都了。现在，北京西二环白纸坊桥就有金中都宫殿遗址，莲花池是金中都的核心。

蒙古攻打金，宋非常高兴。南宋跟金的仇可比北宋和辽的仇大多了，宋辽自澶渊之盟之后，119年没打仗，而宋金老打仗，皇帝都死在金国。所以宋主动跟蒙古联络，我要跟你一块儿灭金。金国这时候的应对之道比较失策，心说我在蒙古损失的我要在南宋那里得回来，放着蒙古军不抵抗，不断南下攻宋。这样一来把宋朝的火越拱越高，导致宋军跟蒙古军联合灭掉了金。

当然灭金的时候宋军主要给人送粮，就干点儿这个。攻金的最后一役在蔡州，金国的末代皇帝哀宗（谥法里恭仁短折曰哀）完颜守绪上吊自杀。完颜守绪自杀前跟太监说，我死之后把我的遗体烧掉，以免被敌人侮辱，然后自缢殉国。太监赶紧放火，那会儿没汽油，拿柴火点，点完之后一看敌人马上要打进来了，太监就跑了，尸体没烧透。宋将打进来一看，哀宗尸身保存基本完好，还冒着烟呢。宋将特来劲，拉弓就给死尸来了三箭。后来宋朝官员把金国大臣叫来百般侮辱，你看你小子也有今天。金国大臣回答："国家兴亡，何代无有？然我国主之丧，比汝之徽、钦二帝如何？"你瞧我们皇上死得够爷们儿吧，以身殉社稷，要不然就突围了。国君为社稷死这是最高境界，中国历史上能够做到这一点的皇帝好像还真不多。明思宗崇祯皇帝够爷们儿，李闯王破城之后煤山自缢殉国。

金亡之后，蒙古人开始征战吐蕃。

吐蕃王朝灭亡之后分裂了几百年，蒙古人一来，这些人一看蒙古人杀人不眨眼，投降吧，咱用佛法征服蒙古人。征服吐蕃后，蒙古人又征服了云贵的大理国。这样一来，蒙古对宋就形成了包围之势。

蒙古人率先把这些地方征服了，所以今天特别有意思的是，云南、贵州、四川人的语言跟淮河以北的语言同属于北方语族，北京话也属于北方语族。汉语包括粤语、闽语、客家、吴语、赣语、湘语、北方等一共七个语族。北方话实际上是满语、蒙语跟北方方言的融合，蒙古人征服的地方说的就是北方话，所以北方话在正统汉人眼里属于胡音。而讲北方语族的人听南方话也听不懂，不翻译还当是日语呢，跟外语一点儿区别都没有。

1928年国民政府定国语的时候，粤语仅一票败给了北京话，要不然我们都得说粤语。现在西方国家拍的电视剧、电影，一演中国人，说的多半是粤语，他们就以为那是中国的国语，不知道蒙古人已经用北方话占领了国语。

1271年，忽必烈改国号为元，定都燕京，改燕京为大都，统治中心向中原转移。忽必烈就是元世祖，像元太祖、元太宗、元定宗、元宪宗都是后来追谥的。忽必烈的国名取自《易经》，"大哉乾元"，各取一个字就是大元。秦统一以前王朝的名字都是部落名，夏部落、商部落、周部落，后来王朝的国号都是开国之君的官名，秦王当然建立秦国，汉王刘邦建立汉朝，魏王曹操当然就建立魏。再然后隋国公、唐国公、归德军节度使（治所在宋州）建立的朝代分别是隋、唐、宋。到了元，前朝是放羊的，怎么办呢？《易经》里面取一个吧。以后大明、大清也和元一样。明朝的朱元璋从前是要饭的，清是前朝的酋长，所以元、明、清三朝国号跟以前的取法不太一样。

12. 中原大地元旗飘

铮铮汉子文天祥

元朝建立，开始作为一个中原王朝存在，下一步就是进攻南宋。

蒙古灭宋的战争断断续续进行了40多年。因为蒙古人同时还进行西征。另外江南丘陵密布、河湖交错，也不利于蒙古骑兵行动。再加上那个时候中国人的确有骨气，南宋人民不屈不挠可歌可泣地奋起反抗蒙古人野蛮的烧杀，抗暴一直持续了40多年。

两宋的特点是北宋缺将、南宋缺相。北宋没有大将，南宋名将辈出，但是奸相一个接一个、一个赛一个，朝政糜烂不堪。当时的宋朝皇帝只有几岁，由他的祖母太皇太后谢氏执政。元军南下，太皇太后谢氏和全太后，还有小皇帝宋恭帝被俘，北上投降。临安城被围时，朝廷发出诏旨要求天下起兵勤王，但各地观望，无人响应。只有当时做知府的大宋状元文天祥，变卖家产，招募了一万多名民兵准备勤王。当时有人跟文天祥讲，现在元朝三路进军，你这一帮乌合之众，去抵抗元军，不是虎口驱羊吗？你这不是送死吗？文天祥听了后说，我也知道如此，但国家三百余年厚养士人，现在邦家多难，太后和皇上要求起兵擒王，天下竟无一人一骑应诏，我万分悲痛，受国厚恩，我不自量力，愿意起兵勤王。我就想给天下做一个榜样，受君之恩，食国之禄，死得其所。可他到了临安，太后已经决定要投降了。

元朝要求宋朝派宰相奉降书和传国玉玺去元营投降。宰相都溜了，正好文天祥来了。太后非常高兴，你来了好，右丞相兼枢密使总揽大权，任务是递降书和传国玉玺。文天祥到了元营后，怒斥元军统帅伯颜背信弃义，说别看你现在狂，你们把临安占了，我朝还有南方广大地区，特别是岭南、海南，夏天气温36度你行吗？渡海你行吗？北人善骑马，南人善使舟，上船吐死你。所以你好说好商量，我割地赔款可以，但是你要保全我的宗庙社稷。伯颜一看这兄弟够汉子，手无缚鸡之力的一介书生敢跟我来这个，行，你别回去了，就把文天祥扣下了，准备让他到元朝去做宰相。

当时忽必烈在上都，也就是今天内蒙古的正蓝旗。南宋三宫出降，元军就押着这些人北上。行至镇江，文天祥在友人的掩护下脱险跑了，转战江南。南宋大臣陆秀夫和张世杰拥戴了一个十一岁的小皇帝，在海上颠簸死了，又立了一个八岁的。宋朝末期有三个小皇帝，投降的那个九岁，立了一个十一岁的挂了，又立了一个八岁的。这个小王朝被赶到海上漂泊，称为行朝，而文天祥在

文天祥抗元

陆地上领导军民抵抗。

忽必烈见南方很难征服，就派元朝的汉族名将张弘范为蒙古汉军都元帅，率大军南下。张弘范跟张世杰是堂兄弟，但他是金国汉人，从来没出仕过南宋，于是各为其主，他率军在广东击败了文天祥。文天祥兵败后服毒自尽，可惜是假药，或者下雨受潮失效了，吃完没死成，被元军抢救了。元军说这个人要看守好，皇上点名要他，就把他押上战船去打张世杰的部队。张弘范让文天祥写劝降信，你们肯定没戏了，写封劝降信吧。文天祥写了著名的《过零丁洋》："人生自古谁无死，留取丹心照汗青。"

张弘范看劝降没戏，就发动进攻，宋军全军覆没。宰相陆秀夫背着八岁的小皇帝投海自尽。张世杰准备退往占城，就是今天的越南，重整旗鼓反攻，不幸遇到台风遇难。文天祥在元军战船上亲眼目睹了祖国的灭亡，那种痛苦难以言表。张弘范得意扬扬地在崖山立碑，上刻"镇国大将军张弘范灭宋于此"。后来明朝建立，把碑上的文字刮了，刻"宋丞相陆秀夫殉国于此"。

文天祥被押往大都，经过南京的时候，曾经写过一首《金陵驿》："草台离宫转夕晖，孤云漂泊复何依？山河风景原无异，城郭人民半已非。满地芦花和我老，旧家燕子傍谁飞？从今别却江南路，化作啼鹃带血归。"到了大都，一开始是在"钓鱼台国宾馆"住着。但文天祥出身富贵，状元宰相，锦衣玉食惯了，别来这一套，这我都吃过见过，坚决不降。不降怎么办？关兵马司土牢里，臭虫、蚊子、苍蝇做伴，冬天结冰、夏天长毛，在今天北京东城区的府学胡同63号关了三年。在牢里，他写下了著名的长诗《正气歌》：

天地有正气，杂然赋流形。下则为河岳，上则为日星。

于人曰浩然，沛乎塞苍冥。皇路当清夷，含和吐明庭。

时穷节乃见，一一垂丹青。在齐太史简，在晋董狐笔。

在秦张良椎，在汉苏武节。为严将军头，为嵇侍中血。

为张睢阳齿，为颜常山舌。或为辽东帽，清操厉冰雪。

或为出师表，鬼神泣壮烈。或为渡江楫，慷慨吞胡羯。

或为击贼笏，逆竖头破裂。是气所磅礴，凛烈万古存。

当其贯日月，生死安足论。地维赖以立，天柱赖以尊。

三纲实系命，道义为之根。嗟予遘阳九，隶也实不力。

楚囚缨其冠，传车送穷北。鼎镬甘如饴，求之不可得。

阴房阗鬼火，春院闭天黑。牛骥同一皂，鸡栖凤凰食。

一朝蒙雾露，分作沟中瘠。如此再寒暑，百疠自辟易。

哀哉沮洳场，为我安乐国。岂有他缪巧，阴阳不能贼。

顾此耿耿在，仰视浮云白。悠悠我心悲，苍天曷有极。

哲人日已远，典刑在夙昔。风檐展书读，古道照颜色。

用历史上的忠臣义士激励自己坚决不降。

后来元朝听说南宋遗民打着文丞相的旗号要暴动，因此忽必烈亲自出马，最后努了一把力，劝他投降。文天祥一身布衣被带到了宫殿上，见了忽必烈后只作了个揖，没有下跪，然后背对着忽必烈坐在地上。忽必烈很无奈，讪笑了一下，先生何求？但求速死！忽必烈一看他铁石心肠劝不动，于是下令在柴市处死文天祥。临刑之时，文天祥问刽子手，哪里是南方，因为他在监狱里待的时间太长了，丧失了方向感。刽子手指给他看，文天祥面对南方，向列祖列宗、大宋先帝、家乡父老行了礼。行礼之后，要来纸笔，写了绝命诗一首：

昔年单舸走维扬，万死逃生辅宋皇。

天地不容兴社稷，邦家无主失忠良。

神归嵩岳风云变，气吐烟云草木荒。

南望九原何处是，尘沙黯淡路茫茫。

文丞相真是满腹经纶，临终时都能作出一首对仗工整的七绝。做完之后跟刽子手说，吾事已毕，动手吧。壮烈殉国。据说文丞相刚刚被杀，忽必烈的赦旨就到了，忽必烈还是不忍心杀文丞相，但是已经晚了。文丞相去世后，大家收敛他的遗体，在他的衣袋当中，还发现了一首绝命诗：

孔曰成仁，孟曰取义，惟其义尽，所以仁至。

读圣贤书，所学何事，而今而后，庶几无愧。

文天祥真的是中国完美人格的体现、理想人格的化身。孟子讲什么样的人算大丈夫？贫贱不能移，富贵不能淫，威武不能屈。文天祥统统做到了。他用自己的头颅为大宋王朝画上了一个完满的句号。

元人不学好

1279年，元朝完成了中国的统一。

元朝统一时，今天的新疆、西藏、云南、东北、台湾、南海诸岛都在元朝的统治范围之内。史籍记载元朝的疆域："东尽辽左，西及流沙。北逾阴山，南越海表。汉唐极盛之时不及也。"汉族文人可能地理知识也不是特别健全。北逾阴山，阴山在内蒙古，内蒙古一过再往北就到北极圈了，在元朝的领土上能看到北极熊。元帝国极盛的时候，大概有2000万平方公里，相当于解体前2240万平方公里的苏联。如果算上以俄罗斯为中心建立的金帐汗国、中亚新疆的察合台汗国和西亚的伊儿汗国，大概蒙古人占了4000万平方公里。这三大汗国后来跟元帝国本土的联系就越来越少了，到第二代、第三代汗的时候就伊斯兰化了，被当地民族同化了。

元朝统一多民族国家的发展特点表现在汉人到边疆定居，边疆各族迁入中原。注意，这不是双方交换场地。汉族人去边疆估计是被强制拆迁或者流放的，边疆各族迁进中原是因为中原好，我们打下天下就得坐天下。

元朝人分四等，蒙古人属于第一等，二等人叫色目人。色目人的意思不是说眼珠跟咱们不是一个色，是"各色各目"，包括钦察、唐兀、阿速、图八、康里、畏兀儿、回回、乃蛮、乞失迷等共31种，可能也有同名重出或异译并存之误。后来规定，除汉、高丽、蛮子外，俱系色目人。马可·波罗为什么做扬州的达鲁花赤？他一个外国人咋能做扬州市委书记？因为他是色目人。汉人是第三等，就是原来的金统治区各族人。而原来南宋统治区各族的人叫南人，南人是第四等。

蒙古人与汉人争，殴汉人，汉人勿还报，许诉于有司。蒙古人打死汉人，只须杖刑57下，付给死者家属烧埋银子即可；汉人殴死蒙古人，则要处以死刑，并断付正犯人家产，余人并征烧埋银。南人不许习武、不许打猎、不许结社，汉人、南人组成的军队不得在长江以北驻扎，兵器是木头的，打仗的时候才给你发金属兵器。为防止各族人民的反抗，元朝统治者大肆搜刮民间兵器。汉人、南人民户所有的铁尺、铁骨朵、带刀子的铁柱杖，一律没收；民间各庙宇中供神用的鞭、简、枪、刀、弓箭、锣鼓、斧、钺等物，也均在被禁用之列；就连农家生产上用的铁禾叉也严加禁用。至元五年（1208年）规定：私藏全副铠甲者处死；不成副的铠甲，私藏者杖五十七；私藏枪或刀弩者够十件之数的处死；私藏弓箭十副者处死（每副弓一张、箭三十支）。至元二十二年（1285年）五月，将汉地及江南所拘弓箭兵器分为三等，下等的销毁，中等的赐近居蒙古人，上等的贮于库。

所以，元朝是中国历史上最黑暗的王朝。它如果像现在的某些历史学家吹嘘得那么好，能90多年就灭亡吗？清朝吸取了他的教训，汉化程度就比他高得多。忽必烈有点儿汉化，但也只是粗通汉语。忽必烈的儿子皇太子真金倾心汉化，但忽必烈老东西80多岁该死了还不死。汉族的儒臣们很着急，这些人就想了一个臭着儿，给忽必烈上书，说你该退休了，让位给真金太子吧，真金太子深孚人望。忽必烈宠信色目商人，这些人能敛财，而色目人又是汉族儒臣最看不起的，双方争得很激烈。忽必烈看到上书后非常生气，把真金叫来痛骂了一顿，真金就被吓死了，可能他本来身体比较虚弱，皇上一骂就over了。这样一来，忽必烈更恨汉族儒臣，你们离间我们父子，还把我儿子吓死了。

真金的儿子铁木耳做了皇太孙，就是后来的元成宗。皇太孙也很恨这些儒臣，想想要不是你们给我爷爷写信让他退休，我爹至于给吓死吗？所以他也抗拒汉化。蒙古入主中原之后，忽必烈之后的皇帝基本上连汉字都不认识，也不会说汉语，整个是外国人统治中原。蒙古派到各地去做镇守的达鲁花赤们也不会说汉语，不会写汉字。

蒙古的史书上一举例子就是波斯怎么着，亚历山大大帝怎么着，因为他们在征服中原之前，已经接触了伊斯兰教文明和基督教文明，所以就不会被儒家文明彻底征服。他们不像辽、金或者匈奴、鲜卑，没见过别的，一进入中原，觉得文明程度比我们高多了，得，就你了，拜在你门下。蒙古人什么都见过，什么教都信，蒙古很多皇帝都是基督徒，觉得你中国也没比人家强太多。

民族大融合

这一时期，统一的多民族国家发展特点，第一是汉蒙相互渗透，第二是辽金时期黄河流域的契丹人和女真人与汉的融合，他们在元时被称为汉人。但是留在老家的契丹人和女真人还是没变，女真人后来发展成了满族，契丹人可能发展成了达斡尔族。

第三是唐朝以来波斯人和阿拉伯人大量迁入中国，在我国定居。南宋的最后一任提举市舶司蒲寿庚，就是阿拉伯人。在南宋做了30多年的提举市舶司，相当于南宋海关的关长。当时泉州是世界上最大的商业城市，他在那里做市舶司30多年，富可敌国。元军南下时，南宋行朝招蒲寿庚起兵勤王，蒲寿庚带着钱投降了元朝。他知道我在宋朝是外国人，在元朝我是色目人，接着做市舶司，钱就更多了。蒲氏家族后来就定居中国。波斯人、阿拉伯人和汉、蒙、维吾尔通婚杂居，就形成了回族。因为信仰伊斯兰教，而伊斯兰教在中国被称为回教，所以信仰回教的民族就被称为回族。

第四，西藏成为元朝的行政区。元朝还在澎湖设立巡检司管辖琉球（今天的台湾），元朝管辖西藏的机构叫宣政院。所以西藏是在元朝正式成为中国行政区的，在唐朝可不是。有的说唐蕃会盟，我们嫁过去一个公主，他的就是我们的了，那你干脆嫁日本去更好，每个国家嫁一个，统一世界。所以嫁人的办法不算，西藏在元朝才开始正式成为中国的一个行政区。

这么广阔的领土怎么进行管辖，这就得看元朝的行省制度。

中央设中书省、枢密院、御史台三个机构。中书省为最高行政机关，相当于唐宋时候的尚书省。那时候本来是三省，中书、尚书、门下，蒙古人不会玩，变成中书省专权，一省独大。当然中书宰相也不是一个，中书右丞相，中书左丞相，平章政事、参知政事，左丞、右丞一大堆。枢密院是军事机关，宋朝就设立了。御史台是监察机关，从秦朝起就有。另外设宣政院统领宗教事务和管辖西藏地区，大概相当于今天的国务院宗教事务管理局兼西藏自治区党委。除河北、山西、山东由中书省直接管理外，在地方实行行省制度，设置行中书省，简称行省或省，由中央委派官员管理。

元朝后来被农民起义推翻了。

元朝一共11个皇帝，清朝是12个皇帝。清入关之后近270年10个皇帝，蒙古是98年11个皇帝，不算前面那几个大汗。这98年中，第一个皇帝元世祖忽必烈34年，最后一个皇帝顺帝妥懽帖睦尔35年（不含北元），中间近30年9个皇帝，平均三年多一个，证明绝大多数都是非正常死亡。蒙古贵族内部倾轧得相当厉害，促使国家早亡。

中国历史最黑暗的一页就翻过去了，当然明朝比它也强不了太多。

13. 宋词、元曲两高峰

科技成果一大把

辽宋夏金元时期是古代文化高度繁荣的阶段，理学产生，宋词元曲繁荣，世俗文学出现，科学技术发达。

契丹、党项、女真、蒙古的文化与汉文化融合后，有了新的特色。实际上除了蒙古人之外，前三个民族的文化跟中国几乎一样，只有蒙古人98年之后又回草原了，以前放羊出来的，还回去放羊，白在中原待了这么多年，跟留学一样。

首先看这个时期的科学技术。有三大发明：印刷术、指南针、火药。11世纪中期，北宋的毕昇发明了活字印刷术，然后传到了朝鲜、日本和埃及，直至欧洲。

指南针，宋代已经普遍使用。传说是黄帝战蚩尤的时候发明的，最起码祖冲之就造过指南车，所以指南针应该很早就发明了。宋代在航海中普遍使用。13世纪传到阿拉伯和欧洲，为欧洲航海家发现美洲和实现环球航行提供了重要条件。当年日本国遣唐的船没谱，就是因为它没指南针，找不着北。阿拉伯人来华要搭乘中国的船，回国也要搭乘中国船，因为中国的船有谱。如果中国最近三年没有去他们国家的船，他就在这儿住三年，十年没有住十年。中国改朝换代了永远没船去了，那就在中国定居吧，总比死在海上强得多，所以指南针的贡献是相当大的。

还有一个火药，唐末用于军事。南宋发明的突火枪开创了人类作战史的新阶段，13世纪传入阿拉伯。突火枪的发明使作战进入了冷兵器、火药兵器并用的时代，到17世纪彻底进入火药兵器时代。蒙古大军当中有会造枪的工匠，在和阿拉伯打仗时，使用了管形武器、射击武器。阿拉伯人学会了后，在跟西班牙打仗的时候也使用了火枪。这是今天所有枪炮的直系祖先。

当西班牙守军发现阿拉伯人操纵一种管子状的东西时很惊讶，这是什么玩意儿？赶紧把大主教请来了。主教说我来破解，这是他们的巫术，挂上圣母马利亚的画像、洒圣水。底下一开炮，城楼、主教、圣母马利亚都上天了。

欧洲人发现这个东西好使，开始玩，一玩就比咱们玩得好。鲁迅先生讲，洋人发明了火药做大炮，中国人发明火药驱鬼、做炮放烟花。美国国庆都得进口咱的烟花，因为咱做这个最漂亮。中国人发明指南针干吗？看风水。不吉利这儿不能盖房，动土不宜；洋人则用它航海发现了新大陆。反过来，洋人拿鸦片治病，中国人拿它当饭吃。祖宗给我们留下多少好东西，你都学不会，净走邪道，你说是祖宗无能还是子孙不肖？鲁迅先生在今天那些愤青的眼里，应该是中国第一汉奸，鲁迅骂中国人那叫一个狠，你说骂的对不对，你敢说哪句不对？

三大发明显然都是世界之最，所以奥运开幕式得展示中国古代的文明。此外，北宋沈括著的《梦溪笔谈》也是中国科学史上的里程碑。

元朝郭守敬[①]是著名的天文学家、数学家、水利专家，官拜都水监。今天北京京密引水渠的原理就是当年郭守敬提出来的。积水潭地铁站一出来，有一片古建筑，那就是惠公祠，纪念郭守敬的。因为那会儿积水潭，包括通惠河都是郭守敬开凿的。元朝皇帝下旨准许官员70岁致仕，当官的70岁可以申请退休，但郭守敬除外。别人都可以70岁退休，但郭守敬不能，所以郭守敬一直干到死在任上，历仕几朝。他还创制了简仪和高表，主持了全国范围的天文测量，编订的《授时历》比现行公历早300多年。我们今天的公历是罗马教皇格里在明朝的时候制定的，但中国的《授时历》比它早300年。郭守敬算出来一年是365.2425天，跟现在的实际运行时间差13秒。今天拿电脑算，当年连算盘都没有，可能是在地下摆棍算的，厉害。

吱吱呀呀词风盛

北宋司马光编的《资治通鉴》是编年体通史，上起战国，下至五代。起意重在历代政治兴衰，使君主借鉴其中的经验教训，因此他写的内容一般是政治、军事，不写经济、文化。

宋朝的哲学思想是理学。至于理学思想产生的根本原因是三教合流。中国自古以来就没有宗教，原因也很简单，我们不需要教主，我们的教主就是天子。中国没有宗教就产生不了哲学，形成不了哲学体系，所以中国的思想一旦跟博大精深的哲学体系相对抗，必然要败下阵来。儒家不是宗教，而是一种行

---

① 郭守敬（公元1231—1316），元朝时著名的天文学家、数学家、水利专家和仪器制造专家。字若思，顺德邢台（今河北邢台）人。1981年，为纪念郭守敬诞辰750周年，国际天文学会以他的名字为月球上的一座环形山命名。

为守则。圣人教导我们要成仁成圣，杀身仁人，舍生取义。但圣人没有告诉我们，为什么要这样。人总有这种好奇心，我为什么要杀身成仁、舍生取义？佛家就告诉你为什么要往升极乐，因为这个世界太苦了，谁都不能摆脱生老病死。儒家跟佛家一对阵，稀里哗啦就败下来了。

唐朝的时候，儒学一度衰微，儒学衰微的一个重要原因是佛教盛行，造成统治者崇佛佞佛。唐朝皇帝要把佛骨迎到法门寺，韩愈上表谏迎佛骨，别把这东西迎进来，佛乃夷狄之神，中原不应该信。我们中原有自己的道统，我们应该信孔孟，不应该信佛。韩愈竟然敢攻击佛祖，皇上一生气，你去潮州吧。今天那个地方是开发区，韩愈要去当然快乐，当年那个地方是蛮荒烟瘴之地。韩愈有一首很有名的诗："一封朝奏九重天，夕贬潮州路八千。欲为圣明除弊事，肯将衰朽惜残年！"我好端端地为了国之大统，结果被贬到蛮荒之地了。

韩愈为什么谏迎佛骨，因为儒学受到冲击。到了宋朝，他们有个适应这种冲击的法子，就是索性以儒家思想为基础，吸收了佛教、道教的思想而形成新的儒学。理学的创立者是北宋的程颐、程颢兄弟。还有一位就是千古名篇《爱莲说》的作者周敦颐，"出淤泥而不染"的那位爷。理学的集大成者是南宋的朱熹朱文公。

理学认为理是宇宙万物的本原，是第一性的。气是构成宇宙万物的材料，属于第二性的。关于宇宙万物本原的问题，明显是吸收了道家的思想。道家认为万物本原是道，道可道，非常道，国有四大，天大、地大、王大、道大，一切都是由道来生成。道生一，一生二，二生三，三生万物。现在理学家说理才是宇宙万物之本源，把本来分离的"道"和"理"，搅和搅和，混合成了道理。

然后，把天理和人欲对立起来，认为人欲是一切罪恶的根源，提出存天理灭人欲，这明显吸收的是佛，佛不就是教你看破放下嘛。"一切众生皆有如来智慧德相，但以妄想执著而不能证得。"所以佛家就教你去掉妄想，去掉执著，七情六欲全都当没有，放下，四大皆空，六根清净，你就能成佛。朱熹说人欲之私皆不能有，都要放下才能顺应天理，那怎么成？你不能娶美女当老婆，要看破一切，娶个不男不女的才能顺天理？况且，你想要把自己去人欲的观点告诉别人，让别人都接受这个，这种行为本身就构成了一种人欲，等于朱熹自己也做不到，那别人不是更难嘛。

无论如何，理学家还是通过借用道家、佛家的理论，成功创立了新的儒家。儒学本来是治身的，你用它治世，有点儿太理想化。儒家讲一个人要正心诚意，然后才能修身齐家治国平天下。认为所有的欲望都是罪恶的、可耻的，贪图物质享受，功名利禄，是可耻的、罪恶的。很像欧洲文艺复兴之前，教会推行的禁欲主义，但推行禁欲的目的是让底下人禁欲，让你存天理灭人欲，上面该怎么着还怎么着，皇上不能灭人欲，这叫为统治阶级服务。

儒家讲修齐治平之学，你这个人要能做到这一点，那你非常了不起，问题是我做不到这一点，没有什么东西来制裁、约束我，完全靠我自身的约束力。不像欧洲人有法律，总统犯法也要办了。咱们这儿，当官的没人管你，要靠你自身的自制力，你作为官员应该是百姓的楷模。但也只是应该，实际上背地里干坏事还是没人知道。这么一来，理学思想对于当时明清那个时代的中国，特别是对经济发展显然是不利的。

但是，你说理学是不是一点儿好处都没有，也不能这么讲。它毕竟是中国传统文化当中优秀的部分，人如果真的能克制自己的私欲，做到正心诚意、修齐治平，那对你身边的人和对全人类都有好处。民国的时候，中学的校歌是这么唱的："将来治国平天下，全靠吾辈。"现在基本上没人关心这个了，家国天下谁关心？只顾自己高月薪。上大学的目的是为祖国？别开玩笑了，这么多年也就周总理说过要"为中华之崛起而读书"，还被某些人笑他愣。我说你们现在念书要好好念，将来才能报效国家，你们一定会乐，觉得我脑子飘拖鞋了。搞什么搞，读书还不是为自己。爸妈都这么教育，你好好念书，将来才能赚大钱。自己就更加现实，我读书就是为了招聘的时候人事部一拿到我的简历就掉下巴，明天你来上班，就为这个。人不能这么干，要都这么自私，人才就全出国不回来了。所以理学对今天并非一点儿积极意义没有，他还是教人要有知识分子的气节和志向，最终还是要为了天下。

这个时期文学最主要的成就是词。汉赋、唐诗、宋词、元曲、明清小说是各个时期文学的代表。南唐后主李煜是五代时的词人。词就是当时的流行歌曲，分豪放和婉约，以婉约派为主。从古到今流传下来的词里，绝大多数属于婉约派。因为流行歌曲不就是生命与爱情两大永恒的主题嘛。唱爱国的也有，《北京欢迎你》，但那不占主流。词言情，诗言志。所以古人认为词为艳科，尤其很多婉约词，属于反动黄色歌曲。李煜的词很多也是这样的，他被宋军包围在南京，不战不和不守，不死不降不走。被包围的时候怎么解脱啊，整天填词。他的《破阵子》："四十年来家国，三千里地山河。凤阁龙楼连霄汉，玉树琼枝作烟萝。几曾识干戈。"我不会打仗你就欺负我吧。"一旦归为臣虏，沈腰潘鬓消磨。最是仓皇辞庙日，教坊犹奏别离歌。垂泪对宫娥。"看他就那么大点儿出息，垂泪对宫娥。祖宗江山毁在手里，对得起列祖列宗，对得起黎民百姓吗？当然，他的词比以前词人的词写得强多了，以前都是男男女女的事。王国维先生在《人间词话》里面提到李后主的时候说，词的意境乃大，由伶工之词变成文人士大夫之词。他虽然也是亡国丧家，又是婉约，但是很有豪放的意识在里面，后来写成"一江春水向东流"。

宋朝是词这种文学形式最发达，最繁荣的时候。宋词的繁荣，一个原因是由于经济的发展，商业和城市的繁荣，市民队伍的扩大。中国古代文学形式当中，词应该是适应市民需求的，也就是说跟后世的明清小说一样。词是通俗歌曲，它势必要适应市民的需要，市民就需要生命与爱情的永恒主题。当然人家这个通俗歌曲是通俗，今天的歌曲是俗、不通。

另一个原因是宋代的矛盾尖锐，宋词正好用来表现爱国精神，所以词在宋朝才能发展出豪放派。苏轼就是豪放派的创始人，诗是言志的，词是言情的，苏轼拓宽了词的路子，以诗入词。比如大家非常熟悉的"明月几时有，把酒问青天"，这意境和李白的"青天有月来几时，我今停杯一问之"差不多。其实李后主的时候，词的意境就大了，到苏轼就更了不起。跟他相对的是婉约派，主要代表是柳永，《雨霖铃》里"寒蝉凄切"那主儿。柳永本来已经考中了进士，宋仁宗一看他的名字，就问：莫非填词之柳三变乎？回答说正是，就把他一笔勾销了，名字边上批四个字：且去填词。你整天写这些淫词艳曲，让你做官有失朝廷的体面。柳永就更加放浪形骸，老子奉旨填词，最后贫病无医，还是妓女凑钱埋葬了他。过去老师行业供奉的祖师爷是孔圣人，练武的供关云长或岳鹏举，唱戏的供唐明皇，妓院里供柳永。

女词人李清照属于婉约派，成就很高。她正好经历了亡国丧家之痛，靖康之变，多年收藏的古董全都毁了，丈夫也去世了。所以她写的词都是"凄凄惨惨戚戚"的，令人不忍卒读。

辛弃疾是豪放派，所以豪放派又叫苏辛派。辛弃疾当年是北方抗金义军的领袖，带着一万多人投奔南宋，一曲《鹧鸪天》，令人歔歙不已。"壮岁旌旗拥万夫，锦襜突骑渡江初，燕兵夜娖银胡䩮，汉箭朝飞金仆姑。追往事，叹今吾。春风不染白髭须。却将万字平戎策，换得东家种树书。"他也是毕生壮志难酬，一心想着恢复中原，收复失地。奸相韩侂胄北伐，拉大旗作虎皮，让辛弃疾做参谋长，老头儿特高兴，夜里喝高了："醉里挑灯看剑，梦回吹角连营。"我终于有报国的机会了。结果北伐失败，韩侂胄脑袋都被送到金国，老头就郁闷死了。

豪放词虽然数量不多，但是影响非常大。南宋爱国文人中最著名的还有一个叫陈亮的，跟陆游、辛弃疾齐名。他有一首叫《水调歌头·送章德茂大卿使虏》的词：

不见南师久，漫说北群空。当场只手，毕竟还我万夫雄。自笑堂堂汉使，得似洋洋河水，依旧只流东？且复穹庐拜，会向藁街逢！

尧之都，舜之壤，禹之封。于中应有，一个半个耻臣戎！万里腥膻如许，千古英灵安在，磅礴几时通？胡运何须问，赫日自当中。

南宋朝廷，自与金签订了和议以后，常怕金以轻启边衅相责，借口复又南犯，因此不敢作北伐的准备。每年元旦和双方皇帝生辰，还按例互派使节祝贺，以示和好。虽貌似对等，但金使到宋，敬若上宾；宋使在金，多受歧视。故南宋有志之士，对此极为恼火。

淳熙十二年（1185年）十二月，宋孝宗命章森（字德茂）以大理寺少卿试户部尚书衔为贺万春节（金世宗完颜雍生辰）正使，陈亮作这首《水调歌头·送章德茂大卿使虏》为章德茂送行。"大卿"是对他官衔的尊称。"使虏"指出使到金国去。宋人仇恨金人的侵略，所以把金称为"虏"。

上片开头概括了章德茂出使时的形势。"不见南师久，漫说北群空。"词一开头，就把笔锋直指金人，警告他们别错误地认为南宋军队久不北伐，就没有能带兵打仗的人才了。从"当场只手"到上片结束，都是作者鼓励章德茂的话。"当场"两句，转入章森出使之事，言章森身当此任，能只手举千钧，在金廷显出英雄气概。"还我"二字含有深意，暗指前人出使曾有屈于金人威慑、有辱使命之事，期望和肯定章森能恢复堂堂汉使的形象。无奈宋弱金强，这已是无可讳言的事实，使金而向彼国国主拜贺生辰，有如河水东流向海，岂能甘心，故一面用"自笑"解嘲，一面又以"得似……依旧"的反诘句式表示不堪长此居于屈辱的地位。"穹庐"，北方游牧民族所居毡帐，这里借指金廷。"藁街"本是汉长安城南门内"蛮夷邸"所在地，汉将陈汤曾斩匈奴郅支单于首悬之藁街。这两句是说，这次遣使往贺金主生辰，是因国势积弱暂且再让一步，终须发愤图强，战而胜之，获彼王之头悬于藁街。"会"字有将必如此之意。这两句的意思是说：你暂且到金人宫殿里去拜见一次吧，总有一天我们会制伏他们，把金贵族统治者的脑袋挂在藁街示众的。两句之中，上句是退一步，承认现实；下句是进两步，提出理想，且与开头两句相呼应。这是南宋爱国志士尽心竭力所追求的恢复故土、一统山河的伟大目标。

下片没有直接实写章森，但处处以虚笔暗衬对他的勉励之情。"尧之都，舜之壤，禹之封"三句，意思是说，在这个尧、舜、禹圣圣相传的国度里，在这片孕育着汉族文化的国土上生长着的伟大人民当中，总该有一个半个耻于向金人称臣的志士吧！"万里腥膻如许"三句，谓广大的中原地区，在金人统治之下成了这个样子，古代杰出人物的英魂何在？伟大祖先的英灵何在？正气、国运何时才能磅礴伸张？作者的这一连串责问，完全是针对朝廷上的主和派而发，在他的心目中，这些主和派是不折不扣的千古罪人。词人坚信：金人的气数何须一问，它的灭亡是肯定的，宋朝的国运如烈日当空，方兴未艾。这充分表达了作者对抗金事业的信心。这首词气势磅礴，豪情万丈，非常奋发向上，不像李煜的"一江春水向东流"那样很消极郁闷。

　　陆游以诗为主，词也很出色。陆游的诗，可能是诗人里面传下来最多的，大概是9600多首诗、100多首词。如果不只算诗人，写诗最多的应该是乾隆，4万多首诗，但是他写的没法看，以文为诗，白得要命。4万多首，一天得写几首，一个人干掉《全唐诗》。梁启超先生曾经这样评价陆游："诗界千年靡靡风，兵魂消尽国魂空。集中什九从军乐，亘古男儿一放翁。"陆游文武双全，活的时间挺长，80多岁，一生壮志难酬。"遗民泪尽胡尘里，南望王师又一年。"一年一年盼不来，所以他最后死的时候都是"王师北定中原日，家祭无忘告乃翁"。告诉孩子们什么时候驱除鞑虏了，上坟的时候记得告诉我一声。他死后没几年金国就灭亡了，但兴起了更强大的少数民族政权，幸亏老头儿活着时没看见。

听不懂我的话？骂死你

　　宋朝文学的另一个成就是话本。话本实际上就是小说，比如说《三国演义》的故事，话本里就有，闻刘玄德败，大家就流泪，听见曹操失败，大家就拍桌子鼓掌。实际上一直到唐朝，都是以曹魏为正统。因为晋是继承的曹魏，所以陈寿写《三国志》，曹魏是正统，蜀汉和孙吴不是正统。以后东晋南朝，包括隋唐在内，都是继承的晋，以曹魏为正统、蜀汉为奸逆。只有到了宋朝，才把蜀汉当做正统。因为谁占中原谁就是正统，宋朝丧失了中原，难道能说自己不正吗？所以，强调王道所在才是正统。长安、洛阳不算正统，王道才是正统，现在王道跑杭州来了，我依然是正统。按此说来，虽然刘备跑成都去了，但他是汉之王道，也是正统，地处蜀地，王乃汉王。

宋朝的这种思想观念，使得《三国演义》这些本子的底稿在宋朝就形成了。现在你要是中午的时候打出租车，会发现十个司机可能有一半在听评书，田连元、单田芳，他们普及历史知识主要就靠评书。评书讲的那个东西，距离历史真相其实很远，但是大家爱听，这种东西深入人心。我小时候听，现在不听了，一听就笑，太搞笑了，刘秀怎么会杀功臣？那是刘邦。刘秀是不干这事儿的。但是这个东西很故事化，市民就爱听闲话，所以才深入人心。

元朝文学的最高成就是元曲，元杂剧和散曲合称元曲，代表作是关汉卿的《窦娥冤》。元曲为什么在元朝广泛推广，因为元朝是蒙古人建立的。这帮人快马弯刀征服了中原，不觉得文化有用，文化有用能被我们打成这样吗？所以整个元朝90多年才开了16次科举，文化几乎没有出路了。"文革"时代，知识分子被称为臭老九，这就是蒙古人定的。什么叫臭老九？一官、二吏、三僧、四道、五医、六工、七匠、八娼、九儒、十丐。读书人比妓女低一等，比乞丐高一等而已，儒生就是臭老九。臭老九的时代，知识分子没有科举，就做不了官，他们想来想去，就把自己的满腔愤懑诉诸笔端。写什么东西最能引起共鸣？元曲。这就像电视剧剧本，你写小说，老百姓不看，你写剧本，演出来大家都能看。《窦娥冤》里"你不分好歹何为地，你错堪贤愚枉做天"，这骂谁？骂朝廷。蒙古人不懂汉语，听不明白什么意思。要是汉化得比较厉害的清朝，那完了，清朝皇帝汉话水平太高，一听就明白。你骂蒙古没关系，反正我听不懂，我就知道羊腿好吃！于是上面傻统治，下面猛骂街，助长了元曲的成熟和流传。

这个历史
挺靠谱

第六章

大浪淘沙，沧桑巨变

（明清）

01. 大明开国规矩多

刻薄寡恩

1368年，朱元璋即帝位，国号大明，建元洪武，以应天为国都。应天就是今天的南京，朱元璋就是明太祖。你看那厮长得那模样，哪有一点儿帝王福相啊？脸跟个鞋拔子似的，又像瓦刀，还满脸麻子，这是明太祖真容。你把他画成这样，他宰了你。你美化他，把他画得跟秦始皇、汉武帝似的，天庭饱满、地阁方圆，他也宰了你。怎么着你都是个死。

明朝是中国历史上比较黑暗的王朝，276年里有121年皇帝不上朝，上朝也不干好事。朱元璋就不干好事，一个典型的暴君。他是中国历史上出身最寒酸的皇帝。刘邦在前朝好歹还是街道居委会治保主任。朱元璋就是个要饭的。家贫无计，父母双亡，在皇觉寺出家为僧，老和尚让他外出化缘，因为添了一张嘴，寺里也困难。中国和尚是不化缘的，你什么时候见到化缘的和尚，基本上就是骗子。中国的和尚是自食其力的，东南亚小乘佛教的僧人都是化缘的。这化缘在中国推广不开，因为中国人认为，这不就是要饭吗？那多丢人，九儒十丐，比儒士还低一级。东南亚小乘佛教国家，僧人过午不食，一天就吃两顿饭。中国僧人不行，因为我得干活，只吃两顿饭，下午腿软。如果你在大街上碰见僧人化缘，别理他，那都是骗子。那回我碰上一个，一见面就跟我念阿弥陀佛。得，打住，打住，你蒙我？你冒充什么不好？有本事你冒充警察。我掏出十块钱，说你把《心经》给我背一遍，他说《心经》？没听懂。我说我起个头儿，你能往下背，十块钱就给你。僧人哪儿有不会背《心经》的？这都不会，肯定是忽悠人的玩意儿。

朱元璋后来参加红巾军，慢慢地混壮了。这家伙穷棒子出身，一当政，必然是暴政。世界历史上，希特勒、墨索里尼不全是这种出身吗？有哪一个出身高贵、受过良好教育的，上台之后搞独裁的？没有。都是这么一帮人，发迹之前寒酸，吃了上顿没下顿，夜里睡地下通道，发迹之后，我可有今天了，疯狂报复社会，折腾死你们。现在的贪官污吏大都是出身很苦，十四岁以前没穿过鞋，穷怕了，一有权就乱来。陈水扁不就是吗？从前穷得不行，可有今天了，使劲搂钱。像布什、切尼这些人不可能贪污，四千多万年薪不挣，挣十八万当副总统，不是为了钱。他贪污，你开玩笑啊。朱元璋原来叫朱重八，俩八嘛，二八一十六，起这个名是因为他们家十六个孩子，前面那些全死了，就剩他，还是因为他十六号生的？不知道。

朱重八当了皇帝，他爹和他爷爷不都得当皇帝嘛，所以在凤阳建了陵，后来被水库淹了，现在又露出来了。建陵的时候，碑上不能写"肇祖原皇帝狗剩"或者"铁蛋儿"，得起个学名。重八他爹和他爷爷的名字，都是他给起的，那俩农民活着的时候根本就没被叫过。估计到了阴曹地府，阎王爷喊他们的大号，他俩还以为叫别人呢。

这号人当了皇帝，最关心的事就是我这个政权可不能丢啊。千辛万苦抢过来不容易，不能让我儿子再去化缘了，得千秋万代一统江湖传下去。所以，他在宋元的基础上进一步加强了中央集权。

首先在中央废除了丞相制度，六部尚书由皇帝直接负责。这个跟蒙古人不会玩儿有关。隋唐实行三省六部，到了宋朝更进一步，在三省的基础上确立二府三司。宰相、枢密、三司，进一步把三省的职权分化了，相权相对于皇权非常弱。到了元朝，中书省集权，尚书、门下全都没了，所以权臣辈出。

朱元璋吸取了这个教训，不能给予宰相太大权力。洪武十三年，他借口宰相胡惟庸谋反，杀掉了胡惟庸及其党羽两万多人，这叫胡狱。这是朱元璋的第一次"文化大革命"，开国的文臣被屠戮殆尽，基本上全杀光了。太祖皇帝起兵，文靠李善长，武靠徐达。李善长当时七十多岁了，风烛残年，封韩国公，开国功臣之首，太子朱标的老师，要上法场开刀。马皇后不干啊，马皇后也是中国历史上有名的贤后，她不干就绝食，哭。朱元璋说，别的我什么都可以听你的，这件事你别管，我要为朱家万世开太平。马皇后说，一般的百姓家庭，孩子家长都知道尊重老师，教师节还给送花买贺卡，报答师恩深重。咱们皇家竟然要把孩子的老师杀死？朱元璋说，李善长谋反。马皇后听完气乐了，说李善长都七十多岁了，他还谋什么反？谋反能当几年皇上？根本不可能的事嘛。朱元璋不听，最后李善长一家七十多口全被杀掉。十余年过后，又借口大将军蓝玉[①]谋反，掀起一场屠杀，杀掉了一万五千多人。这一下，开国的武将也被杀光了。

经过这两次史无前例的政治运动，开国的文武功臣屠戮殆尽，九个国公、二十多个侯全被杀掉，三万五千多条人命啊。朱元璋认为建立明朝，徐达的功劳最大。开国后，他自己写诏旨夸赞徐达"从予起兵于濠上，先存捧日之心"。说明徐达从那会儿就跟着他干，徐要是把他扒下来自己上，完全可以，但一直捧着他。"来兹定鼎于江南，遂做擎天之柱。"建国后，徐达是擎天柱，但也难逃被杀的下场。民间传说，徐达背上长疮，不能吃发物。朱元璋偏偏送蒸鹅让徐达吃。徐达含着眼泪吃这蒸鹅，吃完之后，疮崩而死。想当初，他跟徐达铁哥们儿、亲兄弟那种感情，居然也下得了手，瞧他狠的！

当初徐达的夫人进宫跟马皇后聊天，妯娌俩的感觉，就没什么顾忌。徐夫人说你们家房子真大，真好。皇宫当然真大、真好了。朱元璋一听，马上命人把徐夫人乱棍打死。你什么意思，你说我们家房子大、房子好，你有觊觎帝位、不臣之心。把人打死之后告诉徐达，你这媳妇太坏了，这是祸害，我把她打死了，你谢恩吧。徐达还得谢恩。最后连徐达也给弄死了。

皇帝宰相我全干

六部尚书直接由皇上负责，等于皇上兼任首相，应该是宰相干的活，皇上

---

① 蓝玉，安徽定远人，常遇春妻弟，明朝开国元勋，官拜大将军，封凉国公。曾因在捕鱼儿海大破北元，基本摧毁其职官体系而名震天下。后遭疑谋反，被明太祖处决，株连一万五千人。

给干了，这下皇上忙不过来了。据说，朱元璋最忙的时候平均一天要看三百多件奏章，脑袋都大了。"百僚未起朕先起，百僚已睡朕未睡。不如江南富足翁，日高丈五犹拥被。"朱元璋能写出这种打油诗，水平已经不错了。怎么办呢？设立殿阁大学士。由翰林学士入值内阁，帮助他看折子。这些翰林学士品级很低，六七品、七八品的样子，不会对皇权构成威胁。此项制度成祖、仁宗、宣宗一直沿用，到宣宗朝，翰林学士品级越来越高，二品、一品，最后由各部的尚书兼任内阁大学士。

·这样，内阁实际上就变成了宰相，但是它比原来宰相的权力大大缩小了，为什么呢？我们以后讲清朝的军机处也要讲这个问题。以前宰相是有自己的办公府邸的，中国古代文官最高的加衔开府仪同三司，让你开府、建府，就说明你的地位高。你有府你就可以辟僚属，像汉朝宰相的十三曹，有一个庞大的办公机构。明朝内阁大学士是在内阁——皇宫里边办公，没有僚属，顶多有点儿秘书，基本什么事都得亲历亲为。内阁大学士的本差可能是吏部尚书、礼部侍郎之类，内阁学士是兼职，明朝是没有宰相的。朱元璋还立下圣旨，就是皇明祖训：后世子孙不得预立丞相，臣工敢言立相者斩。你不能立丞相。你的大臣要建议你立丞相，你把他杀了。宋朝皇帝的祖训是不得刑戮士大夫及上疏言事者。明朝是臣工敢言立相者斩，你敢建议皇帝立相，就宰了你。由此可见宋朝的可爱。这样，中国的宰相由独相、群相到废相，彻底没有了。

机构变换含义深

明朝地方实行三司分权：承宣布政使司，管理民政和财政；提刑按察使司，管理监察和司法；都指挥使司，管理军政——统称三司。三司的级别是都指挥使司最高，正二品，布政司正三品，按察司从三品。为什么这么搞，也跟蒙古人不会玩儿有关。

秦汉时，地方行政机构是郡县两级。汉朝郡国并行，也是辖县。东汉末年开始，州郡县三级。隋唐两朝为了减轻人民负担，去了一级，改成州县两级。

但因为唐朝疆域太大了，州太多，中央不好管理，所以划天下为二十二个道，进行监察。后来，道就变成了实际的一级行政机构，地方变成了道、州、县三级。北宋改道为路，路、州、县三级。北宋在路一级设立四个长官：帅司、宪司、仓司、漕司。帅司就是经略安抚使，实际上是权力最重的，像范仲淹，经略安抚使兼知延州，抵抗西夏；宪司就是提点刑狱使；仓司即提举常平使，专管水利、茶盐。王安石变法推行后，仓司也负责监督推行常平新法；漕司就是转运使。

宋朝地方上是四个机构，互相牵制。到了元朝，蒙古人不会玩儿，设立行中书省，四司合一了，地方的权力就大了。所以，到了明朝又给分回去，从四司变成了三司，省长由一个变成了仨。行省的名称变成了布政司，简称藩台。电视剧里边老提藩台衙门，就是布政司。

按察司简称是臬台。都指挥使司简称都司。后来感觉到地方权力太分散，政出多门不好办事，就由中央派出官员巡抚某地，无定期、无定员。到了明末，巡抚变成了正式的机构，就相当于省长了，三司就变成了巡抚的下级。到了清朝，巡抚是正二品，布政司和按察司都变成三品，相当于民政厅、财政厅、司法厅、检察厅。都司就更低了，成为绿营兵里边的中级官职。

既分权，又反贪

中央军事机构由大都督府改为五军都督府。朱元璋初置统军大元帅府，后改为枢密院，又改为大都督府，节制中外诸军事。洪武十三年（1380年），以大都督府权力太大为由，在废丞相制的同时，为防止军权过分集中，也废掉了大都督府，改为中、左、右、前、后五军都督府，分别管理京师及各地卫所。五军都督府各设左、右都督，正一品；都督同知，从一品；都督佥事，正二品。总之，一堆都督，而且都督们没有调兵权。五军都督府和兵部互相制约，到打仗的时候，都督府统兵，兵部调兵，皇帝临时派你为提督军务总兵官到某地去打仗，所以提督、总兵到后来就变成了一个实职，一开始都是差遣。有些类似如今的市容整理办公室，一开始就是临时治事，后来就成了常设机构。这样一来，兵权也被分散了。

明朝律法森严，《大明律》增加了经济立法的内容，说明当时商品经济有一定的发展。朱元璋时规定，官员贪污超过六十贯，相当于六十两白银，就被剥皮实草，皮扒下来，填上稻草，做成标本传递。各处展览完了之后，把贪官的皮做成法鼓，就是县衙门口百姓击鼓鸣冤的鼓，鼓皮都是贪官人皮，甚至做县官椅子的坐垫。你坐在那里你就得想想，你前任是怎么死的，你小心点儿。汉字数字的大写，都是朱元璋发明的。你看他不认得字，却能造字，省得你改啊。"一"两银子，你添一竖就变"十"两了，"壹两"这你还怎么改啊？剥皮实草，能解决贪污问题吗？解决不了。你扒一个十个站出来，因为能被扒的毕竟是太少了。杀几个贪官，表扬几个清官，自古就这样，不改变君主专制制度，根本就不能杜绝贪腐。

02. 行动、思想都控制

无所不在的监控

明朝还设有锦衣卫，由皇帝直接指挥，不受政府司法部门管辖。有一个官员叫钱宰，上朝时，朱元璋问他，钱爱卿啊，你昨晚干什么来着？钱宰说玩儿纸牌，打拖拉机。都跟谁玩儿啊？我们部里的老赵、老孙、老李。谁赢了？玩儿着玩儿着发现少了一张牌，玩儿不下去了。朱元璋微微一笑，从袖筒里摸出一张纸牌，这是不是你们昨天丢的那张牌？钱宰一看，吓得隆冬季节内衣都湿透了。这说明，跟他玩儿牌的那帮人里有一个锦衣卫。你要是在底下骂皇上两句，今天让你血溅当场。写《送东阳马生序》的宋濂，吏部尚书，太子的老师。上朝时，朱元璋也问他昨天晚上干吗了。宋濂回答说开家宴，喝酒。问你都跟谁喝？你左边坐着谁，右边坐着谁？宋濂一一回答。朱元璋很高兴，你没骗我，笑着摸出一张图，你看这是昨天你们的座次图吧？你看，这些特务简直到了无孔不入的地步。锦衣卫好歹还是国家机构，锦衣卫都指挥使正三品，只不过是不受朝廷管辖，皇帝直接指挥。

明成祖的时候设立东厂，宪宗设立了西厂，武宗设立了内行厂，由宦官统领。这可就更麻烦了，大臣一旦要有事犯在宦官手里，那可就惨了。明朝是穷要饭的建立的王朝，不像唐太宗那么有气度。魏征揪唐太宗的衣服，唐太宗说你等着，我要宰了你这乡巴佬。只能对他进行威胁。皇上都气成这样了，但是他不能杀魏征。有朝廷律法在，你凭什么随便杀大臣，他犯什么罪了？随便骂大臣也不行。你骂大臣，大臣就可以抗辩：你凭什么骂我啊？你哪儿毕业的？你念过学吗？你跟朱元璋说这个，哎哟，我就没念过，我是流氓我怕谁？甭来这套！

朱元璋在朝廷上设立廷杖，你跟皇上一言不合，拉下去就打。有个大臣也讨厌，给皇上上了一道折子，一万七千字，你难道不知道皇上认不了那么多字？拉下去一百板子！一边打，皇上一边看折子，哎哟，这小子说得还有点儿道理，把他召回来，已经打烂了。你想那太监打你，可有报复你的机会了，往死里打。当然你要有钱就另当别论，所以那时大臣上朝身上都揣着银票，一看自己要受刑，赶紧给钱。给钱的话，太监拿空板子打你，听着倍儿响，啪啪啪，就让你屁股有点儿淤血，回家就没事儿了。重点儿的拿实心板子打，最狠的是灌铅的板子，一板下去人就完了。受杖的时候，看监刑人的双脚，监刑人两脚分开，你死不了；双脚一闭，立毙杖下。皇上传旨的时候也是有讲究的，皇上要恨这个大臣，下旨"着实打"，那就得打死。如果说认真打，那就没事了。每个皇帝在位的时候，都有打死大臣的事发生，大臣就在午门外边受杖。朱元璋到晚年因为一点儿小事就动用廷杖，可能到更年期了，心理阴暗。大臣们上朝之前，全家抱头痛哭，壮士一去兮不复还，够悲壮的。那干脆辞职吧，你敢吗？你什么意思？圣天子在朝，你说不干了，立毙杖下。没办法，只有哭，哭完了之后，还得去上朝。今天我没死，回家来了，真是运大福大造化大，摆宴庆贺，多活了一天。

到了清朝，皇上特别有意思，他恨谁让太监上你们家堵着门骂。奉旨申斥，我奉皇上口谕来骂你。太监什么都敢骂，那嘴损的，什么事都给你抖搂出来。大臣一听，赶紧给太监塞钱，要不然他堵着门骂，太难听。你塞了钱，他无关痛痒地骂，说点儿你这样不对啊、你下次要注意啊之类的。你要不给钱，那就有你的好看。有的穷官给不起钱，被太监骂完，太监一走就上吊了。古人最看重名节，士可杀而不可辱，受完辱只能上吊。清朝皇帝不直接打人，骂死人这招更厉害。

文字游戏的最高水平

控制人的最好办法就是控制思想。朱元璋的文字狱厉害到什么程度？有一个举人叫徐夔，给他上疏："光天之下，天生圣人，为世作则。"这话恶心到了不好意思的程度。光天化日之下，诞生了你这么一位圣人，为世间做出表率。朱元璋一看："腐儒胆敢如此侮辱朕，剥皮实草。"身边的人说，没看见他怎么侮辱你啊？你为什么要把他做成标本啊？朱元璋说，光是什么意思？这就是说我没头发，说我当过和尚；则是什么呀？古汉语的则跟贼同音，今天京剧里还这么发音。这哥们儿就是拍皇上马屁，拍错了地方，就给做成标本了。如果你要骂皇上，还不把你打成相片？

为了严厉控制士人的思想，明朝科举只从四书五经中命题。四书是《大学》、《中庸》、《论语》、《孟子》，必须以朱熹的《四书章句集注》为准。只能用朱熹的注释，别人的都没用。五经是《诗》、《书》、《礼》、《易》、《春秋》。就考这九本书。这九本书虽然句句金玉、字字珠玑，但能把天地宇宙、世界万物都包括进去吗？就读这九本书，那这读书人能有多大能耐？当时有人这样形容科考举子："摆尾摇头，便道是圣门高弟。可知道《三通》、《四史》是何等文章？唐宗、宋祖是哪朝皇帝？"我管他呢！唐宗宋祖又不考。李白是干吗的？不认识。反正只要是四书五经我就背，别的我不管。那时候，印行量最大的书籍就是"高考满分作文选"，甚至出现了缩印本，跟咱们现在复印时候的缩印本差不多，揣兜里带进考场打小抄。

考试就考四书五经，不允许发挥个人见解，代圣贤立言。文章都是八股文，分八个部分：破题、承题、起讲、入手、起股、中股、后股、束股。还得一反一正、一虚一实、一深一浅、排比对偶，完全就是一种文字游戏。可以讲，中国古代的文字技巧上达到最高水平的就是八股文，但是没有什么内容，了无新意。你十年寒窗，就这九本书。都是代圣贤立言，都是一样的八股文体，谁比谁能强到哪儿去啊？而且，这九本书一共才多少字啊？四书五经在刚诞生的时候，都写在竹简上，能有多少字啊？《老子》不才五千个字嘛，差不多相当于今天的一篇论文。今天博物馆里有当时作弊用的衬衫，四书五经九本书，一件衬衫就抄满了。到了清朝，考生进考场还得扒光了，穿考场统一的衣服进去，跟进澡堂似的，怕有夹带。

就这么点儿文字，几百年来那么多场考试，从童生考秀才到考举人再到考进士，都从这里边出题，四书五经里边的话用得差不多了。怎么办呢？考官真聪明啊，出截搭题，就是把四书五经里边的两句话给拼一块儿。"子曰：三十而立，四十而不惑，五十而知天命。"现在呢，把这句话给你拆了，子曰：三十而立四十。做题吧，孔子为什么说三十而立四十？你说孔子不是那么说的啊，他说的是三十而立，逗号，四十而不惑，句号。你甭管，古文没标点，你看书，三十而立，底下就是四十。或者子曰而立四十，你做题，你就得说孔子为什么说而立四十。

有一个考官更绝，古文没标点，句与句之间有一个圆圈，就像现代文的句号。考官出考题的时候，就用这圆圈出题。今天考试题目就是这个，给我做文章吧。四书五经里绝对有这个，满篇都是。考第一名的那哥们儿，神到什么程度呢？作八股文首先得用一句话破题，他是这么写的："圣人立言之前也，空空如也。"圣人要不说话，就什么都没有。哇！这篇文章厉害，这是个大才！康有为康圣人，那是文采风流，但比学生梁启超中举都晚。国家正规考试的时候，比如天子亲试，可能很严肃。那种低层次的考试，考官怎么来判断谁第一、谁第二？我懒得看那卷子，那就扔呗。这个远，第一名。你十年寒窗，今天墨重了点儿，一扔，砸着考官脚面了，完蛋。康圣人的字不好。科举考试的字必须写成馆阁体，跟今天电脑打印出来的字似的。奏折也得写成那样，一笔一画必须得写得极规整。康有为大概就是不爱写馆阁体。龚自珍也写不了，所以也没中进士。龚自珍一生气，让家里所有人都练馆阁体，连他们家老妈子、倒尿盆的都练。最后他们家所有人，除了他本人，都练得一手馆阁体。他说，你看我们家全能中进士，连老妈子、倒尿盆的都能。

康有为因为写不好馆阁体，每一次他的卷子考官一看，就扔了，就这玩意儿你也来参加考试？那最后为什么中举呢？考官把他的卷子一扔，就出去上厕所了。时间可能长了点儿，正好仆人进来收拾屋子，仆人大概也不认得字。一看地上有张卷子，仆人不知道这什么体啊，拿起来搁在桌上，镇纸一压，仆人出去了。考官回来，俩人没照着面。一看，哎呀，这张卷子我刚才扔了啊，怎么又搁这儿了，还用镇纸压着？此乃天意，我看一眼吧。一看，哎呀！好文章，中举！阴差阳错，被考官一泡尿尿出个前程。还不知道有多少人当时是这样做的官呢，还敢对皇家有什么不满吗？这就束缚了读书人的思想。所以顾炎武认为，八股取士比焚书坑儒都害人。

03. 难住了明太祖的问题

叔叔造反谁来管

明太祖屠戮功臣，只相信自己家人，化家为国，分封儿孙做藩王。他一共二十五个儿子，长子朱标被立为太子，他如果能继承大业倒是一代仁君，但是他英年早逝，洪武二十五年就死了。洪武三十一年，太祖皇帝才驾崩，白发人送了黑发人。

太子朱标一死，朱元璋还剩下二十四个儿子，除了三个年幼的，二十一个分封到各地做藩王。藩王手握重兵，其中最厉害的是宁王朱权。宁王镇守东北，麾下八万六千精锐部队。另外，燕王朱棣也有三四万军队。这些亲王手握重兵，朱元璋认为，江山可保长治久安。也就是说，他跟刘邦的想法一样，都是农民企业家思维。你就不想想，你的儿子不会反你，但是再往下可就反了。

一次，朱元璋带着朱标的儿子、被立为皇太孙的朱允炆①检阅藩王的部队。老皇帝得意地跟孙子说，瞧你这些叔叔，兵强马壮，万一哪里造反，就让你叔叔们镇压！朱允炆小伙儿当时也二十多了，有点儿想法，就反问了一句：我叔叔造反，谁镇压？一下把皇上问晕了，没考虑过这问题。那就靠天吃饭呗，哪儿这么巧？老皇上一死，朱允炆即位，就是明惠帝，马上下诏削藩。他这一下诏，燕王朱棣就反了，起兵发动"靖难之役"，夺了江山，迁都北京。

北京门真多

北京就是唐朝的幽州城、辽朝的南京城、金朝的中都城，基本上在今天的宣武、丰台区。元大都最南边的城墙，在今天的长安街上，北城墙在三环跟四环之间，比辽金时东移了。明北京城把元大都往南移了五里，北墙大概跟今天的二环路齐平。嘉靖皇帝在位的时候开始修建外城，本来这个外城想把内城包一圈，后来没钱了，只修了南边的一部分，北京城就变成了凸字形状。北京的城门是里九外七皇城四，内城是九个门，所以老北京一说就是咱这四九城怎么着怎么着。南边自西向东宣武门、正阳门、崇文门；东边是朝阳门和东直门；

---

① 朱允炆（公元1377—？），明朝第二代皇帝，年号"建文"，在靖难之役后下落不明。

西边是阜成门和西直门；北边是安定门和德胜门。内城的城墙就在今天地铁二号线的位置，地铁二号线的站名最多的就是××门。当然复兴门、建国门是民国以后把城墙扒了改建的，是为了方便公共交通弄出来的。整个老北京城就是今天的二环路。外七门是南边仨门：左安门、永定门、右安门；东边是广渠门，广渠门（原来叫广宁门），为了避清宣宗道光皇帝的讳改成广渠门了；西边广安门；北边是西便门、东便门。

皇城包括紫禁城、万岁山、太液池。太液池就是北中南三海，今天北海开放，中南海进不去。还有太庙和社稷坛，六部九卿的官署。皇城的正门，在明朝叫大明门，清朝叫大清门，民国叫中华门。它的匾额都是青金石的，非常珍贵。所以清朝灭亡之后，民国政府想把这块匾卸下来，用背面刻中华门。结果翻过来一看，背面刻的是"大明门"！原来清朝就这么干的。这块匾，见证了北京城五百多年的沧桑。

皇城北门叫地安门，出了地安门就是钟楼、鼓楼。从永定门到钟鼓楼，一条中轴线，全长八公里，可以把北京城对折，建筑非常规整。现在鸟巢、水立方也在这条中轴线上。北京城，可以讲是奇迹啊，可惜的是现在已经拆得没模样了。天安门广场，左边一个希腊式的人民大会堂，右边一个国家博物馆。中间一个纪念堂，仿林肯纪念堂。纪念碑倒是中国式的，还不错，没弄一个华盛顿式的方尖碑。大会堂边上一个"水煮蛋"。天安门往东走不了几步，就是东方广场，大玻璃墙，水泥丛林。

北京有三千年历史，但找得着三千年历史的痕迹吗？西周开始建城，但能看见的大多是上周的。到欧洲看看，一切跟几百年前一样。联合国人类文化遗产，中国只有山西平遥、云南丽江两座城市入选，你可以说天坛是文化遗产，故宫是，长城是，颐和园是，你能说北京是吗？东方广场，文化遗产？台湾人到大陆旅游，说大陆的古迹，除了地名是真的，其他的全是假的。德国人说，中国的城市是对西方城市简单拙劣的模仿。

04. 两个神奇的人

这个皇上就爱钱

明朝中后期政治腐败，屡出昏君。

明武宗正德皇帝最爱干的事，就是调戏妇女、做买卖和玩儿打仗。他微服上街调戏妇女，后宫三千佳丽不够，还出去干这个，结果被人逮着送县衙去了。君臣相见，不知道怎么脱的身。

他还在宫里开店做买卖，手里掂着一块肉，说三斤三两，你上秤称绝不差的。皇上整天干这个，熟练工种了。他让太监来买他的东西，本来太监就俸禄微薄吧，买他的东西，他少不得贱买贵卖，就这点儿钱都榨走，真下得去手！

玩儿打仗的时候，他给自己改名叫朱寿，封自己为镇国公、威武大将军、大都督。有个大臣跟他说，皇帝是君，都督是臣，不能混为一谈，这太荒唐了。他说，我有百万军中取上将首级的本事。那个大臣就将他，你给我们表演一个。于是，在教场上，一千多明军将士，刀出鞘，弓上弦，围着一个被俘的绑在马上的蒙古将领。皇上冲进去，一刀把他脑袋砍下来，这叫百万军中取上将首级。百万军，自己的，上将，绑着呢，还不知道是不是上将。皇上咔嚓一刀把脑袋砍下来了，证明皇上玩儿过真刀。

皇上带几万铁甲兵出长城跟蒙古人打仗，打多少蒙古人呢？一百来人。把人家消灭，回去报功，自己又升一级。将军、大将军；都督同知、都督、提督军务总兵官。这么个东西，在位十年驾崩，荒淫无度，死而无后。

明朝的皇帝一个赛一个昏庸，一个赛一个短命。净是二三十岁，酒色过度死了的，没有一个活过朱元璋的。朱元璋活到71岁，明成祖65岁，世宗嘉靖60岁，神宗万历58岁，在明朝皇帝里就算高寿了。明武宗死了之后继位的世宗是一个道士，整天在宫里炼丹，一年中光炼丹用的燃料就要20多万两白银。也不知道他烧什么玩意儿，弄不好烧蜡。初期有所振作，后来就不上朝了。他15岁即位，在位45年，大臣们几十年都见不着他。有时国家实在有大事，首辅追问他，他不耐烦了，递出一张手谕，没人能看得懂。因为在他那手谕上边，几句话他能就给你写成几个字。皇上写的是天书，你能看懂那还叫天书吗？最后皇上服用仙丹，汞中毒，终于成仙了。

世宗死后，穆宗即位，穆宗还不错，可惜短命，七年就死了。他死后，神宗即位，就是万历皇帝。神宗可真神啊，就干一件事——数钱，整天盘在炕上数钱。这就是朱元璋给他子孙的遗传基因，整个一个土财主。你看人家李后主、宋徽宗，虽然做皇帝不合格，但在中国艺术史上闪耀着不灭的光辉。看明朝这帮皇上，真让人无语。神宗皇帝好像一辈子就出过一回紫禁城，上昌平十三陵看看自己的坟地，一看修得挺好，在地宫里开了个宴会庆祝一下乔迁之喜就回来了，继续数钱。他在住的宫殿后头挖一个大坑，埋上300万两银子。他比较肥胖，整天在炕上盘着，左腿萎缩了。每天晚上，太监搀着他一拐一拐的，到坑边儿看看，我的银子还在吗？还在，能睡得着觉了，不然睡不着觉。最后，银子全让太监偷光了。

为什么十三陵考古先刨他的坟呢？因为他的坟——定陵里边好东西多。长陵怕有《永乐大典》不敢刨。别的皇上没他东西多，他一辈子攒钱，什么都往自家拿。某地方发现煤了，他派个镇守太监去，把钱弄宫里来。另一个地方丝绸不错，派个镇守太监，弄宫里来。皇宫里边的银子，发黑变脆氧化，国库里边除了耗子屎什么都没有。那时候跟后金努尔哈赤打仗，国库里没钱，大臣请皇上开内帑①。皇上说不成，这打的是国仗，凭什么开内帑啊！给国家打仗，凭什么让我掏钱？我不掏。没钱你加税，让老百姓多交点儿税不就行啦，我就不

---

① 内帑，皇室内府的库金。帑（tǎng），指库金。

掏这钱。大臣说，这江山都是你的。皇上说，江山我没看见，银子我看见了。几千万两藏起来，年年给百姓加税，老百姓能不造反吗?

张居正改革

到了明朝中叶，贵族大地主兼并土地的情况相当严重。全国纳税的土地约有一半为大地主隐占，拒不缴税，严重地影响了国家收入。穆宗隆庆元年（1567年）底户部统计，太仓仅存银130万两，而应支官军俸银135万、边饷银236万、补发年例银182万，三项总支出计需银553万两。以当时的现银当之，只够三个月的开支。京仓存粮也只够维持在京官军的月粮两年多。明王朝的财政拮据到了可怕的地步。蒙古、女真时常入寇边塞，在南方，叛乱时作。黄河屡次决口，动辄漂县数十。社会矛盾激化，农民起义接二连三地发生。明王朝处于危机四伏的境地。

明穆宗在位的时候，大学士张居正因为才能出众，得到明穆宗的信任。穆宗临死前，遗命张居正等三个大臣辅政。明神宗即位不久，张居正成了内阁首辅。在明神宗万历年间，连续十年担任内阁首辅。为挽救明朝统治的危机，他从军事、政治、经济等方面进行整顿，尤重于经济改革，企图扭转嘉靖、隆庆以来政治腐败、边防松弛和民穷财竭的局面。

他采取的措施主要包括：

在内政方面，他首先整顿吏治，加强中央集权制。张居正创建了"考成法"，严格考察各级官吏贯彻朝廷诏旨的情况，要求定期向内阁报告地方政事，提高内阁实权，罢免因循守旧、反对变革的顽固派官吏，选用并提拔支持变法的新生力量，为推行新法作了组织准备；并且整顿了邮传和铨政。他的为政方针是："尊主权，课吏职，行赏罚，一号令"和"强公室，杜私门"。

在军事上，为了防御女真入寇边关，张居正派戚继光守蓟门，李成梁镇辽东，又在东起山海关、西至居庸关的长城上加修了"敌台"3000余座。他还与鞑靼俺答汗之间进行茶马互市贸易，采取和平政策。从此，北方的边防更加巩固。在二三十年中，明朝和鞑靼没有发生过大的战争，使北方暂免于战争破坏，农业生产有所发展。万历七年（1579年），张居正又以俺答汗为中介，代表明朝与西藏黄教首领达赖三世建立了通好和封贡关系。在广东地方，派兵剿灭了惠州府、潮州府、琼州府的叛乱，岭表悉定。这对安定各地人民的生活和保障生产正常进行，发挥了积极作用。

在水利方面，万历六年（1578年），张居正推荐、起用先前总理河道都御史潘季驯治理黄河、淮河，并兼治运河，很快取得了预期的效果。万历七年二月，河工告成，河、淮分流。黄河得到治理，漕船可直达北京。

在经济上，整顿赋役制度，扭转财政危机，这是张居正改革的重点。他认为，赋税的不均和欠额是土地隐没不实的结果，所以要解决财政困难的问题，前提就是勘核各类土地，遂于万历八年十一月下令清查全国土地。在清查土地的基础上，张居正推行了一条鞭法，改善了国家的财政状况。

张居正的全面改革，旨在解决明朝两百余年发展中所积留下来的各种问题，以巩固明朝政权。改革不免触动了相当数量的官僚、缙绅和既得利益者的利益，因此很自然地遭到了保守派的强烈对抗。再者，历史积弊太深、太顽，已是积重难返。万历十年（1582年），张居正积劳成疾，旋即病死，反对派立即群起攻讦。张居正成了改革的牺牲品，家产被抄没，家属或死于非命。此后，改革的某些成果虽然保留了下来，但大部分已经废止。

神宗死后，儿子明光宗①即位。登基之后第一道诏书就是选美女，选了八个美女，二十九天驾崩，连年号都没来得及改，创下了太平时节短命天子的吉尼

---

① 明光宗朱常洛，年号泰昌，在位一个月。明神宗万历帝长子。朱常洛是明代传奇色彩最浓的一位皇帝，明宫三大疑案都与他有关。万历皇帝并不喜爱这位太子，他的位置一度岌岌可危，苦熬了39年后，他终于得到了梦寐以求的皇帝宝座。就在他即位的第30天清晨，这位刚要展翅高飞的皇帝就莫名其妙地去世了，葬于庆陵。《谥法》云："能绍前业曰光。"

斯纪录。

光宗驾崩之后，儿子熹宗即位，这是个杰出的木匠。别的皇帝上朝，他下车间。据说，皇上坐的椅子、睡的床全是自己做的。他的手艺高到什么程度？他曾经做了一扇屏风，让太监拿到前门外卖了，一万两银子，不许还价。当然不能说是皇上做的了。一个小时，太监就把一万两银票拿回来了。说明他这东西做工精湛，值这个价。

据说中华门原来后边有一座关帝庙，当然现在都给拆了。那关帝庙里的关帝，就是明熹宗亲手做的。所以，他在位的时候不理朝政，整天做木匠活，太监魏忠贤趁机专权。

明朝中后期以来，王振、刘瑾、魏忠贤这些大宦官相继专权，这是朝政最腐败的体现。东汉、唐、明三朝，宦官专权最烈。魏忠贤这阉狗专拣皇上做活儿的时候跟他奏事，皇上很不耐烦，你没看我正忙着呢，朝政关我什么事，床头柜还没做好呢，你看着办吧。

这样，魏忠贤独揽大权。这阉狗一个字不认得，居然能跟孔子并列，全国各地到处给他建生祠。皇上一下圣旨，就是朕与厂臣如何如何。皇上是万岁，魏忠贤称九千岁，跟"太平天国"的"东王"杨秀清一样。朝政腐败到这个程度，就爆发了农民起义。

05. 闯王进京，崇祯殉国

驿卒造反进北京

明末农民领袖主要是李自成和张献忠。张献忠是一个土匪，主要"斗争事迹"是屠四川。他说四川有七种人该杀，种地的该杀，经商的该杀，读书的该杀，当官的该杀，当兵的该杀……反正就是没有人不该杀，也不知道四川怎么惹他了。等大清平定四川之后，整个成都府只剩几十户。老虎在大街上走，是真的华南虎，不是拍的照片。

李自成原来是当驿卒的，朝廷把驿站一裁撤，下岗了，造反了。李自成提出一个口号叫"均田免粮"。这一下，老百姓都跟着他。分田地、不交租。你想，他给你地，又不收租，那他吃什么？他还得吃的比你好，这明显是扯嘛，但当时大家都信，包括一些落魄书生。他原来被官军打得只剩十八骑，后来又发展到百万之众，兵势浩大，逼近北京，沿途州县传檄而定。除了宁武关总兵周遇吉奋勇抵抗战死外，李自成没遇到什么大麻烦就打到了北京。

祖宗作孽，儿孙承受

明朝当时在位的是明思宗崇祯帝，17岁承继大统，从他那木匠哥手里接过来一个烂摊子。"非亡国之君，而当亡国之运。"好不容易明朝出了个好皇帝，想整治朝纲，安定天下，结果祖宗作恶，报应在他身上，来不及了。大明朝在他爷爷万历的时候就应该完蛋，靠惯性又活了这么多年，报应在他身上了。他17岁即位，在位17年，不观歌舞，不宠嫔妃。他只有一个皇后、三个贵妃。每天都是夜里一两点钟睡，早晨四五点起，坚持了17年。

天下是越来越乱，怎么办？越是到处扑火，这火就着得越旺。思宗没受过良好的教育，明朝皇室对教育抓得不紧，没盯着孩子们学奥数、进名校、上实验班，皇子们好多不学无术。清朝后来吸取了教训，基础教育从娃娃抓起，皇子五岁进学读书，什么时候皇上给你派差，让你干事了，你才算毕业。嘉庆皇帝在宫里读了30多年书，博士后了。思宗点子不多，性子太急，又刚愎自用，他总怕臣子们嘲笑他学历造假，所以对臣子们刻薄寡恩。让你半年替朕平定闯贼，行吗？大臣说行。到半年头上，眼瞅着要平定了，半年平不了，八个月准能平定的时候，皇上肯定把你杀掉，因为你骗我，你说半年平定但没平定。皇上，再容两月？不容，你罪犯欺君！他在位17年，内阁首辅换了51个，平均一年仨。最后李自成攻进北京，三百年江山社稷化做尘泥。皇后上吊了，

崇祯帝殉国

贵妃上吊了，俩皇子放跑了，让他们将来中兴大明。皇上给公主咔嚓一刀，没砍死，掉了一条胳膊，就是独臂神尼，吕四娘的师父。然后，他带着太监王承恩逃到万岁山，自缢殉国，自缢前用头发盖住自己的脸，无颜见祖宗啊。他咬破中指，在衣服衬里给李自成写了封血书："朕非亡国之君，诸臣皆亡国之臣。"所以，你不要用这帮大臣。"任贼分裂朕尸，勿伤百姓一人。"你可以把我撕巴碎了，勿伤百姓。

清朝入关之后，就给思宗自缢的那棵树套上铁链子，称为罪槐，树就枯死了。现在这棵不知是啥时候种的，那么细。民国十九年立了一块碑，上书"明思宗殉国处，故宫博物院敬立"。1944年，甲申三百年，又立了一块碑。这俩碑不知啥时候给移走了。1944年立的那块碑保存完好，民国十九年的那块断成了三截儿。2004年，甲申三百六十年，终于拨乱反正，重新都立在那儿了，但明显能看出来，"明思宗殉国处"那块碑中间是拿白水泥给粘上的。

06. 跟明朝死磕

努尔哈赤誓师伐明

明朝初期，东北女真人分成了三部：海西女真、建州女真、野人女真。野人女真最落后，建州女真文明程度最高。他们居住在辽宁，跟明朝和朝鲜交界，挨着"大中华"、"小中华"（朝鲜王朝自称"小中华"）。建州女真首领努尔哈赤精通汉语，熟读《三国演义》，汉文化水平很高。他们家世袭建州卫都指挥使，配龙虎将军印。这是明朝给他们封的官，行羁縻之策。努尔哈赤少年孤苦，后妈不待见他，把他轰出去了。后来，明朝打仗的时候，又把他父亲和祖父误杀了。二十五岁的时候，他用先祖留下的十三副铠甲起兵，慢慢统一了女真各部。

努尔哈赤创立八旗制度①，兵民合一。这就像金朝的猛安谋克制②，一个谋克是一百户，十个谋克是一猛安，一猛安是一千户。猛安相当于千夫长，从四品；谋克相当于百夫长，从五品。八旗制度，是三百人一个牛录，设佐领一人；五牛录一个甲喇，一千五百人，设参领一人；五甲喇为一个固山，七千五百人，设都统一人。每个固山用一面旗来表示，一开始是红、黄、蓝、白四面旗。后来，归附的人口多了，就在旗上圈边，红旗镶黄边，其他旗镶红边，形成了镶四旗和正四旗。

在清朝，镶黄旗、正黄旗、正白旗为上三旗，正红旗、镶白旗、镶红旗、正蓝旗和镶蓝旗是下五旗，镶蓝旗的地位最低，镶黄旗的地位最高。宫里的侍卫，一定都是上三旗子弟。后金征服了蒙古，蒙古人就被编入八旗，再后来收服了很多汉人，入关以前归附的汉人，也被编进了八旗。这样就是三八二十四旗。清朝的旗人不一定是满族人，旗汉非婚，但是皇帝可以娶汉旗，乾隆的母亲就是汉旗的，所以清朝皇帝实际也有汉族血统。当然，汉旗不可能做上皇后了，皇后必须是满洲人或蒙古人。这样来算，八旗一共才六万人，满、蒙、汉三个八旗，也就是不到二十万人的样子。

1616年，努尔哈赤自立为汗，国号金，史称后金。因为历史上已经有一个

---

① 八旗制度是清代满族社会的组织形式。满族的先世女真人以射猎为业，努尔哈赤在统一女真各部的战争中，取得节节胜利。随着势力扩大，人口增多，他于明万历二十九年建立黄、白、红、蓝四旗，称为正黄、正白、正红、正蓝，旗皆纯色。明万历四十三年，努尔哈赤为适应满族社会发展的需要，在原有牛录制的基础上，创建了八旗制度，即在原有的四旗之外，增编镶黄、镶白、镶红、镶蓝四旗，把后金管辖下的所有人都编在旗内。

② 猛安谋克制原是女真人在氏族社会末期的部落组织，是以血缘为纽带建立起来的。其组织按什伍进位编制，因有伍长（击柝）、什长（执旗）、谋克（百夫长）、猛安（千夫长）而得名。最初是单纯的出猎组织，后来变成平时出猎、战时作战的组织。

金国了，所以这个金被称为后金，但是当时就叫大金。称汗建国后，努尔哈赤率兵两万，以《七大恨》誓师伐明，连下辽东70余城，国力就越来越强大。一开始定都赫图阿拉，后来迁都沈阳。

努尔哈赤一死，皇太极即位，改族名为满洲，改国号为清，皇太极就是清太宗。到皇太极的时候，就已经有入主中原的意思了。以金为国号容易引起中原汉族人的反感，所以改国号为清。按照五行学说，明朝是火德，清朝是水德，水灭火。另外，清跟金在满语里边读音都一样。

李自成兵败身死

1644年，李自成占领北京，明朝的平西伯、山海关总兵吴三桂降清。吴三桂麾下四万铁骑，都是明军精锐。有的历史学家认为，明朝亡就亡在没有攘外必先安内。如果皇帝明白这个道理，应该立刻跟女真人讲和，割关外土地，然后把关宁铁骑调进内地，镇压李自成。关内平贼的部队全都是不入流的部队，精锐全都在东北跟满洲人打仗，最后还全军覆没了，一再失败。如果把关宁铁骑调进关来打李自成，那李自成说不定就完蛋了。李自成部乌合之众，一帮饥民，没得吃，闯王来了不纳粮，跟着李自成跑吧，手持木棒、钉耙、粪叉子，如果跟精锐的关宁铁骑作战，肯定不行。吴三桂一看皇帝殉国了，就准备投降。闯王封他为侯，他到北京来参拜李自成，行至唐山，探马来报，你们家被李自成抄了。

李自成们一进北京，眼珠子都掉地下了。我们的梦想终于实现了，抢吧！就跟后来洪秀全进南京那感觉一样。李自成成立了一个机构，叫做"比饷镇抚司"，逼着明朝官员拿钱。假如你是明朝宰相，你拿出二十万两银子来。你是明朝的部长，十万两；局长五万两。没有？一百斤大沙袋子往你身上压，看你有没有。让家里拿钱，掘地三尺也给我弄出来。一个月，李自成在北京弄了三千万两白银。明朝真有钱！思宗皇帝让文武百官捐款劳军，谁都不肯捐，最后弄得个国破家亡，什么也没捞着，全都让李自成给弄走了。每一个李自成的手下，腰里都是沉甸甸的黄白之物，准备回家"三十亩地一头牛，老婆孩子热炕头"呢。得，吴三桂反了。

吴三桂听说家被抄了，不以为然地说这是误会，我一去，家产自然发还，继续前进。探马再报，你爸爸让李自成逮了。这是误会，我一去就会放回来，接着往前走。探马又报，陈圆圆让李自成手下给霸占了，吴三桂怒了！大丈夫不能保有妻子，有何面目活于天地之间！陈圆圆是秦淮名妓，跟李香君、柳如是、寇白门等并称秦淮八艳，是吴三桂的爱妾，你把我爱妾掠走了，我跟你没完。拨回马头回山海关，下令全军给崇祯皇帝戴孝，实际是给陈圆圆戴孝。皇上都死了那么多天了，你才想起来给他戴孝？所以吴伟业的《圆圆曲》里说："恸哭六军俱缟素，冲冠一怒为红颜。"吴三桂要跟李自成决一死战。

吴三桂一反，李自成怒了，你就这点儿人马还跟我叫板？李自成亲率20万大军征讨吴三桂。吴三桂一看，李自成来玩命了，来了20万大军，我才这么点儿人，万一打不过怎么办？于是吴三桂就跟清朝联系，借兵复国。事成之后，本朝分裂疆土以报。而且流贼在京城祸害了一个多月，弄了三千多万两银子，这些钱都归你。多尔衮一想买卖可以干，清朝在统一中国之前几次入关都是借道察哈尔从蒙古打进来的，山海关一直打不进去，现在吴三桂跟我借兵，机不可失。多尔衮亲率10万八旗劲旅，昼夜兼程赶到了山海关外，但是没有答应吴三桂的请求，先拥兵观望。

等李自成率20万大军赶到，跟4万吴军激战于山海关一片石。20万闯军跟4万吴军打了一上午，将将战平。由此可见闯军的战斗力不怎么样，都是一帮饥民，没有受过什么军事训练。只不过明朝人心尽散，闯军进京的时候沿途不断壮大，号称百万，但多一半都是家属。再说进京一个多月几千万两银子，腰里沉甸甸的黄白之物，仗打完了我该回家当地主去了，买房子、买地、娶媳妇，这个时候你让我战死？谁干这事啊！所以只跟吴三桂打了个平手。但毕竟闯军人数占优，吴军渐渐不支。吴三桂亲自到多尔衮大营，说你必须帮我了。

多尔衮这时候提出条件，剃发归降。吴三桂万般无奈，剃发降清，清吴联军大败闯军。李自成身中数箭，狼狈逃回北京，在紫禁城的武英殿即皇帝位。因为太和殿的金龙凿井，龙嘴里叼着一颗珠子，你要不是真龙天子坐上宝座，这龙就把珠子吐出来砸死你。李自成知道自己不是真龙天子，没敢在太和殿即皇帝位，只敢在武英殿登基，一天后就狼狈撤出了北京，临走时一把大火把紫禁城烧为平地。我们现在看到的紫禁城是清朝的，明朝的紫禁城让李自成烧了。

清朝入关的时候，部队就二十几万人，当时闯军号称百万，当然一多半是家属；张献忠号称50万；南明朝廷也拥兵百万，清军跟他们是1∶10的比例。但清军兵分三路南下，豫亲王多铎为扬威大将军，率军进攻南京；克勤郡王岳托为辅国大将军，进攻河南；英亲王阿济格为奉命大将军，进攻陕西。清军南下，先锋官就是吴三桂，吴三桂急着把陈圆圆弄回来，所以马不停蹄，打得李自成狼奔豕突，百万大军作鸟兽散。逃到湖北九宫山的时候，只剩下万把来人。据说他去勘察地形，被一个农民一锄头给刨死了，农民皇帝倒在农民的锄头下。过去历史书上一直说李自成是被地主阶级的团练武装杀害的。不对，是被一个朴实的农民刨死的，猪八戒啃猪蹄，自残骨肉。这农民也不是什么武装，就是觉得他衣服不错，马不错，想据为己有，改变自己的生活条件，幸福地奔上小康之路。

其实，这跟李自成的想法做法都是一样的，农民起义不就是"王侯将相，宁有种乎"吗？要想"拯救"天下的穷苦人，我得先把自己"拯救"了，给穷苦人做个表率，告诉他们幸福生活是这个样子的！所以，我不上天堂谁上天堂？于是，这农民率领自己的儿子、侄子、外甥，爷儿几个一块儿动手，把李自成弄死了。李自成一死，农民才知道弄死这么个大人物，赶紧报给县衙。县衙表扬他，奖了他不少银子，他们家变成地主了，终于实现了世世代代的梦想。

缺乏名将国事艰

吴三桂灭掉李自成立了大功，然后率军追击南明余部。明朝灭亡之后，宗室建立了五个小朝廷，总称南明。福王朱由崧建立了弘光政权，在南京，一年被灭。鲁王朱以海在浙江监国，半年就完了，后来朱以海依附于郑成功，死在台湾。唐王朱聿键在福州建立了隆武政权，也是不到半年就完了。唐王的弟弟在广州建立了绍武政权，几天就完了。时间最长的是桂王朱由榔建立的永历政权，长达18年。吴三桂主要就是跟朱由榔打仗，一直把朱由榔追入缅甸。吴三桂大军压境，缅王就把朱由榔一伙捆绑起来送给了吴三桂。吴三桂在昆明十字坡用弓弦绞死了朱由榔，明皇室最后复国的希望被吴三桂绞杀了。朱由榔手下的晋王李定国，他的部队一直在缅甸，李定国临终前给部下的遗言就是宁可死在异国他乡，也不能回国降清。李定国几千部众就在缅甸世世代代生息繁衍下来，主要居住在中缅边境的果敢。缅甸今天有一个果敢族，其实就是当年李定国带来的这些部下，是汉族人。你到中缅边境那些特区一看，感觉那地方就是中国的土地，满眼全都是汉字，很不起眼的地方写着几个缅文。缅甸果敢民主同盟军成立大会的会场，完全跟中国国内一模一样，军装都跟解放军相似，街上的电话号码写着国内直拨，不是拨仰光，是拨昆明，区号都跟昆明一样08××。分不清是缅甸还是中国，挂的是缅甸国旗，听到的全是汉语，看到的全是汉字，这就是果敢族。

当时南明的形势比当年的南宋要好得多，南宋在那样的情况下，还能够坚持抗金，跟金朝并立了一百多年。而南明那么快灭亡，就因为缺乏像岳飞、韩世忠这样的名将。基本上是清军一南下，明军就全投降了。整个广东省就是明朝降将李成栋带着4100人就征服了，所以清朝很快便完成了全国的统一。

07. 清王朝里的怪现象

小毛孩干掉大勇士

清朝是以异族入主中原，更希望自己的统治能长治久安，别走蒙元的老路。

为此，清朝在官制的设置上采取了更加集权的措施。清初，中央设内阁六部，议政王大臣会议。

太祖皇帝努尔哈赤攻打宁远的时候，被明将袁崇焕用红衣大炮击伤，半年后突然死去。驾崩时，并没有留下遗诏由谁来即位，后来是八贝勒皇太极承袭了汗位。他承袭汗位之后，是与代善、阿敏、莽古尔泰共议国政。上朝时，宫殿放宝座的台阶上摆四把椅子，四大贝勒坐下来共议国政。后来代善主动说，我不行，你来。代善是太祖第二子，长子褚英早死，代善就变成了长子。他德尊望重，年高德劭，后来封和硕礼亲王。清朝开国有八个铁帽子王，代善一家就出了仨，一个是他自己，礼亲王；第二个是他儿子岳托，克勤郡王；还有一个孙子是顺承郡王。他功劳和辈分都最大，他对皇太极一谦让，阿敏和莽古尔泰就也从台阶上下去了，变成皇太极独尊。

但这种八旗旗主共议国政的遗风尚在，最终威胁到了中央集权和皇权。议政王大臣会议作出的决议，"虽至尊无如之何"。皇上也没辙。到了圣祖康熙爷时，情况有了变化。康熙皇帝是一代雄主，冲龄践祚，就是小屁孩当皇上。祚指皇统，今天北京朝阳门外东岳庙对面的神路街，牌坊上还是四个大字——永延帝祚。康熙是世祖顺治第三子，那个时候，清朝还没实行嫡长子继承制，康熙的大哥叫福全，二哥叫常宁，他叫玄烨，这肯定不是汉名，从他的儿子开始才起汉名，排行辈分，都叫胤×。雍正皇帝叫胤禛，他一登基，其他兄弟就不能胤了，都改成了允×。而太祖、太宗、世祖、圣祖都是满族名字音译过来的。玄烨为什么能登基呢？因为他出过痘，按现在的话讲就是得过天花，所以圣祖皇帝是个麻子，脸上有得天花出痘的痕迹。他那两个哥哥没出过天花，当时出天花是非常危险的，弄不好就over了。那俩小孩儿没出过天花，当了皇帝，万一出痘over了怎么办，清朝多一个殇帝。所以干脆让出过痘的玄烨做皇帝。

康熙除鰲拜

康熙即位的时候只有八岁，虽然有他的祖母孝庄文皇后辅佐，但实际上大权是在四个辅政大臣手里，索尼、遏必隆、苏克萨哈和鳌拜①。索尼年事已高，没多久就挂了；遏必隆是那种事不关己高高挂起、不爱管事的人；最张扬的就是鳌拜；苏克萨哈跟鳌拜对抗，势不两立，最后鳌拜把苏克萨哈弄死了。鳌拜大权独揽，欺君罔上，跟皇上撸胳膊挽袖子，唾沫星子能喷到皇上脸上去。他要杀直隶巡抚，皇上不下旨，他自己写圣旨，抢过皇上的御玺用，目无君上。康熙皇帝看不下去了，16岁时就把鳌拜给做掉了。他弄了一帮宗室子弟，整天玩儿摔跤，等鳌拜上朝的时候，靠这帮小孩将鳌拜摔倒。鳌拜是百战名将，膂力过人。当年明朝末年，流民造反，盘踞四川的张献忠就是被鳌拜射死的。张献忠50万众，清军是7000铁骑，趁夜截营，鳌拜抬手一箭，正中张献忠面门，当时完蛋。鳌拜自此号称"满洲第一勇士"，但猛虎架不住一群狼，被一帮小孩制伏了。除鳌拜之后，16岁的圣祖皇帝亲政。

南书房里不读书

圣祖亲政后，面临着极大的内忧外患。首先就是三藩问题。三藩原来都是明朝的辽东守将，归降大清。明朝有一个著名的大臣叫袁崇焕，原来是辽东的督师，因为守卫皮岛的大将毛文龙不听袁督师调遣，所以袁督师就把毛文龙杀了。皮岛在今天的朝鲜，毛文龙驻守皮岛，扼守鸭绿江口，对后金是一个威胁。袁崇焕一杀毛文龙，毛文龙的三个部下尚可喜、耿仲明、孔有德就归降了清朝。现在很多人认为袁崇焕不该杀毛文龙，认为这是袁崇焕的失策。清朝封这三人为王，合称叫三顺王，因为他们的王号都带有一个"顺"字。三顺王教会了清军怎么使用大炮，原来清朝跟明朝打仗，如果是野战，明军肯定完蛋，

---

① 鳌拜，清初权臣，满洲镶黄旗人，清朝三代元勋，康熙帝早年辅政大臣之一，以战功封公爵。鳌拜前半生军功赫赫，号称"满洲第一勇士"，后半生则操握权柄、结党营私。康熙用计，于武英殿擒拿了鳌拜。鳌拜被擒后，老死于囚牢中。

步兵打不过骑兵。袁崇焕总结出来一个经验，别跟清朝人野战，凭城用炮。骑兵爬不了城墙，战马害怕炮轰。三顺王教会了清军用炮以后，清军再攻城就容易多了。清军入关之后，耿仲明受封靖南王、孔有德受封定南王、尚之信受封平南王。

定南王孔有德在跟南明作战时战死，他是被张献忠的义子、永历帝封的晋王李定国杀掉的。李定国一直忠心耿耿扶保明朝，失败后残部退入缅甸也不肯投降。定南王被杀掉之后，只有一个叫孔四贞的女儿留了下来。孝庄文皇后觉得孔四贞孤苦无依，就把她收为义女，封为和硕公主。这位公主死后，不能埋进东陵，因为东陵里面的公主都是满洲公主，人家是正牌的，你是山寨的，所以她就葬在了北京公主坟。也有人说，公主坟埋的是嘉庆皇帝的两个闺女。我感觉孔四贞的可能性比较大，要真是嘉庆皇帝的闺女，肯定埋在东陵里，不可能埋那儿。

这样一来，三顺王还剩俩。后来吴三桂降清，清军顺利入关，定鼎中原。一直到清朝中后期了，后妃填的《九九消寒诗图》，最后一句还是"三桂领兵南下去，我国大清坐金銮"。说明吴三桂引军入关的功劳，清朝还是承认的。所以吴三桂受封平西王，镇守云南。平南王尚之信镇守广东，靖南王耿仲明镇守福建。后来靖南王位往下传了两代，耿仲明、耿继茂、耿精忠。尚之信传给他的儿子尚可喜。吴三桂高寿，七八十了，一直做平西王。这三个人分别镇守云南、广东、福建，那些地方山高水险，八旗兵不耐暑热，驻扎都驻扎不了，所以实际上就是三个割据的独立王国，对中央集权构成了严重的威胁。当时朝廷一年的收入4000万两白银，花在三藩身上的大概就有2000万两。三藩自置僚属、自备兵马，不听中央调遣。康熙皇帝决定削藩，把这三藩给撤了。这一撤，三藩反了，吴三桂打出旗号——反清复明。还真有人信，但明朝不就是你亲手灭的吗？末代皇帝都被你绞死了，你还反清复明？当时，连朝鲜都准备起兵响应。朝鲜在明朝灭亡之后念念不忘大明抗倭援朝，对朝鲜有再造之恩。朝鲜君臣整天叫嚷着北伐，要练十万雄师，练了N年，这十万雄师也没练出来。再一琢磨，清朝再弱，打朝鲜还是跟玩儿似的，就打算观望一下。过了两年，吴三桂定国号大周，自己当皇上了，这下反清复明的谎话被戳穿了。康熙皇帝从容坐镇，八年平定了三藩之乱。云南、广东、福建由中央直辖了。

为了加强皇权，康熙帝设立了南书房。南书房本来是康熙帝与翰林院词臣们研讨学问、吟诗作画的地方。在翰林等官员中，"择词臣才品兼优者"入值，称"南书房行走"。入值者主要陪伴皇帝赋诗撰文，写字作画，有时还秉承皇帝的意旨起草诏令。由于南书房"非崇班贵檩、上所亲信者不得入"，所以它完全是由皇帝严密控制的一个核心机要机构，随时承旨出诏行令，使得南书房"权势日崇"。这是康熙帝削弱议政王大臣会议权力，同时将外朝内阁的某些职能移归内廷，实施高度集权的重要步骤。康熙帝亲政以后，逐步形成以南书房为核心的权力中心。

清朝为官要能跪

世宗雍正皇帝时，设立了军机处。军国大事，皇帝裁决；军机大臣，跪受笔录。

明清两朝，大臣上朝都得跪着。今天皇上单独召见你六个钟头，你就得在地上跪六个钟头。如果是老臣，皇帝体恤，赐毡垫，你跪垫子上。年轻人就得跪地上，那你膝盖得好使。大臣上朝之前，护肘护膝都裹好了，得在家练跪功，你跪一会儿晕了可不成。刘墉他爹刘统勋就是跪死的，也有说是上朝死在路上的。刘墉当老师爱迟到、早退，也不认真教书，不批改作业。皇上挺生气的，看在你爹的面子上让你教皇子，你怎么这么不敬业？

军机大臣"跪受笔录"，就是跪在地上把皇帝命令记下来，以奉旨、上谕的形式廷寄出去。不像电影里演的那样，那种"奉天承运，皇帝诏曰"的圣旨，一年发不了几回。那得是大事，譬如立皇后、跟外国宣战、选进士这些事，才"奉天承运，皇帝诏曰"。一般就是"奉旨"或者"上谕"如何如何，军机处起草。

紫禁城是前朝后寝，以乾清门广场做分界线。前朝是太和、中和、保和、文华、武英五组宫殿建筑群，比较疏阔。太和殿前广场三万多平方米，可以举行大型活动，这是办公的地方。乾清门广场后边就是寝宫区，中路也是三殿：乾清宫、交泰殿、坤宁宫，后边是御花园，两侧是东西六宫。清朝从雍正皇帝开始，住在养心殿，皇帝平时也在养心殿办公。

乾清门广场东为景运门，西为隆宗门，都是五间三开门。景运门内北侧排房为文武大臣奏事待漏之所，也叫九卿房，南面朝北的房间是宗室王公的内朝房。隆宗门内北侧排房为侍卫值房及军机处，南面朝北的房间是军机章京办公的地方。门对门五十米，一排小平房。晚上内宫一落锁，宫里只有五个男人：皇上、两个太医、两个军机章京。军机章京就在军机处值班，处理夜里来的紧急军务。除了这五个男人，连成年皇子都不许进内宫，只能住在王府。如果没有封王的话，就住在北五所。

军机处里讲究多

军机处有一个规定，不奉圣旨，擅入者斩。即使你是亲王，不奉圣旨擅入，也要斩。

清末的时候，湖广总督张之洞奉诏进京，商议官制改革。他走到军机处，到台阶底下，说什么都不肯再往前多迈一步。张之洞那么大的份儿，他都不敢迈一步，因为他不是军机大臣，不能进军机处。庆亲王奕劻是军机大臣，就对张之洞说干吗呢你，腿抽筋了？快来呀来呀，哦对，突然想起来了，他们天天走习惯了，没觉得进军机处有什么不合适。张之洞真懂规矩，因为世宗皇帝遗训，没命令敢进来宰了你。

军机大臣平时早上三点多钟起来，就得到这儿值班。皇上一般七点钟起床，清朝的皇帝一个个都精力旺盛，像康熙爷、乾隆爷整宿整宿不睡觉，观书达旦，一晚上一晚上看书。而且清朝的皇帝都勤政，那真是中国历史上罕见的。放在以往的王朝都是不世出的圣主，随便拿出一个皇帝来（同治帝差点儿），即使把光绪皇帝搁到明朝，都是有道明君。可惜他赶上的时候不好，甲午战争。但你要对比着看，要是明朝那些皇帝赶上鸦片战争，咱就印度了，彻底变殖民地了。

清朝的军机处都快设到寝宫里边了。寝宫里边住的是皇上、皇上家人以及伺候皇上家人的人。这么说来，这军机大臣的地位，其实跟宫女、太监真差不多。军机大臣位当前朝宰相，但实际上和皇上大秘书差不多。皇上并不是每天都上朝，但每天一定要见军机，皇帝一说叫起儿，就是叫军机。要是六部九卿都来，那就叫大起儿。军机处设置，议政王大臣会议名存实亡，到乾隆时撤销。军机处一直到1911年才裁撤。

军机处这么重要的一个机构，在清朝，它却不是法定机构，《大清会典》里都不见记载。这绝对是一个临时机构。清雍正七年（1729年），雍正皇帝因西北用兵军情紧急，设立军机房，三年后改称"办理军机处"，简称"军机处"。在军机处任职者无定员，多时有六七人，由亲王、大学士、尚书、侍郎等充任，称之为"军机大臣"，又称"大军机"。其僚属称"军机章京"，通称"小军机"，掌管写谕旨、记载档案、查核奏议等事。乾隆时，定军机章京满汉两班各8人，后增至四班32人。军机处职掌每日觐见皇帝，商承处理军国事务。

军机处的设置，使中国专制主义皇权达到了顶峰。电视剧里面一演和珅与纪晓岚的那些事儿，纪晓岚见皇上称臣，和珅称奴才。旗人称奴才，汉人称臣。能称奴才的，那证明是皇上家里人，这是爱称，称臣是皇上跟你见外。中国古代的君臣关系发展到了清朝变成了主奴关系。乾隆爷的时候，想要汉人也称奴才。汉人比较重面子，汉官就是不干，反弹得比较大。乾隆爷恨恨作罢，下了一道圣旨，意思是说，你们虽然称臣，但跟奴才是一样的，你们别给脸不要，说你咳嗽还真喘上了。

08. 出题有风险，作诗须谨慎

祸从笔端出

从中国历史上看，文字狱在清朝达到了顶峰。大清是以异族入主中原，大兴文字狱，目的在于压制汉人的反抗。文字狱可以树立清朝的权威，造成社会恐慌，它禁锢思想，摧残人才，阻碍社会进步。文字狱世祖朝7次、圣祖12次、世宗17次、高宗130多次，主要是康、雍、乾三朝，乾隆的时候最厉害。世祖、圣祖时候的文字狱，多少还有点儿镇压思想犯的意思。比如《南山集》案，有一个叫戴名世的知识分子，写了一本书叫《南山集》，书中使用南明的年号。大清入关之后，南明五个小朝廷又苟延残喘了20多年，其中以桂王朱由榔建立的永历政权时间最长，永历年号用了18年。已经是康熙元年了，你的年号还写永历××年，那就是不奉清为正朔，按照我们今天的话讲，就是反革命宣传煽动罪。

所以《南山集》案发，戴名世开棺戮尸满门抄斩。清朝的法律是16岁就可以判死刑，比现在少两岁。他的小儿子只有15岁，监斩官就说，你不够岁数，你回去吧！不杀你。他说父兄皆已殉难，不愿独活，你就给我写个16岁吧。监斩官大呼，奇男子，写上吧！16岁，杀！留着也是祸害。

世宗、高宗时候的文字狱就纯粹是找茬儿，望文生义，跟朱元璋那个"光天圣人"的感觉相似。金庸先生的远祖浙江提督学政查嗣庭[①]，在出题的时候，

[①] 查嗣庭，清朝大臣。字润木，号横浦，浙江海宁袁花人，康熙四十五年（1706年）中进士，选庶吉士，散馆授翰林院编修，得隆科多赏识，累官至内阁学士兼礼部侍郎。雍正四年（1726年），出为江西乡试主考官。雍正帝为铲除隆科多一派势力，借口他所出的试题"讽刺时事，心怀怨望"，抄家查出的日记中"语多悖逆"，大兴文字狱，将其逮捕，定为隆科多死党。狱中病死后，仍遭戮尸枭首。亲族、弟子多人受株连，并暂停浙江乡试，三年后始恢复。著有《晴川阁诗》。

用了《诗经》里面的一句话"维民所止"做考题。雍正皇帝大怒，"维"字加一点一横，不就念雍吗？"止"字加一横不就是正吗？"维民所止"的意思就是雍正砍头。于是，查嗣庭处斩，全家流放三千里与披甲人为奴，幸亏没满门抄斩，不然就没金庸先生了。所以你看金庸先生写的武侠小说，无一例外地反清复明。《鹿鼎记》里有个反清复明的天地会，其实是清朝时候的黑社会，也就是后来三合会的前身。天地会自称"洪门兄弟"，因为明太祖朱元璋是洪武大帝，三合会的三合就是洪的三点水。反清复明属于黑社会反对朝廷，不提倡也罢，更别说歌颂了。但这个事儿确实是很明确，他这么写是跟清朝有仇，我祖宗没招谁没惹谁，给咔嚓了！查嗣庭还不算大官，提督学政是二品官，朝廷放差，主管一省的乡试。

乾隆年间，礼部尚书沈德潜写了一首《咏黑牡丹》，礼部尚书是从一品大官，诗中有这么两句："夺朱非正色，异种也称王。"这哥们儿也是死催，你说你什么色的牡丹不好咏，非得去咏黑色的牡丹？朱就是红，一般的牡丹是红的，但黑牡丹是黑的，所以非正色，是异种称王。这让大清一看没法不起疑心，搁咱谁看谁觉得不对。"夺朱非正色"？朱是朱元璋、朱明王朝；"异种也称王"？你说满洲人是异种，夺了朱明江山。沈德潜虽然已死，但开棺戮尸。

内阁学士胡中藻作诗，也惹了麻烦。内阁学士正二品，诗里有这么一句——"一把心肠论浊清"，这个很好懂，我能分辨浊与清。但是乾隆爷一看大怒："加浊字于国号之上，是何肺腑？"你为什么写"浊"清？你说那会儿要像现在似的横着写，是不是就没事儿了？横着写也不行，你加浊字于国号之前，究竟是何肺腑？所以怎么着都不行，你论浊清就是作死。乾隆爷下旨，胡中藻腰斩，拿一把大铡刀，拦腰咔嚓切成两半。当时没咽气，可能这哥们儿神经末梢比较发达，都两半了，还拿手指蘸着鲜血，连写了七个惨字才咽气。乾隆爷听说胡中藻都两半了还写字呢，一琢磨是稍微惨了一点点，从此大清废腰斩，只砍脑袋就完了。脑袋掉了还写字的人没有，因为看不见了，往哪儿写。

文字狱这么一搞，不光是老百姓，朝臣也人人自危。乾隆爷平定新疆回部叛乱，立功最大的是定边左副将军兆惠，这个人是满洲人。酒席宴上，有汉族文臣拍兆惠马屁，举起酒杯来给他敬酒："但使龙城飞将在，不教胡马度阴山。"话一说完，乾隆爷脸色大变，啪！拍案而起。那个官员马上把顶戴花翎一摘，跪地上磕头，臣罪该万死，磕得血流满面，乾隆爷才恨恨作罢。什么叫"不教胡马度阴山"？我大清就是胡马度阴山，你这话什么意思？幸亏这个诗不是你写的，是你引用的古诗。要是你自己写的，那你完了，变胡中藻第二了。

清朝在文化方面最大的建树是修《四库全书》，但修书的一个重要目的就是把对他统治不利的书全都销毁掉。胡、夷、狄、虏这种词全不能写，带这种词汇的书或删或改。中国人本来就对科技没什么兴趣，那玩意儿考试不考，考试只考四书五经，学科技没法"学而优则仕"。文字狱一搞，研究历史也容易出问题，写诗也容易出问题，所以中国人只能研究茴香豆的"茴"字有四种写法，这不犯忌讳，不怕文字狱。还有考订古字音，"青山石径斜"，"斜"字应该念xiɑ，不能念xie，只能干这个，一下跟世界的差距就拉大了。

西方人在研究开普勒定律、解析几何、微积分，大清在研究茴香豆的"茴"字有几种写法，这一下差得太远了。看道理要看大道，中国古代有太多值得学习的瑰宝，文学气象、哲学理论、科学经验，但那些人不好好做有用的学问，总拘泥于这些八卦的东西，这不是舍本逐末吗？

09. 穷得只剩下钱

政策开明人丁旺

明清时期，统治者调整生产关系，鼓励生产，经济继续发展，一直到鸦片战争爆发。1840年，中国的国民生产总值不是高于英国就是跟英国持平，反正绝不比它差。

乾隆五十年时（1785年），中国的国民生产总值占世界的32%，欧洲占22%，中国一国的国民生产总值比欧洲11个主要国家的总和还高10个百分点。那时全世界人口超过五十万的城市，只有十个，六个在中国：北京、南京、扬州、广州、苏州、杭州；亚洲还有日本东京，当时叫江户，印度的马德拉斯；欧洲就是伦敦、巴黎。中国当时的经济发展水平还是世界之最，农民富裕程度也是世界上最高的，形成这种情况的其中一个原因就是统治者调整生产关系。

明朝内阁首辅张居正推行一条鞭法，将原来的田赋、徭役、杂税并为一条，折成银两，把从前按户丁征收的役银分摊在田亩上，按人丁和田亩的多寡来分担。两税法按人丁征税征的是个人所得税，是你的财产，这个征的是役银。就是说，你本来应该去服徭役，现在你不去，按规定你可以纳银代役。服徭役是按人丁服，但是现在这个役银也分摊在田亩上了，这表示人丁在税收当中的作用就越来越下降，资产在其中的作用越来越上升。役银按照人丁和田亩来分担，这叫一条鞭法。它的作用是赋役征银，适应了商品经济发展，促进了农产品的商品化。地里长不出银子来，你得把农产品卖了，有了铜钱，到银庄兑换成白银。这样一来，把农民推向市场，你必须跟市场发生联系。纳银代役，保证农民生产时间，减轻农民负担。农民对国家的人身依附关系有所松弛，这个跟两税法的意思是一样的。

到康熙帝时，宣布原来明朝藩王的土地归现在的耕种人所有，叫做更名田，这就解决了农民的土地问题。农民失去土地是因为土地兼并，在明朝，藩王们最能兼并土地。朱元璋本人就弄出了25个儿子，这25个儿子，每个人再来上七八个儿子，这七八个儿子再弄上七八个儿子，你算算多少个？到了明朝末年，朱氏皇族有好几十万人。明朝基本上只要皇子就封王，那得有多少个王爷？赶上"太平天国"了，王都封滥了。

清朝吸取了明朝滥封的教训，除了开国的八家"铁帽子王"之外，后来只有雍正爷封怡亲王是铁帽子王，清末封恭王、醇王、庆王仨铁帽子王，一共就十二家王爷是不降爵的，世袭罔替。别的王爷都是逐级下降，你是亲王，你的儿子就是郡王，你孙子就是贝勒，曾孙就是贝子。亲王降到镇国公，郡王降到辅国公，到辅国公就不再往下降了，往下世袭就是世袭辅国公，辅国公跟王爷的级别可就差得太远了。你是王爷住在王府，等你不是王爷的时候，你得从王府搬出来，自己找地儿住去，四居室改筒子楼了。

一般来讲，清朝一个皇帝在位的时候，王爷没多少，十几个了不起了。清朝王爷待在北京城里不许出去，圈死在北京，所以清朝的王府全在北京，像什么郑王府、豫王府之类。明朝王府全在外地，朱氏子孙在外地待着置产业，兼并农民的土地。比如明神宗万历皇帝本身就贪财，在皇宫里挖了一个大坑埋银子。他把最宠爱的儿子、福王朱常洵封到洛阳，一次就赐给他四百万亩土地。朱常洵跟他爸爸一样，最后变成个三百多斤的大胖子。李自成打洛阳的时候，洛阳的守将跟朱常洵说，现在闯贼围攻洛阳，重赏之下必有勇夫，你有那么多钱，估计上亿两银子的财产，能不能拿出点儿钱来犒赏将士？将士们好跟闯贼玩命。朱常洵说，我们家没钱，穷着呢！就有点儿旧家具，我卖了犒赏将士吧！气得守将说你拉倒吧！开门投降李自成了。李自成一进来，你朱常洵不是贪财吗？行！这回让你贪个够，把金子烧化了，顺嗓子眼往里倒，把他烫死了，然后把朱常洵剁巴剁巴，和着鹿肉一块儿分给大家吃，叫福禄（鹿）宴。老百姓恨不得食其肉、寝其皮，你弄得我们大家都没活路了。

到了清朝，表面上对明朝皇室很优待，给崇祯皇帝建个陵啥的，实际上逮着明朝王爷就得给弄死，朱氏子孙差不多都杀光了。这些王爷占的地现在都在老百姓手里，所以康熙爷宣布更名田。原来这个田是福王的名，现在谁种是谁的，解决农民土地问题。为什么农民不反清复明？同一个民族让我们没法活，还是异族让我们活得不错，那我们为什么不拥护异族？中国老百姓是谁让我活下去，我就拥护谁。外国也一样，美国打萨达姆，伊拉克人为什么不抵抗？我为了保卫萨达姆拼命，我脑袋让美国电梯夹了！我的命那么不值钱？萨达姆给我什么了？让他变吊死鬼去吧！老百姓是非常实际的。利比亚人不保卫卡扎菲也是一样道理，平时拿老百姓当孙子，有人打你的时候，想让老百姓把你当爷爷，呸！

更名田解决了农民的土地问题。康熙五十一年又规定，滋生人丁永不加赋。以康熙五十年的人丁数作为固定人丁税，康熙五十年，你们家有十口人，从康熙五十一年开始，你们家就交十口人的人丁税。到康熙六十年，你们家十八口人了，还交十口人的税。那我们家就剩七口人了怎么办？再交十口人的不就亏了吗？

所以，世宗雍正皇帝一上台，推行摊丁入亩。把丁税平均摊入田赋中，人头税就废除了。这个钱也没多少，一年335万两，朝廷当时岁收入4000万两，占不到十分之一，所以咱就不要了。就跟现在农业税不要了一个意思，一共2000个亿，还没有公款吃喝的钱多呢！自由市场的管理费也不收了，一年才150个亿，开场奥运会多少钱？何必跟这些穷苦人收？这个钱不要了，以后大街上摆摊的就少了，犯不着在大街上栉风沐雨了，我进大棚了。

人丁税不要了，国家对农民的人身控制进一步松弛，隐蔽人口现象减少了。原来藏着掖着不就是怕朝廷收税吗？隋朝4600万人，到唐朝一下变成1200万，相当多的人是藏起来了；汉朝也是如此，5300万人，到曹操的时候，剩700万，我的天！原子弹也没有那么大的杀伤力，好多是隐匿起来了。

现在不收税了，生吧！康熙即位的时候，全国的丁额是2100万，算上老弱病残，估计有个4000万，康熙驾崩的时候已经过亿了；乾隆二十几年的时候，就两亿了；到乾隆驾崩的时候，已经3亿了；到道光那会儿4.1亿，占世界人口的40%多。全世界10亿人，中国4.1亿，那个时候的中国人更自豪，现在占20%，那时候40%。所以中国巨大的人口压力，从那时候就开始形成了。

救国的玉米、甘薯

有了好的政策，生产才能发展。

在明代，棉花的种植由江南向江北，推向全国。南北朝时，印度佛教禅宗第28代祖师达摩东来，建立少林寺，他就是中国禅宗的初祖。达摩祖师东来的时候带了一件木棉袈裟，作为禅宗的圣物，代代相传。木棉就是棉布，特值钱，中国人没见过。中国有钱人穿绸，穷人穿麻，没见过木棉袈裟。北宋的时候，棉花开始在福建种植；南宋的时候，南方普遍种植，但是北方还没有。南方可以普遍使用棉布了，北方还是得通过互市买，北方给马，南方给棉。到了明朝，全国都能种了，中国的棉花应该是从印度引进的，经过两条路线，一条是从新疆过来，一条是从海南岛过来。

明代引进的玉米、甘薯，在清代不断地推广。崇祯年间，玉米、甘薯开始在中国种植。这东西如果早来中国20年，明朝没准儿就不会灭亡了，因为老百姓就够吃了。陕北农民造反，就是因为没得吃，你吃我儿子，我吃你儿子，易子相食，换儿子吃。要不就吃观音土，吃土胀肚子，全胀死，老百姓只能造反。要是玉米、甘薯来了，就没事儿了。这东西原产于拉丁美洲，那里主要是西班牙的殖民地，西班牙还在亚洲的菲律宾有殖民地，而菲律宾有大量华侨。西班牙人把它带到菲律宾，菲律宾华侨把它带回到中国，最早开始在福建种植，然后逐渐向全国推广。福建地方多山，地狭人稠，耕地面积很少，就种这个。它的特点就是使贫瘠土地得到利用，粮食总产量大幅度提高。当时，水稻一亩地四五百斤，小麦二三百斤，玉米怎么着也得六七百斤，甘薯是万儿八千斤。就算不下雨，你也不用施肥，八千多斤；如果风调雨顺，再一施肥，一万多斤高高的。大粗白薯，你吃去吧！降血糖、降血脂，健康食品。甭管什么样的土地都可以种，不挑地方，产量还那么高，太适合咱们中国了。大清两百多年少有农民起义，玉米、甘薯居功至伟。

老百姓能够吃饱，中国人口也就翻着来了。清朝的时候，人地矛盾就已经很突出了。康熙登基之初，人均耕地面积是25亩，乾隆的时候就变成6亩了，道光的时候就变成3亩了，今天连1亩都没了。

康熙就说过："本朝统一以来，六七十年，百姓俱享太平，户口日益殷繁，分一家之产，供数家之用，岂能家给人足？"但是当时没有办法，也不懂计划生育，人口增加给中国造成的压力一直影响到今天。中国社会财富的增长跟人口的增长不成比例。更关键的是，中国经济欠发达地区的人口增长多，北京、上海的人口出生率比欧洲都低，负增长，但是北京人口却年年增加。中国这块土地，顶多养活六亿七千万人，这是最合适的，现在已经是两倍了。

当时毕竟粮食总产量大幅度提高，能够养活众多人口，就可以腾出更多土地种植经济作物，促进农产品的商品化。清代前期经济作物的种植面积扩大，形成了一些专业性的生产区域。比如北京丰台花乡，就产花，蜜蜂才吃花呢，我这个花种出来，肯定是买卖、交换的。

资本主义萌芽

明清时候，手工业进步很快。生产工具上出现了纱绸机。生产技术有了双色套印，以前印刷品都是黑白的，这个时候彩色印刷品开始出现。还有地区间的分工，比如织造尚松江、浆染尚芜湖。松江的布织得最好；布要去浆染，芜湖最好。松江就管织布，织完了布卖出去，芜湖那儿管染，这就是商品经济。规模、产量也很大，比如广东佛山的冶铁业发达。佛山是黄飞鸿的家乡，中国南北两个武术之乡：河北沧州、广东佛山。沧州原来也是冶铁中心，北宋大铁狮子天下闻名。这两个地方据说家家习武，冶完铁，就练练刀。你拿出一把刀，给顾客表演一下，一耍把自己手指头切了，那谁买你的刀？所以，得习武，自己先要会了，干什么吆喝什么。

明朝中期以后，以生产商品为目的的纺织业兴起。苏州出现了以丝织为业的机户，开设机房，雇用机工。机房就是工厂，机工就是工人。有人认为机户就是早期的资本家，机户出资机工出力，这就是资本主义生产关系、雇佣关系。明代苏州机工的状况是"郡城之东，皆习机业……工匠各有专能，匠有常主，计日受值"。最能体现资本主义生产特点的是"计日受值"，拿日薪。"无主者黎明立桥以待"，地上摆一块小牌，写上"装修"，立桥以待。"若机房工作减，此辈衣食无所矣。"如果机房的工作停了，这帮人就失业了。这跟今天工人的感觉是一样的，所以认为出现了资本主义萌芽。当然很多学者对这种看法嗤之以鼻。《史记·陈涉世家》记载陈涉就"与人佣耕"，人家出钱，让陈涉帮他种地。能说秦朝就出现了资本主义萌芽吗？有雇佣就是资本主义？宋朝普遍都是雇佣关系。

　　明朝的"资本主义"发展就是在丝织业，主要是江南地区。到了清代，手工工场规模大了，分工细了，部门和地区多了，北京门头沟采煤都有资本主义萌芽的色彩了。

　　明清时期，中国商品经济发展的规模是很大的。即便有资本主义萌芽，发展的速度也非常缓慢，始终在萌芽状态徘徊，未能进入工场手工业阶段。世界历史上资本主义发展，是从简单协作到工场手工业再到机器大生产这么一个过程。而中国的整个生产未能进入工场手工业阶段，自给自足的自然经济仍然占主导地位，原因是专制制度的阻挠。农民极端贫困，无力从市场上购买手工业品。中国今天也一样，你抵制日货、抵制美货，人家不害怕，人家的货主要靠本国人买。沃尔玛85%的营业额是在美国，而不是在中国。日、美的产品主要是本国人买，中国的产品主要是外国人买。所以人家也可以抵制中国货，不买咱的鞋了，衬衫、袜子、裤衩都不要了，东南沿海的经济肯定受影响。2008年金融危机就看得很明白了。人家买孟加拉、突尼斯的更便宜，那里的劳动力更不值钱。越南等很多国家都跟咱们构成竞争了。为什么背心、裤子、袜子这些东西不能让中国人买？因为物价跟世界接轨了，甚至超过了发达国家水平，唯一没接轨的是工资。必须让国民富起来，才能有需求旺盛的国内市场。今天的中国农民还是缺乏购买力，29寸彩电已经跌破1000元了，照样卖不出去。

那时，地主和商人将赚来的钱买房置地，严重地影响了手工业的扩大再生产。地主、商人挣完了钱，买房置地，就造成了资金短缺，"以末致财，用本守之"。末是商业，本是农业，经商发财了干什么？买房买地，房地产多保值啊！投资首选！今天中国前100个富豪里面，51个是搞房地产的，剩下十几个是卖脑白金、鳖精之类的，缺少像比尔·盖茨这种干高科技的。你买房子的时候只花了三千，卖的时候一万五，赚多少啊？中国的房价达到了20年以后、人均GDP两万美元才应该达到的水平。现在北京市一个月挣两万是高薪了，四环之内，你只能买一个马桶，连一个澡盆都买不起。房价就是炒的，土财主们以末致财，用本守之，有了钱就干这个。为什么出矿难啊？土财主们拿钱买房、买车、买表了，他不会说想着去改进煤矿的安全，采用先进的采煤技术，要不样板戏里说"贼矿主心比炭黑"嘛。

朝廷还设立关卡，对商品征收重税，严格限制手工业生产规模。政府不支持你发展手工业，没有政策；实行闭关，禁止或限制海外贸易，对外无交流。

本国发展不行的话，往外国发展也行啊，赚洋人的钱多好啊！不行，朝廷不允许民间私自跟外国人交往，只能在广州一地通过13个官办性质的洋行，跟洋人做买卖。洋人要跟中国人做买卖也必须通过13个官办洋行，不能跟中国的商人私下进行交易。中英《南京条约》规定赔款2100万银元，这2100万银元是什么钱？商欠600万、鸦片烟600万、军费900万。鸦片烟这600万不应该给，军费那900万也不应该给，商欠那600万就应该给人家，是历年来13间洋行欠人家的钱。我收洋人的货不给钱，你告我？我是谁啊，正五品！现在人家老大来了，你乖乖地给人家钱。所以这个条约是不平等条约，但不平等条约里面的规定并不一定都是不平等的。还有如外国公使进北京，他应该进北京，两国建立外交关系，你不让人家使节进北京哪儿行？不能说咱们跟法国建交了，递国书找省长，这个不合适。清朝时，外国人有事找两广总督，两广总督是地方官，凭什么管国家的外交啊？

所以，中国当时资本主义的发展始终是萌芽状态，就因为政府的重重阻挠。说穿了，就是因为中国几千年来一直奉行重农抑商的经济政策。商鞅变法的时候，重农抑商有积极意义，到这个时候，明显对中国的经济、社会的发展起阻碍作用了。雍正皇帝明确讲："市肆之中多一工作之人，即田亩元中少一耕稼之人"，"朕观四民之业，士之外，农为最贵"。所以你不能做工，不能去经商，都给我老老实实种地，一辈子不出村，这多好管啊。朝廷重农抑商，资本主义根本就甭想发展起来，无市场，无资金，无政策，无交流。

明清时期，商业还是比较繁荣的，区域间长途贩运贸易发展较快。中国有两大商帮组织：晋商、徽商，他们把货物贩向全国。晋商一直到恰克图，跟俄罗斯做买卖。北京和南京是全国性最大的商贸城市。这说明中国的商业还是跟政治靠得近，政治中心也是商业中心。当时商品经济向农村延伸，江浙地区以工商业著称的市镇兴起。原来就是一个小村，因为工商业发达，慢慢变成了市镇，这种趋势明清的时候就开始出现了。这些都是中国对内经济的特点。对外，清政府实行闭关。

其实中国古代一直是非常开放的。明朝因为倭寇猖獗，开始闭关锁国。中国闭关也就是四百多年，以前都是对外开放的。宋朝最喜欢外国商人来，宋高宗说："广南市舶，利入甚厚，提举官宜得人而久任，庶蕃商肯来，动得百十万缗，皆宽民力也。"皇上说外商一来，咱动不动就挣个百八十万，减轻百姓负担。所以，广南的海关关长要用好了，让他干的时间长一些，给咱多挣银子。北宋那么点儿疆土，收入是明朝的十倍，南宋还是明朝的六倍，钱哪儿来的啊？有人说，中国的资本主义萌芽就是在那个时代产生的。

闭关锁国的意思是禁止国人出海，限制外商来华。中国人绝对不允许出海，出海就是汉奸。你家亲戚从海外给你寄封信来，完了，你有特务嫌疑。放在今天，特别高兴，拿着到处显摆去。中国人出海了就是刁民，不许还乡，还乡就处死。外商来华之后只能去广州。洋人来中国最需要的产品就是茶叶，茶叶主要产在福建，要是从福建直接装船出海多省事啊。不行，人挑马驮，翻过五岭，来到广州，再从广州出海，那茶叶就烂了，成本一下子就高上去了。后来洋人在五口通商的时候弄了一个福州，就是想在那地方赶紧把茶叶运走，那多便宜啊。

这样一来，造成了中国跟世界的隔绝。越强大的时代，对外就越开放；越落后的时候就越封闭。越强大的国家越对外开放，因为充满了自信，让洋人来看中国，天朝上国，就是有钱！

孙中山先生推翻清朝的时候，支持者里面相当大一部分是华侨。要说华侨在海外，跟清朝应该没有那么深的仇。可是人在海外，才知道背后有一个强大的祖国罩着你，有多给力！华侨在国外谋生，本国政府太不拿他们当回事了，不但不拿他们当回事，还拿他们当叛徒、汉奸。

西班牙人占了菲律宾，菲律宾华人起义了。西班牙的总督下令屠杀，前后杀了两万多华人。西班牙总督吓坏了，他就派人渡海去见明朝两广的地方官通报这件事，对不起啊，我们杀错了，这件事咱们能不能商量商量？我们赔钱。结果这件事报过去之后，一年多没回信，西班牙总督惴惴不安。一年多之后，中国朝廷圣旨到，赏赐西班牙总督两万两白银！你不是杀了两万多中国人吗？赏你两万两白银！他们都是天朝的叛徒，都是汉奸。不是汉奸你跑出去干吗？你杀他们，乃为天朝除残去秽也，干得好，杀一个奖一两白银。

人在海外，祖国不但不保护他们，还助纣为虐，这朝廷我效忠个啥劲儿？马来西亚最大的华人墓园——三宝山墓园，有很多墓碑上刻着皇明万历××年，皇清嘉庆××年，都是用中国纪元，还是以中国为祖国。我是大明、大清的臣民，只不过我们那个地方不好活，只能到这里来谋生，这边地广人稀，气候温和，好养活人。但是，我的祖国是中国，可是我的祖国这么对待我，我能不想推翻这个朝廷吗？

10. 别砌墙了，咱们互市吧

明长城，万里长

明清时期是统一多民族国家的发展时期。明清时期统一多民族国家的发展特点，第一是中央同边疆地区的关系空前加强，中原王朝加强对边疆地区的管辖，主要是蒙古、新疆、西藏、东北、台湾；第二是我国统一多民族国家最终形成，版图最终奠定。

1368年，朱元璋继皇帝位，派大将徐达领兵北取中原，当时朱元璋发表的讨元檄文里面有这么两句："归我者永安于中华，背我者自窜于塞外。"你要是听我的，你就在中国待着，不听我的，就自窜塞北。这等于对元朝网开一面，你愿意走你就走吧。元朝的末代皇帝顺帝妥懽帖睦尔率文武百官出大都建德门北逃，逃到元上都，后来在应昌病死。他的儿子爱猷识理答腊继位，又当了8年皇帝，这就是元昭宗，昭宗死后传给平宗。蒙古人被明朝赶走之后，元朝的帝位还往下传了六代，有30多年时间，历史上称为北元。北元第六代皇帝被人家干掉了，这是他们特别擅长的事。然后这帮人就开始抢椅子，回到了成吉思汗统一以前的状态。但是蒙古一直有一个至少是名义上的大汗，元朝的国号也一直保留着。元朝皇帝本身就是双重身份，对中国人来讲是元朝皇帝，对蒙古人来讲是蒙古大汗，必须由成吉思汗后裔出任。成吉思汗的黄金家族出任大汗一直到皇太极时代，最后的第35代蒙古大汗——林丹汗是被皇太极消灭的。黄金家族传了四百多年的汗位，到此才告结束。

所以有人讲，明朝实际上是中国历史上第三次南北朝。蒙古人几乎是全身而退，还控制着蒙古的草原大漠，随时南下，威胁明朝的北疆。明朝中期，为防止蒙古而修建长城，东起鸭绿江，西到嘉峪关，绵延一万多华里，折合六千多公里。现在我们一说长城起止点就是山海关到嘉峪关，那会儿山海关以东也有长城，可能大清入关之后拆得差不多了，它不但防蒙古，还把建州女真挡在了关外。

明长城比起秦长城来更靠南，明朝把都城迁到北京，就是天子戍边，皇上来守大门。一般部队都集中在边境和首都，这下把首都搁边境上，部队集中在边境，也就是集中在首都了，一举两得。当时北京城三大营就拥有50万军队，三千营、神机营、五军营，光这三大营的兵力，就占了明军总兵力的将近三分之一。这样既能保卫京师，又能戍守边疆。

我给你东西不就完了嘛

明代草原上的蒙古族，分为鞑靼和瓦剌两部。瓦剌是蒙古的别部，臣服于鞑靼，后来势力逐渐发展起来。1449年，明朝建立不到80年的时候，挥兵南下。明英宗率50万大军应战，京师三大营全部调了过去。在河北土木堡，被两万瓦剌骑兵打得全军覆没，当然这是由于宦官王振瞎指挥造成的，但也说明了瓦剌骑兵战斗力之强。明英宗本人被俘，这就是历史上著名的"土木堡之变"，跟"靖康之变"有一拼，皇上都被人逮着了。瓦剌首领也先自称大元天圣可汗，想恢复大元江山，率十万大兵南下，直抵北京。于是，爆发了气壮山河的北京保卫战。

明朝历史上有两次北京保卫战，这是第一次。另一次是崇祯二年，后金入关，袁崇焕袁督师领导的北京保卫战。这一次北京保卫战的指挥官是兵部尚书于谦[①]，他指挥了北京保卫战，打败了蒙古人。明英宗被俘之后，于谦

[①] 于谦（1398—1457），明代名臣，字廷益，号节庵，官至少保。土木堡之变，英宗被俘，郕王朱祁钰监国，擢为兵部尚书。他力排南迁之议，决策守京师，与诸大臣请郕王即位，为明景泰帝。瓦剌兵逼京师，亲自督战，击退之。论功加封少保，总督军务，终迫使也先遣使议和，使太上皇得归。天顺元年谦以"谋逆"罪被冤杀。弘治谥肃愍，万历改谥忠肃。

北京保卫战

力主立英宗的弟弟郕王监国，后来继位就是明代宗，年号景泰。北京有一种工艺品叫景泰蓝，就是明代宗景泰年间形成。景泰皇帝即位的时候，明英宗还在蒙古草原上喝羊奶呢。也先这个人还不错，一看皇上没什么用，不但没杀，还给送回来了，他也可能是送回来之后想让哥儿俩抢皇位。明英宗遣返回来之后，被关在南内。明代宗短命，七年就死了，没活过哥哥，明朝皇帝基本上没有一个长寿的。代宗断气之前，宦官和大臣拥立明英宗复辟，这就是"夺门之变"。英宗复辟后，第一个杀的就是于谦。我当年在草原上喝奶，你立我弟弟，差点儿让我死在那儿，我不管你于江山社稷有功，我要报私仇。于谦也埋在了西湖畔，跟岳飞一样，"为有岳于双少保，人间始知重西湖"。他们有少保衔，岳少保、于少保都埋在杭州，为这个美丽的城市增添了一股英气。

明朝一共16个皇帝，太祖的孝陵在南京，建文帝死无葬身之地，迁都北京以后是14个皇帝，昌平只有十三陵，独缺代宗景泰皇帝的坟。因为英宗一复辟就把他降封为王，埋葬在玉泉山。英宗的儿子宪宗继位，人比较厚道，我叔叔好歹做过七年天子，又把他的坟改建了，绿琉璃瓦换成黄瓦，但是地方没变，还是在那儿，规模比较小，本来是王陵，但今天除了一个碑亭什么都没有。

瓦剌被于谦一打败就衰落了，之后鞑靼兴起。鞑靼的俺答汗与明朝修好，两族开始和平共处。蒙古人入主中原将近一百年，回到草原上连冶炼都不会，生活必需品完全要靠中原给提供。每一次南下的目的就是抢东西，一口铁锅在草原上能值黄金百两，没锅没法煮肉，老吃烤串费劲啊。铁器特稀有，锅还好说，不行我就吃烤串。刀、箭头从哪儿来啊？不能拿木头削尖了干啊，蒙古人打仗就为了这个。后来明朝皇帝跟俺答汗两人一合计，你也别打我了，我干脆给你东西不就完了嘛。你不就是要盐要铁嘛，你给我马，给我奶制品。所以，双方就友好了，呼和浩特城就是俺答汗修建的。

11. 情况不同，对策亦不同

淘气的挨打，远游的归来

明末清初，蒙古分为漠南、漠北、漠西三部。漠南蒙古就是今天的内蒙古，漠北蒙古就是外蒙古，漠西蒙古就是新疆的北部。新疆看着挺大的，160万平方公里，一个蒙古自治州就48万平方公里，首府在库尔勒。

康熙爷在位的时候，漠西蒙古的准噶尔部噶尔丹叛乱。圣祖康熙爷两次御驾亲征，平定噶尔丹。当年三藩之乱，整个长江以南都被吴三桂占了，圣祖爷都没有亲征，只是派兵点将。一看蒙古造反，这事不得了，两次御驾亲征，而且让自己的两个哥哥都跟他出征，有一个哥哥还战死了。1690年，康熙在内蒙古乌兰布通大破噶尔丹，离京师只有七百里；1696年，大破噶尔丹于昭莫多。两次战役之后，噶尔丹病死。他的侄子策妄阿拉布坦继位接着叛乱，策妄阿拉布坦死后，其子噶尔丹策零接着跟大清闹，噶尔丹策零死后，上层贵族为争夺汗位发生内讧……清朝经历康、雍、乾三代，花了70年时间，才把漠西蒙古平定下来。

平定准噶尔后，清朝在乌里雅苏台设将军，掌握蒙古的军政大权。乌里雅苏台将军的治所在库伦，也就是今天的蒙古首都乌兰巴托。

乾隆帝时，西迁伏尔加河下游的漠西蒙古土尔扈特部在渥巴锡的率领下，摆脱沙俄统治，回归祖国。土尔扈特部跟准噶尔同属漠西蒙古，还有杜尔伯特部、和硕特部，一共四部。明朝末年，准噶尔强大起来，欺负另外三部。杜尔伯特部远走漠北，和硕特部奔青海，土尔扈特部奔欧洲，到了伏尔加河下游，建立了汗国，发展得挺好。俄罗斯帝国强大起来后，就开始压迫他们，你得交税，你得给我打仗去，你得忠于沙皇，你得说俄语，你得信东正教。土尔扈特人不堪忍受，在渥巴锡可汗曾祖阿玉奇可汗在位时，派人绕道西伯利亚走了一年，来到北京，朝见圣祖皇帝。

圣祖皇帝非常高兴，派内阁学士图理琛回访土尔扈特。图理琛学士不辱使命，走遍了每一户蒙古牧民的帐篷，宣讲清朝的民族宗教政策，你们在这里是二等公民受人欺负，回国不得了啊。朝廷素崇黄教，我们最看重的就是藏传佛教，蒙古人都是信仰藏传佛教的，而且我们的皇后都是蒙古格格，诸位回去就是国舅爷。土尔扈特人就特想回家，可惜阴差阳错，一下子又等了百十来年，那边可汗换成了渥巴锡，这边皇帝换到了乾隆爷。当时俄国在位的是历史上最著名的叶卡捷琳娜女沙皇，一个德国女人，嫁到俄罗斯，做了沙皇。她跟彼得大帝一样享有大帝称号，历代沙皇就他们俩享有大帝称号。她扩张欲望强烈，连年对外战争，土尔扈特部四万青壮年为俄罗斯帝国战死沙场，跟土耳其人、波兰人、瑞典人打仗，再打下去，土尔扈特部就没男的了。一大帮说俄语吃鱼子酱信东正教长大的土尔扈特贵族在圣彼得堡念书，准备回来管理土尔扈特部，那样土尔扈特部就被俄罗斯同化了。

渥巴锡可汗一琢磨，我们必须回祖国。因为土尔扈特人散居在伏尔加河两岸，所以渥巴锡可汗决定，冬天伏尔加河结冰的时候，两岸部众会合，一起东归。没想那一年是暖冬，伏尔加河迟迟不上冻。而土尔扈特部人要走的消息已经传开，叶卡捷琳娜大帝派奥伦堡元帅率四万俄军昼夜兼程赶往土尔扈特部，再不走就来不及了。渥巴锡可汗忍痛抛下西岸的九万部众，率东岸的十七万部众万里东归。这十七万人里吃奶的孩子、没牙的老头都有，脸盆、沐浴液全带着，举族东迁。俄军在后面紧追不舍，渥巴锡可汗派自己的弟弟率九千勇士断后，最后全部战死沙场。十七万部众东归，最后到达中国境内的只有四万三千人，比红军两万五千里长征还长。

在他们回国的路上，天上无飞鸟，地下绝人烟，那大沙漠盘古开天地以来没人进去过，他们是第一拨。乾隆皇帝非常高兴，给他们在北疆划出了最丰美的牧场，让他们居住。渥巴锡可汗封为亲王，世袭罔替，一直传到民国的时候，末代亲王曾经当过蒙古郭音巴楞自治州的副州长。土尔扈特部在那么困难的情况下，万里东归，向着祖国——太阳升起的地方，说明中华民族有着强大的凝聚力和向心力。

留在西岸的土尔扈特人后来就被俄罗斯帝国同化了，这帮人今天还在俄罗斯境内，叫做卡尔梅克人，卡尔梅克就是土尔扈特的另一种翻译。卡尔梅克人在沙皇时代为沙皇当兵打仗，"十月革命"胜利后就不受待见了，和哥萨克一样，被看做反党的代表。斯大林集团统治苏联时，实行搞农业集体化政策，所有的牧民都要入社。土尔扈特人把马当做自己的生命，你把他们家马拉走入社，他们不干，就组织起义，遭到了斯大林集团的清洗。等德国人打过来的时候，卡尔梅克人就为德国人服务，组成了一个卡尔梅克骑兵军，帮助德国人作战。苏德战争德国失败，卡尔梅克人就整族被斯大林集团流放到中亚，几乎遭到了种族灭绝。赫鲁晓夫当政以后，才回到伏尔加河下游。车臣人也是这样的遭遇，所以他们今天和俄罗斯打仗，因为历史上他们遭到了压迫。

金瓶掣签

天山以北是蒙古人的地盘，南麓是维吾尔人聚居地。维吾尔人信奉伊斯兰教，中国人称为回教，信奉回教的都叫回部。乾隆时，回部贵族大小和卓发动叛乱。据说，历史上有名的香妃娘娘就是小和卓的媳妇，清军俘虏后献给乾隆爷的，香妃实际上是战利品。

清朝平定叛乱后，设伊犁将军，管辖包括巴尔喀什湖在内的整个新疆地区。

明朝称西藏为乌思藏，设立卫所管辖。明朝军队编制实行"卫所制"，军队组织有卫、所两级。一府设所，几府设卫。卫设指挥使，统兵士5600人。卫下有千户所（1000士兵），千户所下设百户所（100士兵）。各府县卫所归都指挥使司管辖，各都指挥使又归中央五军都督府管辖。

明朝除在乌思藏设立卫所驻军外，又建立僧官，以法王为最高。所以金庸先生把《神雕侠侣》里的金轮法王改为金轮大王了，法王这个称呼从明朝才有，宋朝那时候没有法王。在西藏，喇嘛的地位最高，喇嘛就是上师。汉传佛教，敬香是三炷，敬佛、法、僧，或者是一炷敬佛；到藏传佛教寺庙要烧四炷，佛、法、僧、上师，你如果不懂，烧三炷也无所谓。藏传佛教分成四大派：噶举派，就是所谓的白教，今天不丹王国信奉噶举派的特别多。最古老的一派是红教宁玛派，由当年的莲花生大师传下来的。元朝时最有影响力的八思巴国师属于萨迦派，萨迦派寺院的墙上画三种花纹，象征观世音、金刚手、大势至三大菩萨，所以叫花教。明朝以后势力最大的是格鲁派，格鲁派又叫黄教，今天的藏传佛教，绝大多数都是黄教。明朝永乐年间，青海高僧宗喀巴大师创立了黄教，雍和宫大雄宝殿的后面是法轮殿，法轮殿正中供奉的就是宗喀巴大师。宗喀巴大师圆寂之后，他的两个徒弟继承了他的衣钵，代代相传，这两大徒弟就是后来的达赖、班禅两大活佛。在西藏，佛爷的地位最高，把佛爷们安抚好了，老百姓就顺从了。

清朝初年，五世达赖来京朝贺，顺治帝赐予他达赖喇嘛的封号。这个称号最早是俺答汗给他的，达赖在蒙古语里是大海的意思。到了顺治皇帝的时候，正式册封达赖喇嘛，封号巨长——"西天大善自在佛所领天下释教普通瓦赤喇怛喇达赖喇嘛"，赐给金册金印。在清朝，金册金印是册封皇后的，达赖的地位相当于皇后，进京坐皇帝的轿子见皇上，两个人对坐，以右为上首，皇上坐右边，他坐左边。王爷都在底下站着，甚至是跪着，皇上的大爷在底下跪着，达赖坐着，这说明非常尊重他。达赖的轿子平时不用，等他来京的时候专门给他用。那轿子在西黄寺里放着，西黄寺在今天安外大街。

康熙帝时，又册封了五世班禅。达赖、班禅的一、二、三、四世全都是追认的。按照藏传佛教的说法，达赖是观世音菩萨转世，班禅是无量光佛的化身，无量光佛就是阿弥陀佛，未来佛。成正觉是罗汉，正觉等觉是菩萨，正觉等觉无上觉，三觉圆满才能成佛。达赖主持前藏，以布达拉宫为自己的驻锡地；班禅主持后藏，以日喀则的扎什伦布寺为驻锡地。

清朝皇帝册封了两个高僧，到了世宗雍正皇帝时代，清朝设立了驻藏大臣，跟达赖、班禅共管西藏。到乾隆的时候，有一件更有意义的事，就是确立了金奔巴制度，就是金瓶掣签。因为活佛在圆寂之后，要去找他的转世灵童。转世灵童有很多征兆，找寻灵童的人要观圣湖，圣湖里会显示灵童所在的村子什么样，然后就要满藏区去找，西藏、青海，甚至去康巴，就是四川、甘肃的藏区。一下可能找到好几个村子，里面都在活佛圆寂时有婴儿降生，这几个都是灵童候选，也不知道活佛到底转在谁身上了。那就一块儿来吧，拉萨地区的三大寺——甘丹寺、哲蚌寺、色拉寺的喇嘛负责挑选转世灵童。那可能谁的势力大谁找的那个就是灵童，其他的该放羊就放羊去。其他人如果不服就会出现争执，甚至有一次西藏的拉藏汗勾结尼泊尔廓尔喀人，血洗拉萨。最后乾隆爷派福康安大将军率兵把他们打跑，征服了廓尔喀，这才保住了西藏。所以乾隆爷一看，选灵童的事不能折腾了，给你们一个瓶，大家抽签，抽出来谁，谁就是灵童，没抽出来的那几个该干吗就干吗去。这样很好地维护了西藏的稳定，现在的十一世班禅，当年也经过了金瓶掣签。

藏传佛教有四大活佛，西藏是达赖、班禅，内蒙古是章嘉活佛，外蒙古是哲布尊丹巴活佛。外蒙古于1924年独立后，由蒙古人民革命党控制，哲布尊丹巴活佛就不转世了。末代章嘉活佛后来去了台湾。

12. 流官代替世袭

撤土司，置流官

明清两朝，在西南云贵川地区，实行改土归流。

明朝在西南少数民族地区，沿袭元朝的办法，任用当地少数民族首领世袭土司长官。元朝虽然在云南设立行省，但是行省下面，都是少数民族的头人们世袭土司长官。

云南到今天都是我国少数民族最多的省份，26个少数民族。之所以不叫云南××族自治区，是因为民族太多了，要是都冠名，这自治区的名字得好几十个字，天气预报的时候云南就不用报了。云南省内多是各民族的自治州、县，比如大理白族自治州、西双版纳傣族自治州等。元朝在云南设有土司，被征服的大理王朝皇族段氏，世袭云南总管府的总管，跟行省的丞相是并立的。

元朝还派梁王坐镇云南，一直到洪武二十年，明军才平定云南，蒙古梁王把匝剌瓦尔密投降。平定云南之后，太祖派开国功臣沐氏世守云南，《鹿鼎记》里面，韦小宝的一个老婆就是沐家的后代。土司的特点就是世袭，实际上成了一个个小王国，但对中央不会构成什么威胁，太小了，就一个乡、半个县那么大。明成祖永乐年间，贵州两个宣慰司①叛乱，朝廷出兵平叛。平叛之后，取消了宣慰司的建制。这个地方就变成了朝廷的直属郡县，由朝廷设官员，建省管辖。这样，贵州成了省一级的行政单位，称为改土归流。土是土司，土司是世袭的；流是流官，朝廷派来的官员，有任期的，不是世袭。

明朝改土归流的地区毕竟有限，绝大多数地方仍然实行土司制度。到了清朝，康熙皇帝平三藩之乱，为大规模的改土归流创造了条件。世宗雍正皇帝在位的时候，大量委派流官，代替了土司，改土归流基本上完成。乾隆年间，四川的大小金川彝族叛乱，乾隆爷又调兵平叛。今天北京香山植物园里还能看到有很多碉楼，跟汶川地震震塌的碉楼相似。这些碉楼就是当年为了平定大小金川而建，大小金川主要是羌族、彝族，他们住碉楼，清军将士不会打，所以在

---

① 宣慰司是介于省与州之间一种偏重于军事的监司机构，一般掌管军民之事，它是中央机构。宣慰司长官称"宣慰使"，是承上启下的一个地方区划的军政最高长官。

那里按一比一的比例建了碉楼，搞军事演习用。

改土归流加强了清朝中央政府对西南少数民族地区的统治，改变了当地落后闭塞、割据纷争的状态，促进了民族间经济、文化的交流，有利于统一多民族国家的巩固和发展。

13. 内收台湾，外拒夷敌

郑成功收回台湾

明末，荷兰人占了台湾。荷兰是世界上第一个典型的资本主义国家，当时它的商船队占世界总数的三分之一，号称海上马车夫，海军力量非常强大。它先占领了印度尼西亚作为殖民地，然后北上占领了台湾。因为当时的中国政府对台湾疏于管辖，台湾在当时荷兰人的眼里是无主荒地。

元朝曾设澎湖巡检司管辖台湾，看年看月地上岛看一眼，看不看也不知道，等再看的时候，已经被荷兰人占了。当时台湾归属荷兰的巴达维亚总督府管辖。巴达维亚总督府一年的收入是30万荷兰盾，20万来自台湾，可见台湾经济的发达。荷兰人在台湾用荷兰字母，帮助当地少数民族创造自己的文字，让当地少数民族信奉基督教，在台湾实行了30多年的殖民统治，直到康熙元年。

清初在东南沿海抗清的郑成功打败荷兰，使台湾回到祖国的怀抱。郑成功的爸爸叫郑芝龙，是当时东南沿海第一大海盗，手下有三千多艘海盗船，建立起郑氏海上王国。那会儿谁要在东南沿海做生意，船上必须插郑芝龙的旗帜，海盗一看你这船上有郑老大的旗帜，就不敢截你了，但你得交保护费。这样，郑芝龙富可敌国，东南亚各国一提起他都知道。郑芝龙的老婆是日本人，郑成功是一个中日混血儿。他七岁回到中国，脱下和服，穿上儒服，学习汉语，中国把他看做民族英雄，日本也把他看做民族英雄。日本人当年占台湾的时候就是这么说的，历史上我们就占过你，郑功成最起码有我们一半吧！

郑芝龙后来被明朝招安了，做了总兵官。明末很多反贼都被招安过，有人造反就是为了当官。崇祯煤山吊死之后，朱氏后人建立了很多南明小朝廷，在福建的唐王朱聿键就是郑芝龙扶植的。唐王政权建立后，郑芝龙官居太师，他本来就是一个海盗，粗鄙无知，皇上又是他立的，他在皇上面前能有什么表现？据说夏天光着膀子上朝去，不穿朝服，在皇上面前跷着二郎腿坐着，满嘴粗话。而郑成功受过严格的儒家思想教育，忠君爱国，所以对皇帝恭敬有礼。皇上非常感动，说你跟你老子真不一样，简直不像你爹生的，可惜我没有公主，不然的话，一定招你做驸马。这样得了，我认你做干儿子，赐予国姓，你可以姓朱。郑成功本名叫郑森，皇帝给他改名叫成功，意为反清复明一定成功；封延平王，明朝的王爵，一字王是亲王，两字王是郡王，所以有时候书上写成延平郡王，实际上是一回事。

清军大军南下，郑芝龙流氓本性发作，把皇上一捆投降清朝了。当时郑成功在外地练兵，不知道这件事儿。消息传来，郑成功吐血昏厥，醒来之后，命人在军营当中竖起一杆大旗，上书四个字——杀父报国。忠孝不能两全，但报国是大义，所以我得为国尽忠，跟我爹决裂。郑芝龙一开始很受清廷重视，封为公爵，让他不断地给郑成功写信，劝郑成功投降。郑成功每次看到他爹的来信，就毁书斩使，连着几回，清朝失去耐心，就把他爹也杀了。

如此一来，郑成功就更没有后顾之忧了，你清朝不就是拿我爹要挟我吗？现在我爹死了，我该大举反攻了。据说郑成功势力最大的时候，他联合浙江的鲁王朱以海政权，17万大军兵临南京。

南京是明朝的故都，郑成功去孝陵祭祀明太祖，当时意气风发，全军将士穿白挂孝："缟素临江誓灭胡，雄师十万气吞吴。试看天堑投鞭渡，不信中原不姓朱！"下一步就准备打过长江去，不幸中了清朝两江总督的缓兵之计。两江总督说，我可以投降，我也是汉人，但是按照我们大清的军法，守城满99天投降，家属才不被害，所以你们等我到了日子再投降。郑成功也是骄兵必败，就真等了。这一等，人家趁夜劫营，17万大军基本上全军覆没。

郑成功逃回了福建沿海的根据地——金门、厦门两个小岛。

今天厦门是经济特区，金门还是由台湾军队驻守着。这两个小岛无力养活十万军民，这时候台湾来人请国姓爷出兵，收回台湾，拯救台湾百姓。郑成功非常高兴，毅然决然率千艘战舰，两万大军渡海，一下子把台湾收回来了。

郑成功不但收复台湾，还建设台湾。郑氏祖孙三代在台湾发展农商，提倡文教，保境安民，几十万大陆人移民到了台湾。经过郑氏的治理，台湾发展起来。

但是郑成功收复台湾，是为了建立反清复明的基地。当时全国都是清朝，只有台湾是明朝，不奉大清正朔，仍然使用南明永历的年号，永历皇帝都给勒死了，仍然用永历年号。明朝的鲁王朱以海到了台湾，但被郑家软禁起来了，实际上是郑家占了台湾，以延平王的身份进行统治。

清朝几次派人去谈判招降。谈判条件跟我们今天提的政策是一样的——一国两制，只要台湾奉大清正朔，剃发、易服、改元。剃发不用解释；改元就是用大清年号，别永历××年了，得是康熙××年；易服就是把你的长衫脱下来，换成我们的马褂。就这三个条件，只要答应，郑氏子孙世守台湾，朝廷不派兵，不收税，不派员管理。

郑成功收回台湾后，半年就病死了，儿子郑经继位。郑经给清朝上表，愿照朝鲜、越南等外国例，称臣纳贡，说白了就是要搞台独。因为台湾是中国领土，跟朝鲜、越南不一样。朝鲜、越南在历史上也是中国领土，但毕竟很早就已经分出去了。朝鲜在汉朝分出去的，越南在五代十国就分出去了，是既成事实。但台湾不行，你要按照朝鲜、越南等外国例，称臣纳贡，朝廷是不能接受的，既然谈不通就只能打了。

郑成功收复台湾后，台湾在郑氏统治下，经历了郑成功、郑经、郑克塽[①]三代。郑经在三藩之乱的时候起兵响应，结果被朝廷打败了，连金门、厦门也丢了，在大陆沿海就没法立足了。

郑经死后，郑克塽年幼，清廷趁台湾"主少国疑"，命施琅[②]进军台湾。施琅原是郑成功的部将，当年得罪了郑成功，被郑氏满门抄斩，孤身一人投向了清朝，念念不忘要收回台湾，对清廷忠心耿耿。他打败郑军，攻到台湾岛上后做的第一件事儿，就是去郑成功的陵庙，拜祭先主。你当年杀我全家，我不记仇。郑氏子孙都吓坏了，郑克塽当时只有13岁，先王当年杀他全家，他这一打胜仗，我们郑氏肯定要灭族了。没想到，他第一件事儿就去拜祭先王的陵庙。更感人的是，康熙皇帝为郑成功庙亲题对联："四镇多异心，两岛屯师，敢向东南争半壁；诸王无寸土，一隅抗志，方知海外有孤忠。"

上联是说当年南明四个总兵，拥兵百万，其中宁南侯左良玉拥兵70万，清军南下不战而降。要不然，以江南之富，半壁山河，百万大军，比当年宋高宗草创南宋时候的条件好多了。南宋撑了一百五六十年呢，南明怎么这么快就让人灭了？就因为四镇多异心，只有郑成功金门、厦门两岛屯师，敢向东南争半壁。下联是说南明五个小朝廷，福王、唐王、桂王、鲁王皆无寸土，只有郑氏

---

① 郑克塽（1670—1707），字实宏，号晦堂。郑经次子，郑成功之孙。1681年，郑经及陈永华相继去世，重臣冯锡范联合郑经从弟等人发动政变，刺杀监国郑克臧得逞，立年仅12岁的郑克塽为延平郡王。1683年，清朝水师提督施琅于澎湖海战大破明郑舰队，攻占澎湖，明郑军主将刘国轩逃回台湾。冯锡范遂劝说郑克塽降清。七月初五，郑克塽命郑德潇写降表，十五日，送交施琅。八月十三，施琅进入台湾受降。郑克塽被封为汉军公，隶属汉军正红旗，送往北京，有衔无职，余生在涂有黄金的囚牢中度过。

② 施琅，字尊侯，号琢公，清初著名将领。降清后被任命为清军同安副将，不久又被提升为同安总兵、福建水师提督，先后率师驻守同安、海澄、厦门，参与了清军对郑军的进攻和招抚。

台湾一隅抵抗清朝，证明海外有明朝孤忠。清朝皇帝高度评价了郑成功的抗清行为。

台湾收回来之后，大多数清廷官员主张放弃。把岛上的汉人全迁回大陆，其他民族爱怎么着怎么着，自生自灭，不要那个地方，蛮荒之地，不值得管。大多数大臣是这个建议，还有大臣主张租给荷兰，一年十万两银子，那郑成功可就白干了。只有施琅力排众议，坚决要求对台湾进行管辖。台湾为东南七省门户，如果台湾不保，则东南危矣，东南又是朝廷财政收入的主要来源，东南不保，国本动摇。最后圣祖皇帝拍板，说台湾定则海疆定，海疆定则东南定，东南定则天下大定，所以台湾不能放弃。

今天也是这样，台湾是我国唯一面临太平洋的省份，收回了台湾，就意味着我们冲出了第一岛链，真正进入了大洋，我们的海军才能变成洋军。否则只是海军，只能在海里扑腾，所有进入大洋的海峡要道都被人家封锁着。

1684年，清设台湾府，隶属福建省。当时台湾并不是一个单独的行省，而是一个府，下辖三县，归福建省管辖。1885年中法战争后建省，首任台湾巡抚是刘铭传。

张学良将军有一首诗评价郑成功："逆子孤臣一稚儒，填膺大义抗强胡。丰功岂在尊明朔，确保台湾入版图。"他从荷兰人手里收回台湾，清朝再从他后代手里将台湾收回来，这就名正言顺，确保台湾入版图。

清朝对决沙俄

明清之际，清军主力进关，东北空虚。俄国趁机强占了雅克萨和尼布楚。俄国本来跟我国并不接壤，但是历代沙皇不断扩张，对土地有一种特殊的执著。但俄国人占了土地之后，并不好好建设，就一味地扩张。当时西伯利亚地区是无人区，俄国人就派出探险队去探险。探险队是由杀人犯、纵火犯、盗马贼、强奸犯等构成，俄国官员问他们是愿意服刑，还是去探险？那他们当然愿意探险了。

一个叫博雅科夫的小流氓，带着70个混混儿进入中国境内"探险"。那是在1643年，大清入关的前一年。这个博雅科夫带着70多个流氓进来，还没有遇到军队，就被鄂伦春猎人一阵乱箭，射死一半。剩下的人困在冰天雪地里没得吃，就吃同伴和被他们杀害的中国人的尸体。中国人看到被他们吃剩下的尸体，吓坏了，这是什么东西，居然吃人？所以，俄罗斯被称为罗刹国，俄罗斯人被称为罗刹人。世宗雍正皇帝在位的时候，俄罗斯有使团在北京，他们修建东正教教堂，这个教堂被称为罗刹庙，就在今天东直门俄罗斯大使馆那个位置，是世界上占地面积最大的大使馆。

　　清军入关，满洲人一共就百十来万，这一入关走了百分之八九十。清朝统治者又非常不自信，在他们统治时期，东北几乎就是无人区，不允许汉人去东北。因为清朝统治者担心有朝一日万一在中原站不住脚，还得退回东北老家，不能东北这疙瘩全被汉人占了，那我就偷鸡不成蚀把米了。所以，朝廷有意制造的无人区，就让俄罗斯捡了便宜，全给占了。

　　1685年、1686年，康熙帝命清军两次进攻雅克萨俄军。两次进军，大清都是牛刀杀鸡，兵力是俄军数倍，沿江而下，让你看看什么叫大国，什么叫天朝上国！打得俄罗斯最后没办法了。它主要力量在欧洲，不在远东，只能跟清朝谈判。中俄两国经过平等协商，签订了第一个中俄边界条约《尼布楚条约》，从法律上肯定了黑龙江、乌苏里江流域，包括库页岛在内，都是中国领土。

　　根据中俄《尼布楚条约》，中俄两国的东段边界，以格尔必齐河、额尔古纳河和外兴安岭为界，格尔必齐河、额尔古纳河以东，外兴安岭以南属中国。这两条河以西，外兴安岭以北属俄罗斯。按照这个划分，黑龙江完全是中国的内河，跟黄河、淮河、长江一样。今天它成了两国的界河，俄罗斯管它叫阿穆尔河；外兴安岭今天在俄罗斯境内，叫斯坦诺夫山脉；库页岛叫萨哈林岛。当年大清在庙屯设立三姓副都统管辖库页岛。三姓副都统50年才派人上岛看一次。上岛一看，北边是俄罗斯人，南边是日本人，等于无主荒地，全都让人占了。今天岛上的石油储量相当丰富，这个岛71000平方公里，相当于台湾和海南加一块儿那么大。

在清朝统治时期，中国东北地区也是临海的。当时中国东北是临着两个海，一个是日本海，一个是鄂霍次克海。现在出海口完全在俄罗斯手里，我们要从东北出海，就得借俄罗斯的水道，它一关闭你就出不去了。乌苏里江入海口在俄罗斯境内，离中国只有12公里，再往前12公里，就可以入海了。现在这些俄国的地方，历史上属于中国领土，黑龙江、乌苏里江全是我们的内河。

康熙皇帝驾崩后，庙号圣祖。皇帝的庙号，开国称祖，守成称宗，康熙帝"名为守成，实为开创"，蒙古、东北、台湾、云贵、闽广都是康熙皇帝给收回来的，他不愧是千古一帝。

东南西北疆域大

秦朝疆域北到长城，南到南海，西到陇西，东到大海。唐朝极盛时东到大海，东北到外兴安岭、库页岛，南到南海，西到咸海。到了清朝，疆域更加辽阔：北到西伯利亚，南到南海诸岛，东到太平洋，西到葱岭，西北到巴尔喀什湖，东北到外兴安岭、库页岛，东南到台湾、澎湖、钓鱼岛。

其实中国的疆域北面应该不只到西伯利亚，《尼布楚条约》虽然是个平等条约，中国也作了很大让步。原来贝加尔湖都是中国的地方，就是苏武牧羊的北海，盘古开天地以来，除了苏武在那儿牧过羊，没人打扰过那里的安宁。贝加尔湖深1291米，是世界上最深的淡水湖，让全世界喝60年没问题，纯天然无污染。现在这个地方在我们手里的话，弄条管子通到北京来，咱还至于这么惨？敞开了造，往外卖。沙特阿拉伯要水吗？一瓶矿泉水，十桶汽油就来了，咱现在的油得多便宜，三毛钱一升随便加。可惜那个地方现在被俄国人占着。俄国人烧火，一人合抱的原木，一斧子两半，填炉子里烧了。咱们的家具都是拿锯末压成板子做的，实木家具特别贵，人家俄罗斯拿实木当柴火烧，资源太丰富了。

南到南海诸岛的意思是连海里面的岛都是我们的，中沙、西沙、东沙群岛，没有北沙。

清朝西到葱岭，西北到巴尔喀什湖，这个地方今天在哈萨克斯坦境内。到乾隆二十五年（1760年），中国疆域达到鼎盛，面积大概是1300万平方公里。这就不像以前那些王朝的疆域，一会儿有，一会儿没有，这时就固定下来了。我就这么大，每一寸土地都是我们的，谁也别想强占去，近代以后才逐渐丧失。所以，中国今天的版图是清朝奠定的。

这么大的地方不好管，于是清朝把全国划分为18个行省、5个将军辖区、2个办事大臣辖区，共25个省级行政区和蒙古盟旗。18个省里没有宁夏，当时宁夏跟甘肃是连在一块儿的。每个省设巡抚一人，进行管辖。两三省设立总督，位在巡抚之上。清朝地方有八个总督：两江、两广、湖广、陕甘、闽浙、直隶、四川、云贵。两江总督最富，因为两江最大，包括江苏、江西、安徽三省；直隶和四川都只一省，直隶是因为太重要，四川一个省就顶人家好几个省的面积。山东、山西、河南没有总督，只有巡抚。五个将军辖区里包括伊犁将军和乌里雅苏台将军，还有就是黑龙江、吉林和盛京。大清入关之后，盛京仍然保持着一整套官僚机构，打发快退休没事儿干或政治斗争失意的官员出任，那就算进了干休所，政治生命终结了。盛京又称奉天府，北京是顺天府，府尹是三品，北京当时就两个县，大兴和宛平，加上承德、曲阜，这四个县知县是六品，地位比较高。

清朝中央设置理藩院，理藩院设立尚书和侍郎，掌管少数民族事务。这个职务一定由满蒙贵族来担任，汉官是不行的。

明清时期对外关系的特点一个是经济文化交流。现在《白银资本》、《大分流》这些书里，说中国农民是当时最富的农民，比欧洲农民富多了。中国用的白银占世界的一半，全世界12万吨白银，中国6万吨。中国是个贫银国，白银大都是进口的，从拉丁美洲来的。靠茶叶一年就从英国挣六七百万两银子。那个时候对外贸易还是非常活跃的，虽然朝廷的政策是闭关，但是外贸的量很大。

除了经济文化交流，还有使节往还，让我们津津乐道的就是郑和下西洋。郑和下西洋的目的是为宣扬国威，加强与海外诸国联系，满足统治者对异域珍宝特产的需求。明成祖派郑和出使西洋，说穿了就是臭显摆去了。成祖的帝位来得不正，抢自己侄子的，所以总是心中有愧。成祖继位后第一件事儿，就是把建文帝的大谋士方孝孺抓起来，削藩的主意都是方孝孺出的。成祖说，先生，我现在做皇帝了，你给我写继位诏书。方孝孺断然拒绝。成祖说，这是我们家的事儿，你这个人怎么这么死心眼？我们都是姓朱的，你效忠谁不是效忠？反正也轮不到你姓方的当皇帝，我这是周公佐成王。方孝孺问，成王安在？"成王"给烧死了。成祖说，你甭管了，快写诏书。方孝孺写的是"燕贼篡逆"。成祖把他鼻子割了，让他再写，还是"燕贼篡逆"。割了耳朵再写，还是"燕贼篡逆"。成祖问，你不怕我灭你的九族吗？方孝孺回答说，你灭我十族，我也这么写。最后真的被灭十族，连他的学生都杀了，谁被方孝孺教过，谁就衰到家了。

明朝皇帝从朱元璋开始，整个家族遗传基因不好，全都是心理变态，一群短命鬼，荒唐到极点了。替建文帝守济南的大将被逮着之后，成祖把他的鼻子和耳朵蒸熟了让他吃，还问他好不好吃。那大将回答说，忠臣义士之肉有何不甘？然后被车裂，家属全都没为官妓。折磨死了之后，报告到成祖那里，下旨：拖出去，着狗吃了，钦此。这圣旨现在还留着呢！

明成祖琢磨，因为我的帝位来得不正，所以我得让海外诸国知道我、承认我，奉大明为正朔。你们得用我们大明的年号，这叫奉正朔。朝鲜就没有自己的年号，用的是中国的年号。大明是万历××年，它也万历××年；大清是光绪××年，它也光绪××年。明成祖为了让人知道自己，就派郑和出去干这件事儿。史书上记载："成祖疑惠帝亡海外，欲踪迹之，且欲耀兵异域，示中国富强。"成祖怀疑建文帝跑海外去了。另一种说法是建文帝出家了，一直活到明英宗正统年间，70多岁才死，明英宗找到了建文帝。按照辈分，建文帝应该是英宗的爷爷。成祖之后是仁宗、宣宗、英宗，他跟仁宗平辈，等于是英宗的爷爷辈。当时成祖怀疑他跑海外去了，要去找到他，并且夸夸我们中国有钱，因此派郑和下西洋，先后七次远航，最远到达了红海沿岸和非洲东海岸。

郑和下西洋属于中国历史上空前的主动外交，比欧洲航海家早半个多世纪。但是梁启超先生说，西方一哥伦布之后，无数继起之哥伦布，中国一郑和之后，再无郑和。为什么西方一哥伦布之后，无数继起之哥伦布？来钱啊！为什么中国一郑和之后，再无郑和？费钱。花了600万两白银，国库被挥霍一空。

郑和下西洋的目的不是发展海外贸易，不计经济效益，给明朝造成了巨大的负担。七次下西洋，600万两银子花出去，整个一个散财童子，走到哪儿都给人家散钱。只要你奉明朝为正朔，看见我这船上没有，银子、绸子、瓶子随便给。中国使臣宣旨"奉天承运，皇帝诏曰"，人家酋长在地下跪着直乐，你们皇上是老大，狗屁！真主安拉是老大。但是一看船上正往下抬东西呢！老大！郑和来一趟，各国抢着往中国进贡。中国厚往薄来，怀柔远人，你给我进贡一毛，我还你十块，谁不来啊！最后逼得中国下令，你们别天天来，我受不了了。朝鲜、越南、琉球，一年一贡。你让朝鲜一年来一趟，他能来四趟，他来给点儿破布片什么的，皇帝就要回赠金银财宝，他的使团来了，带着高丽参就开始卖，顺便赚一笔。朝鲜、越南、琉球这三国因为跟中国是同种同文，几乎就是同一国家，所以这三国一年一贡。泰国、缅甸，八年来一次。阿富汗25年来一次，你别老来，大胡子从来不洗，羊肉味把皇上熏着了。

郑和下西洋，成祖的时候去了六次，仁宗继位十个月驾崩，宣宗继位之后又下了一次，然后这个事儿就不能干了。到了明朝中期，炼丹的嘉靖皇帝在位时，国力衰退。有的大臣提议，为了耀扬国威，仿效当年三保太监故事，咱们再下一次西洋。兵部尚书刘大夏冲进兵部档案馆，拿起郑和下西洋的海图和宝

郑和下西洋

船的设计图纸，付之一炬。所以郑和下西洋到底是路线怎么走的，今天不知道，船什么样的也不知道。据说郑和下西洋的宝船，64丈长，18丈宽，一丈是三米。要是真的那么大，顶上一艘轻型航母了。

这种事儿不能再干了，太费钱了。而且一帮小国奉正朔，叫你老大，你还得罩着它。西班牙、葡萄牙一欺负它，它就求你保护它，你说你管不管？咱就能得到点儿犀牛大象长脖鹿、珍珠玳瑁祖母绿，充实了一下皇家首饰盒和皇家动物园，600万两银子打了水漂。你看哥伦布、达·伽马，什么都没有，哥儿几个凑钱，弄一艘小破船，带回来一个拉丁美洲，充分体现了出海的价值，郑和跟人家没法比。

抗倭有猛人

自打郑和下西洋以后，朝廷规定寸板不得下海。你不下海，别人来了。谁来了？日本人，那时候叫倭寇。

元末明初，日本的武士、商人、海盗骚扰我国沿海，被称为倭寇。咱们国家跟日本挨着，点儿很背。日本国在唐朝的时候取法中国，全面唐化，但有两个东西没学中国，一个是宦官制度，一个是科举制度。不学宦官挺好，日本宫廷里的所有体力活、粗活，都是女人干，女人身体一好，生的小孩也有劲儿。但不学科举，有点儿麻烦。科举制是用来选拔人才当官的，日本没有科举制就意味着它的官僚全是世袭的，世卿世禄，后来就对中央王朝构成了严重威胁。日本天皇掌权连二百年都不到，政权就落到藤原氏的手里。藤原氏世世代代担任摄政、关白，相当于宰相，开始了日本两百多年的摄关政治。摄关政治的时候，地方诸侯并起，建立庄园。庄园需要人保卫，这些人就是武士，武士需求量一多，力量也就越来越大。

1192年，日本武士首领源赖朝强迫天皇封他为征夷大将军，建立幕府，日本开始了幕府时代。第一个幕府叫镰仓幕府，1192—1333年，设在离今天东京不远的镰仓地区。当年忽必烈打日本，对手就是镰仓幕府。日本天皇从此变成了摆设。镰仓幕府一百多年，日本进入南北朝时代。因为日本天皇对大权旁落不满，所以利用镰仓幕府衰落的机会，天皇对抗镰仓幕府，镰仓幕府灭亡。镰仓幕府灭亡的过程中，大将足利尊氏建立了室町幕府，室町幕府又扶植了一个天皇，两边天皇对着干，形成了日本的南朝和北朝。

这个时候相当于中国元末明初，日本很多战败的武士和商人、海盗开始骚扰中国沿海。那会儿中国国力强盛，这些海盗很快就被打回去了。到了室町幕府第三代将军足利义满时期，完成了日本国的统一，明朝封足利义满为日本国王。咱都不知道日本有天皇，足利义满给中国皇帝上书的时候，写的也是"臣日本国王源义满"。

足利义满在日本的长崎公开处决了几十名倭寇，倭寇就销声匿迹了。没想到，到了室町幕府末年，幕府不稳，日本进入战国时代。今天日本的电视剧、电子游戏，很多讲的都是战国时代，英雄辈出：织田信长、丰臣秀吉、武田信玄……本来就是一个弹丸小国的日本，分成几十个小弹丸互相厮杀，还不包括北海道，只是本州、四国、九州，几十国混战。打败的人，就跑去骚扰中国沿海。日本战国时代相当于中国明朝中后期，明朝的国力已经衰微，无力对抗倭寇。所以倭寇猖獗，北起山东，南到广东，整个海岸线都在闹倭寇。

明朝中期，朝廷误以为"倭患起于市舶，遂罢之"。私人海外贸易受到严厉管制。朝廷认为，倭寇是因为私人海外贸易招来的。倭寇在我们今天看起来，可能更像是武装走私集团，谈不上日本侵略军。首先，这不是日本政府的行为，这个要弄清楚。有人说，日本历史上就侵略过中国，比如说倭寇。那真不算，不是日本政府组织的，况且当时日本也没政府，正忙着打仗呢，哪儿有工夫骚扰中国，所以那都是个人行为。另外，现在很多史学家看来，这不是侵略战争，就是一种武装走私，能卖东西我就卖，卖不了我就抢。后来一看，能抢，我干吗带东西来，直接抢就完了。这一抢，朝廷认为，"倭患起于市舶，遂罢之"。

问题是这一罢更麻烦了。福建、浙江地狭人稠，全是山，全是盐碱地，你让我种地，种个毛！今天海外华人，最多的就是这两个省的人，从唐朝就偷渡，那个地方不偷渡，我没法活。我爷爷的爷爷的爷爷的时候就在东南亚谋生，那会儿要什么护照、签证？现在你跟我要签证，有天理吗？他们历来以海为田，以船为家，你让我种地不会，从来没学过，再说这盐碱滩种什么能长？我只有打鱼贩卖。你不让我出海，我想来想去，你的意思就是逼我当倭寇。

这样一来在倭寇里面，就形成了两分真倭、八分假倭，或者一分真倭、九分假倭，十个倭寇里面九个是中国人。那个时候你要记住，中国人谈不上汉奸，日本人是给中国人打工的。那会儿日本不如我们，不是说我当倭寇就成了汉奸，而是我雇小日本去帮我杀人越货，中国人是老板。倭寇的大头目汪直、徐海全都是中国人，汪直是安徽的，但是巢穴安在日本的平户岛。倭寇的巢穴在日本，老大都是中国人。日本倭寇武艺高强，所以中国倭寇雇他们来帮我敛财，倭寇里还有渔民、落第的书生、科举老考不上的倒霉蛋，甚至有退休的官员，什么人都有。你想，一帮日本人又不会说中国话，到中国就分不清东西南北，怎么抢？所以，倭寇大部分是由中国人组成的，到中国来才熟门熟路，哪儿有钱，哪儿兵力防守虚弱，都有人门儿清。

在这种混乱的情况下，出现了一个牛人——戚继光。

戚继光这个人牛到什么程度？他祖上建立明朝有功，世袭山东省烟台市城防司令，他17岁就担任了这个职务，登州卫都指挥佥事。他站在城墙上眺望大海、心潮澎湃："云护牙签满，星寒宝剑横。封侯非我意，但愿海波平。"你封我当官我不觉得高兴，只有国家稳定、四海安宁我才爽。朝廷一看，满足你的要求，你不是愿意抗倭吗，你去吧！18岁还没成人宣誓，就以参将衔赴浙江抗倭。第一仗就给戚继光上了一课，三千明军对阵八百倭寇，倭寇冲来，明

戚继光抗倭

军一哄而散，就剩戚继光一个人了。三千人就像跟倭寇说好了似的，一、二、三，闪！把戚继光一人撂那儿了。戚继光赶紧爬上一块巨石，连发三箭，射死三名倭酋，倭寇散去。这家伙不好惹，别理他，散吧。

戚继光这个气呀！明军一无所用，没有任何战斗力。其实也不能怪他们，因为他们都是农民，农民主要是种地。明太祖得意地说朕"养兵百万，不费百姓一粒米"。你那是个屁兵啊！是兵就得吃皇粮，哪儿能让他们自己养猪开宾馆，哪儿能干这个！军队不能自己养活自己，军工厂都生产冰箱、摩托那还能成？所以明太祖"养兵百万，不费百姓一粒米"是扯淡。明军边境三分守城、七分种地，内地两分守城、八分种地，整个一帮穿军装的农民。日本倭寇是武士，刀法精熟，训练有素。日本刀都是精钢打造，削咱的铁片刀，一百把都没事儿，"宝刀近出日本国"。戚继光一瞅，这些兵不能用，我自己招。自己招兵在当时是很冒风险的，明朝沿袭宋朝制度，不能自己招兵，得向朝廷汇报。戚继光专门招募沿海的渔民、矿工，要孔武有力的，最好家里有人被倭寇杀害，苦大仇深，这样的人我一定招你。招募完军队组成戚家军，对抗倭寇。

倭寇武艺高强，刀法精熟，单兵作战能力奇强。二战时的日军也一样，精于白刃战，你一个一个打，上来就是送死。所以最好的办法是一拥而上，以多打少，十二人一小队，组成鸳鸯阵。倭寇不懂阵法，打仗跟打架似的，拍马过来，来将通名，它还这么着呢！谁跟你通名，一枪崩下来就完了。明军十二人一小队就上来了，第一个人不会武艺没关系，有劲就行。拿着一根几丈长的大竹竿子，这叫狼筅，抡圆了保护后面的战友。江南多的是这东西，枝枝杈杈都不切下去，尖儿上还抹上毒药，挑破一点儿皮，你小子蹬腿吐白沫。我这根大竹竿几丈长，你那日本刀也就三尺。竹子又滑，你又不好切，劈断一半，我还是你的四倍长，一劈形成一个缺口，扎进去你还有命吗？前面的拿根大竹竿，后面是长枪、弓箭、短刀，长以救短，短以救长，这都是戚继光琢磨出来的。

中国古代十大兵书，有两本是戚继光写的：《练兵实纪》和《纪效新书》。孙武子就是一本《孙子兵法》嘛！李靖就是一本《李卫公问对》。岳飞什么都没有，《武穆遗书》是小说。十大兵书戚继光写了两本，够文武双全的。倭寇平定后，朝廷调戚继光防备蒙古。明朝当时是北虏南倭之祸，北京这边的长城全都是戚继光修的。戚继光写诗说："南北驱驰报主情，江花边草笑平生。一年三百六十日，都是横戈马上行。"他堪称明朝第一名将，平定倭寇，不愧为民族英雄。

1557年，葡萄牙殖民者租占了澳门。葡萄牙人一开始说，他们是来给咱中国皇帝进贡的，但进贡的货物被海水打湿了，上岸晾晾。咱说不同意，他说我们就要一块牛皮那么大的地方。中国官员一想，一块牛皮能有多大，你的货物也太少了，那你来吧！结果人家连夜把牛皮给剪成线，搓成细绳，上岸一围，就这么大地方。中国人傻眼了，但那会儿是很讲信用的，要在今天，这事儿不会发生。谁答应你的，有合同吗？有合同拿来一撕，不就完了嘛！咱们祖宗就吃了说话算数的亏了。葡萄牙人这么一弄，中国说我答应你，君子无戏言，你就来晒吧！晒完了之后，它跟咱们说了，以后我们老得给你们皇上进贡啊，老存在货物被弄湿的事儿，干脆这个地方你就租给我得了，一年500两银子。中国官员一想，就这个兔子都不拉屎的破地方，一年500两银子，行，租给你。我是房主，你给我房租。但主权是中国的，一直到1849年主权都是，要不然雅克萨都收回来了，那个地方能收不回来吗？

其实朝廷并不在乎这500两银子，是因为能了解西洋，弄来自鸣钟、怀表这些东西。林则徐睁眼看世界，翻译夷书，夷书就是澳门来的。从1553年到1849年，澳门并不是殖民地，归香山县丞管辖，香山县就是今天的中山市，县丞是正八品。葡萄牙总督见了香山县县丞，要单腿下跪。他叫总督，咱们给翻译成兵头，见了八品县丞也得下跪。1849年后，在英国的支持下，葡萄牙狗仗人势、狐假虎威，驱逐中国官员，捣毁香山县丞官署，澳门就变成了殖民地，房客把房主的财产霸占了。过去总说澳门是400多年的殖民地，不确切，真正的殖民地时间是150年，以前是租出去的。

14. 明清文化大发展

哲学大佬们

明清时代的官方哲学是理学和心学。

心学创立者是南宋的陆九渊，明朝的王阳明（王守仁）把它发展到了极致。吾心即宇宙，吾心之外别无他物，一切不外求。意思是，我心里想有就什么都有了，世间万物就是在我心里的一个印象而已。蒋介石是最推崇王阳明的，到台北旅游，一个必去的景点叫"阳明山森林公园"，阳明山原来叫草山，蒋介石到那儿后把它改名为阳明山，因为他推崇王守仁。日本近代海军名将东乡平八郎，日俄战争中大败俄国海军的那位，也是王阳明的超级粉丝，曾经刻过一方"一生俯首拜阳明"的印章。但理学和心学当时的现状对中国是不利的，特别是阻碍商品经济的发展。

除了理学和心学，明清时也有了早期的民主启蒙思想。这里先提到的是李贽先生。他指责儒家经典，否定孔子。其实孔子是最倒霉的，死了几千年永远不得安宁，有点儿什么事就把他拽出来，要不然就烧香，要不然就上板儿砖。后世的这些思想都跟孔子有关吗？天人感应，孔子讲过这玩意儿吗？孔子最烦这个，"子不语怪力乱神"。难道是孔子主张妇女裹小脚吗？不可能，孔子都没见过这个。没办法，谁让儒家都打他的旗号呢，所以就得否他。这一否惹事了，当时你否孔子还了得？孔子是中国的基督啊，你骂万世师表，你骂神，还能留你吗？古人经常这么讲：天不生仲尼，万古长如夜。要不是天降孔夫子，几千年来我们黑糊糊地摸去吧。李贽说，原来古代的人都得提着灯笼走路，因为没有孔子。那现在人不也提着灯笼走路嘛，有了孔子，不还是万古长如夜吗？类似这种话，成了李贽被关进监狱的因由，在狱中，他用剃刀自刎而死。

黄宗羲生活在明清之际。他的头发用布包起来。为什么？他不剃发，那时候留头不留发，留发不留头，剃头师傅担着担子，后面装水盆、剃发用具，前面是挂人头的。走街串巷，后面有清兵跟着，扛着鬼头大刀，给你剃你不剃？按地上一刀，脑袋挂担子上了。

其实大清入关之后，要求中国人（主要是汉人）学他们，也不是说什么人都学，有十不从。男从女不从，男人必须是旗装，女人可以穿汉装。生从死不从，人死以后可以以汉装入殓，要不然你对不起祖宗。阳从阴不从，上坟祭祖或者人死入殓，这些习俗都可依照明朝的来。官从吏不从，当官的顶戴花翎补服纱褂，皂吏的打扮跟明朝还是一样的。老从少不从，小孩子爱干吗干吗，一旦成年就得按旗人规矩来。另外，还有儒从道不从、娼从而优伶不从、仕宦从婚姻不从、国号从官号不从、役税从文字语言不从。

黄宗羲什么都不从。他琢磨为什么明朝会灭亡，一下找到了问题的关键，得出君主专制是天下之大害的结论。原来跟明不明朝、清不清朝没关系，就是因为君主专制，哪一朝搞君主专制都不行。所以提倡法治，反对人治，大家按规矩办事，别按人的意思走，也是反独裁的意思。他反对重农抑商，提出工商皆本。这个人很了不起，对晚清的民主思潮起了一定的影响。他的著作叫《明夷待访录》。梁启超说，想不到我们国家比卢梭早两百年就有这么先进的思想问世。

另一位著名思想家是顾炎武，强调经世致用。理学更多的是强调人的思想修养。我只要正心诚意，修身齐家就能治国平天下。但你是一个好人，不见得是一个好官。你看中国历史上凡是做出成绩的官没有清官，包拯、海瑞这些人绝对做不出成绩来。一般都是那种介于清官与赃官之间的权臣能做出一番成绩，张居正是个典型。纯赃官，一天到晚光想往家里搂钱的也不行。道德的楷模，没有一个是真正能够干成事的，中国历史上的忠臣大都没什么大用。岳飞还算能打赢，文天祥、史可法这些人平时袖手谈心性，临事一死报君王。你死则死了，国家却不会因为你的死就能改变。我们崇拜他们的气节，只可惜他们干的事没有实际效果。

顾炎武就考虑这个问题。为什么大明三百年养士之朝，培养的这些人全没用？满清一入关，稀里哗啦三百年江山社稷就全吹了，看来，咱得做经世致用的学问，做点儿有用的学问。他的著作叫《天下郡国利病书》，提出以天下之权寄天下之人，才能天下大治，这也是反对君主专制，是最早的主权在民思想。他有一句话"天下兴亡，匹夫有责"，出自他的《日知录》："易姓改号，谓之亡国，仁义充塞，而至于率兽食人，人将相食，谓之亡天下。保国者，其君其臣，肉食者谋之；保天下者，匹夫之贱，与有责焉耳矣。"李唐变成了赵宋，这对于李唐来讲只不过是亡国；如果是中华文化的道统断绝，这就属于亡天下。国跟天下还是不一样的，保天下是每个人都要尽的责任。他认为，满清入关对中国来讲，就属于亡天下。异族入主中原，中华文化、道统就要断绝了。实际上后来也没断，因为满清吸取蒙元的教训，很快就汉化了。

满清入关，颁布圣旨就说我国天下得自流寇，我是灭了李自成得的天下，不是从大明手里得的，我为尔报君父之仇，你们应该感谢我才对，我与流寇争不是与大明争。他这么说，很快就理解了中国政治的奥妙，你快马弯刀厉害，还是干不过四书五经，最后还得匍匐在四书五经脚下。蒙古人没这么干，入主中原98年又回去放羊了，真叫水土不服不行。

船山先生王夫之，是唯物思想家。提出"气者，理之依也"，"天下惟气"。理学认为理是第一的，气是第二的。他认为气才是第一的，因为气是物质，所以叫唯物；还主张静即含动，动不舍静。董仲舒提出尊王是中国的道统，道统是不能变的。"道之大原出于天，天不变，道亦不变。"现在王夫之提出静即含动，动不舍静，没有什么东西是不变的。沧海都能变桑田，要是都不变，哪来这些朝代更替？政治上要趋时更新，用发展的观点看历史。这和马克思主义哲学都是相吻合的。

煌煌神作风格异

说到文学，明清时期对后世影响最大的是小说。明清世俗文化占了主流，归根到底是因为经济的发展。经济发展，市民队伍扩大，为了适应市民文化的需要，在宋元话本的基础上，发展起了明清小说。

《三国演义》，作者罗贯中，成本时间元末明初，是最早的一部长篇历史小说。《三国演义》七分实三分虚，清入关前，八旗将领拿这个当《孙子兵法》看。《孙子兵法》看不懂，看《三国演义》就能打仗，诸葛亮空城计、貂蝉美人计，里面全是这玩意儿，用这个就可以打仗。《三国演义》是典型的"尊刘抑曹"，曹操被人为地矮化了，刘备被人为地抬高了，诸葛亮也被神化了。看完《三国演义》，仔细一琢磨，诸葛亮打过胜仗吗？很少吧，除了七擒孟获。六出祁山，哪次不是以失败告终？诸葛亮在蜀汉建立9年后就去世了，而蜀汉一共存在了43年，也就是说，没他地球照样转。

《水浒传》，作者施耐庵，也是元末明初人士，我国第一部以农民起义为题材的长篇小说。少不读水浒，老不读三国。老了就踏踏实实过几年吧，别和人动心眼了。为什么少不读水浒，目无法制，从小看这个，就是培养少年犯。李逵这样的，放今天枪毙400回都不多。你动不动就把人杀了，也不管那人该不该死。朝廷自有法度在，你凭什么动不动拿斧头剁人脑袋？再者，梁山好汉们好像没一个农民，也不知道这本小说怎么算是农民起义题材。

《西游记》太可爱了，作者吴承恩，明朝人。这本书反映了人民蔑视统治、敢于斗争的精神。他歌颂的是孙悟空，生物分四等——神、人、鬼、妖。人可以修炼成神，吕洞宾就是人修炼成的嘛。神仙本是凡人造，只是凡人心不牢。人可以修炼成神，人死可以为鬼，鬼再投胎还可以做人，人又可以修炼成神，前三个等级是相通的。妖永远是妖，孙悟空就是妖猴，大闹天宫造神的反。作者强烈地传达了这么一个信息，一只妖猴可以造天上皇帝的反，那你人间皇帝算个毛啊！当然孙悟空的结局是修成正果了，成了斗战胜佛。明显看得出来，吴承恩崇佛抑道，笔下道士没好人。玉皇大帝是道教的最高神，妖猴造反，没辙，西天佛祖把妖猴压到五行山下，高下立判。

《红楼梦》太伟大了，作者曹雪芹，一共110回，后来高鹗续了40回，高鹗好歹算是狗尾续貂，别人续的简直是耗子尾巴。《红楼梦》后30回有人说是丢了，有的说是曹雪芹给烧了，没传下来，只留下了几个回目，所以高鹗给续了后40回。时间是清朝，描写权贵家族由盛到衰，鞭挞礼教制度，揭示了社会现实，这部包罗万象的作品非常伟大。《红楼梦》里面写的故事和那种情绪没法翻译成外文。有一对西班牙汉学家夫妇用了20年的时间把它翻译成西班牙文，中国的记者采访他们，你们翻译《红楼梦》困难大不大，这不是废话吗？中国净是这种水平的记者，看见人从废墟里救出来，问人家你感觉好吗？多新鲜啊，不好我还回去。花20年时间翻译，困难能不大吗？举个例子，《红楼梦》里有一个丫环叫香菱，这个名字就没法翻译成西班牙文，不能音译，汉语拼音音译洋人不懂什么意思。如果意译，西班牙没有菱角，不知道菱角是什么东西，最后翻译成"带香味的桉树叶"。西班牙人一看这名字，哎哟，中国人起名真土。"带香味的桉树叶"，汉语叫香菱，这名字多好听。洋人的名字才能音译不能意译，史密斯就是铁匠，美国总统布什就是灌木丛。

《红楼梦》可以说是一部百科全书式的著作，里面的诗词都是曹雪芹写的。但不同的角色写出来的诗词是不一样的，同样是咏柳絮，林黛玉写："嫁与东风春不管，凭尔去，忍淹留。"薛宝钗写："好风凭借力，送我上青云。"他一个人得模仿多少人的心情、口气，很了不起。

《儒林外史》，作者吴敬梓，成书时间是清朝，揭露科举。这有点儿像欧洲文艺复兴时期西班牙的《堂吉诃德》，讽刺这个社会的基础。欧洲的社会基础是骑士，中国的社会基础是科举制度。他就讽刺这个，范进50多岁中举，不容易啊，最后还疯了。

《聊斋志异》，作者蒲松龄，一辈子参加科举，70多岁了还提着考篮进考场，他就没吴敬梓看得开。蒲松龄借写妖狐鬼怪批判社会，他笔下的妖狐鬼怪很多，这就有强烈的讽刺意义了，所谓的正人君子还不如妖狐鬼怪呢。他最大的成就是便宜了今天说相声和评书的人，单口相声里面好多段子都是从聊斋里来的。

明成祖时，解缙主编的类书《永乐大典》是我国现存最大的类书。两万多卷，11000多册，现在存世的是300多卷，中国有200多卷。这部书是抄写的，不是印刷的，原本与正本皆毁，副本不断散失。据说原本有可能在十三陵的长陵里面，跟永乐皇帝一块儿埋了，这是他个人的功绩。所以长陵不敢开发有一个重要的原因是怕有《永乐大典》，一挖化成灰了。当年定陵一挖开，龙袍就成面了，今天看到的都是后来修补、仿制的。20世纪50年代非要挖皇陵，现在皇陵绝对不能挖，什么时候高科技了再想办法。而且挖也没用，也不能把东西卖了，还得建博物馆弄武警看着，累不累？还不如在土里埋着呢。

清朝的《古今图书集成》也是类书。什么叫类书啊？像今天的网站就是电子类书，我想查康熙帝，Google一敲出来一大堆，《清史稿》上怎么说，《我们爱科学》上怎么说，《上下五千年》里怎么说，所有跟康熙有关的事全有。他脚板底哪个大一圈、身高三围多少，没准儿都能给搜出来。

乾隆帝时纪昀主编的《四库全书》是我国最大的一部丛书，包含经史子集。经是儒家的著作；史是历史著作；子就是诸子百家，包括僧道；集是文学作品，比如李太白集或者苏东坡集。书成之后，也没有印，在全国找了几千个毛笔字写得好的人，花了十年抄了七部。其中四部分别放在北京紫禁城的文渊阁、圆明园文源阁、避暑山庄的文津阁、东北沈阳故宫的文溯阁。南方还有三部，分别存放在杭州、镇江和扬州。七部《四库全书》，今天现存四部半，镇江的鸦片战争给毁了，圆明园的二次鸦片战争给毁了，杭州的剩了半部。现存的四部半，三部半在大陆，一部在台湾。紫禁城文渊阁那部在台湾，那部是最好的，皇上要看当然看最好的。现在国家图书馆放的那部是从避暑山庄运来的。《四库全书》号称中国文化史上的万里长城，两亿四千万字，一个人一辈子看完是不可能的。花了这么多人力、物力，就抄了七部，使用价值很小。

洋人的小聪明

16世纪后期，意大利耶稣会传教士利玛窦①来华。当时正赶上欧洲文艺复兴，新教兴起，天主教势力衰微，耶稣会想到欧洲以外的地方弘扬正教，欧洲人不信教了，我找别的地方的人信教。开辟新航路，也有传教的目的在内。所以，他们来到中国。

利玛窦先到了澳门，明朝实行海禁，想进入中国，中国不让进。这个洋哥们儿聪明，学汉语，穿汉服，读四书五经。一给人递名片都是西儒利玛窦如何如何，用儒家的经义解释天主教的教义。中国人一看原来儒教声名远播，欧洲人都信我们，好，那跟你玩吧。但他需要得到皇帝的批准才能传教。皇帝怎么见？明神宗万历皇帝整天在床上数钱，所以得给皇上找点儿新鲜玩意儿。

利玛窦来华，向万历皇帝敬献了《坤舆万国全图》，当时的一幅世界地图，绘制得相当精美，还有八音盒、自鸣钟、怀表。皇上没见过这玩意儿，连眼镜都没见过。献上这幅地图的时候，中国人第一次知道原来我们没在大地的正中央，周围也不是蛮夷戎狄，而是很多文明程度不在我们之下的国家。当然，利玛窦为了拍中国皇帝马屁，以东经160度经线作为地图的中心，这么一画，中国还是在中央，欧洲在左边，美洲在右边。这种绘制地图的方法，我们沿用到今天，全世界只有中国这么画世界地图。外国的世界地图以零度经线为中心，美国在左边，中国在右边。

利玛窦讨得皇上欢心，就开始在中国传播学问，以徐光启为代表的开明士

---

① 利玛窦（1552—1610），意大利耶稣会传教士，明朝万历年间来到中国。其原名中文直译为玛提欧·利奇，利玛窦是其中文名，号西泰，又号清泰、西江。

大夫开始引进西学。那时候中国的法律很"强盗"，规定洋人不准来，来了就不准走，所以这些洋教士最后全都死在中国，埋在北京市委党校院里。

中国西学东渐之前，上一次大规模引进的外来文化是佛教，佛教现在已经变成了中国的传统文化。对于天主教，明清时候的中国人就不像汉唐时候的中国人对佛教那么疯狂。我们已经发展几千年了，佛教进入中国的时候，是中国最欠缺终极关怀的时候。天主教就不行了，特别是后来罗马教皇发表诏谕，不允许中国的教徒拜天拜祖宗拜孔子。在中国要不拜天拜祖宗拜孔子，那还是人吗？清明节给祖宗磕头你不磕？几千年下来都这么干的，你说不能这么干，那你在中国就没法混了。

1723年，雍正皇帝下令禁教，不允许天主教再在中国传播，直到1844年中法《黄埔条约》才解禁。